Stefan Smid
Internationales Insolvenzrecht

Schriften zum deutschen,
europäischen und internationalen
Insolvenzrecht

S-INSO Band 17

Schriften zum deutschen, europäischen und internationalen Insolvenzrecht

Herausgegeben von

Professor Dr. Stefan Smid, Kiel
Rechtsanwalt Dr. Mark Zeuner, Hamburg
Rechtsanwalt Michael Schmidt, Berlin

S-INSO Band 17

De Gruyter Recht · Berlin

Stefan Smid

Internationales Insolvenzrecht

WDEG RECHT

De Gruyter Recht · Berlin

Professor Dr. *Stefan Smid*, Christian-Albrechts-Universität zu Kiel.

♾ Gedruckt auf säurefreiem Papier,
das die US-ANSI-Norm über Haltbarkeit erfüllt.

ISBN 978-3-89949-718-2

Bibliografische Information der Deutschen Nationalbibliothek

Die Deutsche Nationalbibliothek verzeichnet diese Publikation in der Deutschen Nationalbibliografie; detaillierte bibliografische Daten sind im Internet über http://dnb.d-nb.de abrufbar.

Printed in Germany
Umschlaggestaltung: Christopher Schneider, Laufen
Datenkonvertierung/Satz: jürgen ullrich typosatz, Nördlingen
Druck und Bindung: Hubert & Co., Göttingen

Inhaltsverzeichnis

Literaturverzeichnis

Ackmann, Hans-Peter/Wenner, Christian, „Auslandskonkurs und Inlandsprozeß: Rechtssicherheit contra Universalität im deutschen Internationalen Konkursrecht?“, in IPRax 1989, 144–148.

Ackmann, Hans-Peter/Wenner, Christian, „Inlandswirkung des Auslandskonkurses: Verlustscheine und Restschuldbefreiungen.“, in IPRax 1990, 209–214.

Aderhold, Eltje, Auslandskonkurs im Inland: Entwicklung und System des deutschen Rechts, Berlin 1992.

Ammon, Kurt/Gasser, Dominik, Grundriß des Schuldbetreibungs- und Konkursrechts, 6. Auflage, Berlin 1997.

Balz, Manfred, „Das neue Europäische Insolvenzübereinkommen“, in ZIP 1996, 948–955.

Barthold, Beat, Aussonderung von Treugut im schweizerischen Partikularkonkurs, Basel 1997.

Bauch, Matthias, Unternehmensinsolvenzen: Prophylaxe und Bewältigung in Frankreich, Frankfurt a.M. 1998.

Baur, Fritz/Stürner, Rolf, Insolvenzrecht: ein Lehrbuch, 3. Auflage, Heidelberg 1991.

Beckmann, Jochen, Internationales Insolvenzrecht im MERCOSUR, Baden-Baden 2000.

Beitzke, Günther zu LG Stuttgart, Urt. v. 2. 5. 1950, in SJZ 1950, 589–593.

Berscheid, Ernst-Dieter, „Die Leistungen der Bundesanstalt für Arbeit bei der Sanierung von Unternehmen“, in DZWIR 2000, 133–139.

Blitz, Jan, Sonderinsolvenzverfahren im Internationalen Insolvenzrecht, Berlin 2002.

Bloching, Micha, Pluralität und Partikularinsolvenz, Berlin 2000.

Bötticher, Edurard, „Funktionelle und instrumentale Züge des Konkursverfahrens“, in ZZP 1973, Band 86, 373–392.

Bous, Ulrich, Die Konzernleitungsmacht im Insolvenzverfahren konzernverbundener Kapitalgesellschaften, Köln 2001.

Buchberger D./Buchberger R., Das System der ‚kontrollierten‘ Universalität des Konkursverfahrens nach der Europäischen Insolvenzverordnung, ZIK 2000/149 ff.

Carl, Oliver, Teilnahmerechte im Konkurs, Halle 1998.

Drobnig, Ulrich in *Stoll, Hans* (Hrsg), Stellungnahmen und Gutachten zur Reform des Deutschen Internationalen Insolvenzrechts, Tübingen 1992.

Duursma-Kepplinger, Henriette-C./Duursma, Dieter/Chalupsky, Ernst; EuInsVO, Wien 2002.

Ebenroth, Thomas, „Die Inlandswirkungen der ausländischen lex fori concursus bei Insolvenz einer Gesellschaft“, in ZZP 1988, Band 101, 121–151.

Ehricke, Ulrich, Das abhängige Konzernunternehmen in der Insolvenz, 1998.

Eickmann, Dieter, Heidelberger Kommentar zur Insolvenzordnung, 4. Auflage, Heidelberg 2006.

Eidenmüller, Horst, „Europäische Verordnung über Insolvenzverfahren und zukünftiges deutsches internationales Insolvenzrecht“, in IPRax 2001, 2–15.

Eidenmüller, Horst, „Grenzüberschreitende Insolvenzen im Spannungsfeld von Territorialität und Ubiquität des Rechts“, in Jahrbuch für Neue Politische Ökonomie, Band 18, 2000, 81–94.

Eidenmüller, Horst, Unternehmenssanierung zwischen Markt und Gesetz, Köln 1999.

Elliott, Catherine, Tolley's Insolvency Law and Practice vol 16, Croydon 2000, pp 224.

Endemann, Wilhelm, Die Rechtshilfe im norddeutschen Bunde, Berlin 1869.
Epstein, David G./Nickles, Steve H./White, James J., Bankruptcy, St. Paul, Minn. 1993.

Favoccia, Daniela, Vertragliche Immobiliarsicherheiten im internationalen Insolvenzrecht, 1991.
Ferrara, Francesco jr./Borgioli, Allesandro, Il fallimento, 5ta edit, Mailand 1995.
Fischer, Peter/Köck, Heribert Franz, Europarecht: Recht der EU/EG, des Europarates und der wichtigsten anderen europäischen Organisationen, 4. Auflage, Wien, 2002.
Flessner, Axel, „Internationales Insolvenzrecht in Deutschland nach der Reform", in IPRax 1997, 1–10.
Flessner, Axel, „Internationales Insolvenzrecht in Europa", in *Heinsius-Festschrift,* hrsg. von *Kübler, Friedrich,* Berlin 1991, 111 f.
Flessner, Axel in *Stoll, Hans* (Hrsg.), Vorschläge und Gutachten zur Umsetzung des EU-Übereinkommens über Insolvenzverfahren im deutschen Recht, Tübingen 1997.
Fletcher, Ian F., Cross Border Insolvencies, Tübingen 1992.
Fletcher, Ian F., Insolvency in International Private Law, 2. Auflage 1999.
Fliniaux, André, La faillite des Ammanati de Pistoie e le Saint-Siège, Nouvelle historique de droit français et étranger 3, 1924.
Fortgang, Chaim J., Insolvency & Restructuring, 2002.
Fragistas, Charalambos, „Das Anfechtungsrecht der Gläubiger im Internationalen Privatrecht", in RabelsZ, 12, 452–464.
Fritz, Daniel F./Bähr, Reiner M., „Die Europäische Verordnung über Insolvenzverfahren. Herausforderung an die Gerichte und die Insolvenzverwalter", in DZWIR 2001, 221 ff.
Funk, Reiner, in *Gilles, Peter* (Hrsg.), Transnationales Prozeßrecht, Baden-Baden 1995.
Funke, Reiner, „Das Übereinkommen in Insolvenzverfahren", in InVo 1996, 170–175.

Göpfert, Burkard, Anfechtbare Aufrechnungslagen im deutsch-amerikanischen Insolvenzrechtsverkehr, München 1996.
Gottwald, Peter/Pfaller, Markus, „Aspekte der Anerkennung ausländischer Insolvenzverfahren im Inland", in IPRax 1998, 170–175.
Gottwald, Peter, Grenzüberschreitende Insolvenzen, München 1997.
Gottwald, Peter, Insolvenzrechtshandbuch, 2. Auflage, München 2001.
Gottwald, Peter, „Grundfragen der Anerkennung und Vollstreckung ausländischer Entscheidungen in Zivilsachen", in ZZP 1990, Band 103, 257–293.
Graf-Schlicker, Maria L., InsO: Kommentar zur Insolvenzordnung, 2. Auflage, Köln 2008.
Großfeld, Bernhard, „Internationales Insolvenzrecht im Werden?", in ZIP 1981, 925–933.

Haas, Ulrich, „Insolvenzverwalterklagen und EuGVÜ", in NZG 1999, 1148–1152.
Habscheid, Edgar J., „Internationales Konkursrecht und Einzelrechtsverfolgung", in KTS 1989, 593–623.
Habscheid, Edgar, „Das deutsche internationale Insolvenzrecht und die vis attractiva concursus", in ZIP 1999, 1113 ff.
Habscheid, Edgar, „Konkursstatut und Wirkungsstatut bei der internationalen und der künftigen innereuropäischen Insolvenzanfechtung", in ZZP 2001, Band 114, 167–175.
Habscheid, Walther J., „Öffentlich-rechtliche Forderungen, insbesondere Steuerforderungen im Konkurs", in KTS 1996, 201–208.
Häsemeyer, Ludwig, Insolvenzrecht, 4. Auflage, Köln 2007.
Hagemann, Klaus, „Die Handlungsbefugnis des ausländischen Konkursverwalters in Deutschland", KTS 1960, 161 ff.
Hahn, Carl (Hrsg.), Die gesamten Materialien zu den Reichs-Justizgesetzen, Band 4, Materialien zu der Konkursordnung und dem Einführungsgesetz vom 10. 2. 1877, Aalen 1881.
Hahn, Carl, Die gesamten Materialien zur Konkursordnung und dem Einführungsgesetz zu derselben vom 1. Februar 1877, Berlin 1898.
Hanisch, Hans, „Gegenseitigkeit, comitas und Gläubigergleichbehandlung im internationalen Insolvenzrecht", in KTS 1978, 193–200.

Hanisch, Hans, „Die international-insolvenzrechtlichen Bestimmungen des Entwurfs eines schweizerischen IPR-Gesetzes“, in KTS 1979, 233–247.

Hanisch, Hans, „Parallel-Insolvenzen und Kooperation im internationalen Insolvenzfall“, in *Bosch-Festschrift*, Bielefeld 1976, 381 ff.

Hanisch, Hans, „Nachlaßinsolvenzverfahren und materielles Erbrecht“, in *Henckel-Festschrift*, Berlin/New York 1995, 369 ff.

Hanisch, Hans, in *Stoll, Hans* (Hrsg.), Vorschläge und Gutachten zur Umsetzung des EG-Übereinkommens über Insolvenzverfahren im deutschen Recht, Tübingen 1997.

Hanisch, Hans, „Bemerkungen zur Geschichte des internationalen Insolvenzrechts“ in *Merz-Festschrift*, Köln 1992, 197 ff.

Hanisch, Hans, „Die Wende im deutschen internationalen Insolvenzrecht“, in ZIP 1985, 1233–1243.

Hanisch, Hans, „Einheit oder Pluralität oder ein kombiniertes Modell beim grenzüberschreitenden Insolvenzverfahren“, in ZIP 1994, 1–9.

Hanisch, Hans, „Erlöse aus der Teilnahme an einem ausländischen Parallel-Insolvenzverfahren – Ablieferung an die inländische Konkursmasse oder Anrechnung auf die Inlandsdividende“, in ZIP 1989, 273–279.

Hanisch, Hans, „Internationalprivatrecht der Gläubigeranfechtung“, in ZIP 1981, 569–578.

Heini, Anton; PRG-Kommentar : Kommentar zum Bundesgesetz über das internationale Privatrecht (IPRG) vom 1. Januar 1989, Zürich 1993.

Henckel, Wolfram, „Insolvenzrechtsreform zwischen Vollstreckungsrecht und Unternehmensrecht“, in *Merz-Festschrift*, Köln 1992, 197 ff.

Henckel, Wolfram, in *Stoll, Hans* (Hrsg.), Gutachten und Stellungnahmen zur Reform des deutschen Internationalen Insolvenzrechts, Tübingen 1992.

Henckel, Wolfram, „Fehler bei der Eröffnung des Insolvenzverfahrens – Abhilfe und Rechtsmittel“, in ZIP 2000, 2045–2053.

Herchen, Axel, „Das Prioritätsprinzip im internationalen Insolvenzrecht: zugleich Besprechung Stadtgericht Prag“, in ZIP 2005, 1401–1406.

Herchen, Axel, Das Übereinkommen über Insolvenzverfahren der Mitgliedstaaten der EU, Würzburg 2000.

Herchen, Axel, „Wer zuerst kommt, mahlt zuerst! – Die Bestellung eines ‚schwachen' vorläufigen Insolvenzverwalters als Insolvenzverfahrenseröffnung im Sinne der EuInsVO“, in NZI 2006, 435–437.

Huber, Peter, „Internationales Insolvenzrecht in Europa“, in ZZP 2001 Band 114, 133–166.

Jackson, Thomas H., Logic and Limits of Bankruptcy Law, Beard Books, Hopkins 2001/10.

Jaeger, Ernst/Henckel, Wolfram, Konkursordnung: Großkommentar, 9. Auflage, Berlin 1997.

Jahr in *Stoll, Hans* (Hrsg.), Gutachten und Stellungnahmen zur Reform des deutschen Internationalen Insolvenzrechts, Tübingen 1992.

Jayme, Erik/Kohler, Christian, „Europäisches Kollisionsrecht 1999 – die Abendstunde der Staatsverträge“, in IPRax 1999, 401–413.

Jitta, Daniël, La codification du droit international de la faillite, La Haye, 1895.

Kegel, Gerhard, bearb. v. *Thieme, Jürgen*, Vorschläge und Gutachten zum Entwurf eines EG-Konkursübereinkommens, Mohr Siebeck 1988.

Kemper, Jutta, „Die Verordnung (EG) Nr. 1346/2000 über Insolvenzverfahren: Ein Schritt zu einem europäischen Insolvenzrecht“, in ZIP 2001, 1609 ff.

Kemper, Martin, Die U.S.-amerikanischen Erfahrungen mit „Chapter 11“: ein Vergleich mit dem Insolvenzplan der neuen Insolvenzordnung, Frankfurt a. M. 1996.

Keppelmüller, Rudolf, Österreichisches internationales Konkursrecht, Wien 1997.

Kieninger, Eva Maria/Storme, Matthias E, „Das neue belgische Recht des Eigentumsvorbehalts“, in RIW 1999, 94–105.

Kirchhof, Hans–Peter, „Grenzüberschreitende Insolvenzen im Europäischen Binnenmarkt – Insbesondere unter Beteiligung von Kreditinstituten; Teil 1", in WM 1993, 1364–1370.

Kleine-Cosack, Michael, in *Bork, Reinhard/Kübler, Bruno* (Hrsg.), Insolvenzrecht 2000, RWS Forum 18, S. 1 ff.

Kleinfeller, Zeitschrift für Internationales Privat- und Öffentliches Recht, Band 8, 13, 1903.

Knof, Béla/Mock, Sebastian, „Zur Anerkennung der Insolvenzeröffnung in einem anderen EU-Mitgliedstaat", in ZIP 2006, 911–915.

Kohler, Josef, Lehrbuch des Konkursrechts, Stuttgart 1891.

Kolmann, Stephan, Kooperationsmodelle im Internationalen Insolvenzrecht, Diss. Regensburg 2000.

Konecny, Andreas, „EuGH zu internationaler Zuständigkeit: Eröffnung und Anerkennung von Hauptinsolvenzverfahren", in ZIK 2006/185, 149.

Konecny, Andreas in *Smid,* Neue Fragen des deutschen und internationalen Insolvenzrechts, Berlin 2006.

Kraemer, Joachim, Das neue Insolvenzrecht, Bonn 1995.

Kremer, Thomas, Unternehmenssanierung in Frankreich, Köln 1994.

Kropholler, Jan, Europäisches Zivilprozessrecht, 6. Auflage, Heidelberg 1998.

Kuhn, Georg/Uhlenbruck, Wilhelm, KO, Kommentar, 11. Auflage, München 1994.

Laut, Thomas, Universalität und Sanierung im internationalen Insolvenzrecht, Berlin 1997.

Leible, Stefan/Staudinger, Ansgar, „Die europäische Verordnung über Insolvenzverfahren", in KTS 2000, 533–575.

Leipold, Dieter, „Zur internationalen Zuständigkeit im Insolvenzrecht", in *Baumgärtel-Festschrift,* hrsg. von *Prütting, Hanns,* Köln 1990, 291 ff.

Leipold, Dieter, „Miniatur oder Bagatelle", in *Henckel-Festschrift,* Berlin/New York 1995, 533 ff.

Leipold, Dieter, „Ausländischer Konkurs und inländischer Zivilprozeß", in *Schwab-Festschrift,* München 1990, 289 ff.

Leipold, Dieter, in *Stoll, Hans* (Hrsg), Stellungnahmen und Gutachten zur Reform des deutschen internationalen Insolvenzrechts, Tübingen 1992.

Leipold, Dieter, in *Stoll, Hans* (Hrsg.), Vorschläge und Gutachten zur Umsetzung des EU-Übereinkommens über Insolvenzverfahren im deutschen Recht, Tübingen 1997.

Leitner, Robert, „Der grenzüberschreitende Konkurs", in EvBl 1984/125, 221.

„Lemontey", „Bericht Lemontey zum Entwurf eines EG-Konkursabkommens", in ZIP 1981, 673–686.

Liersch, Oliver, Sicherungsrechte im internationalen Insolvenzrecht, Frankfurt a. M. 2001.

Liersch, Oliver, „Deutsches Internnationales Insolvenzrecht", in NZI 2003, 302–311.

Lightman, Gavin/Moss Gabriel, The law of receivers and administrators of companies, 3. Auflage, London 2000.

Lindencrone Petersen, Lars/Ørgaard, Anders, Danish Insolvency Law, Copenhagen 1996.

Linke, Hartmut, „Zur grenzüberschreitenden Wirkung konkursbedingter Vollstreckungsbeschränkungen, insbesondere nach Art. 169 des französischen Insolvenzgesetzes vom 25. 1. 1985", in IPRax 2000, 8–11.

Lüer, Hans-Jochem in *Stoll, Hans* (Hrsg.), Gutachten und Stellungnahmen zur Reform des deutschen Internationalen Insolvenzrechts, Tübingen 1992.

Lüer, Hans-Jochem, in *Stoll, Hans* (Hrsg.), Vorschläge und Gutachten zur Umsetzung des EU-Übereinkommens über Insolvenzverfahren im deutschen Recht, Tübingen 1997.

Lüer, Hans-Jochem, „Einzelzwangvollstreckung im Ausland bei inländischen Insolvenzverfahren", in KTS 1978, 200–215; und 1979, 12–29.

Lüke, Wolfgang, „Zur neueren Entwicklung im deutschen internationalen Konkursrecht", in KTS 1986, 1–19.

Lüke, Wolfgang, „Von der Freiheit des Reformgesetzgebers – Verfassungskonforme Behandlung der publizitätslosen Mobiliarsicherheiten im Diskussionsentwurf einer Insolvenzordnung", in KTS 1989, 553–591.

Lüke, Wolfgang, „Das europäische internationale Insolvenzrecht", in ZZP 1998, Band 111, 275–314.

Mangold, Hermann v./Klein, Friedrich/Starck, Christian, Kommentar zum Grundgesetz, 4. Auflage, München 1999.

v. Mankowski, Peter, „Kurzkommentar zu AG Düsseldorf 6. 6. 2003 – 502 IN 126/03", in EwiR Art. 3 EuInsVO, 3/03, 767–768.

v. Mankowski, Peter, „Anmerkung" zu MitbestG § 5 Abs. 3; „Pflicht der deutschen Zwischen-Holding einer schweizerischen AG zur Bildung eines mitbestimmten Aufsichtsrats", in ZIP 1995, 1004–1009; Anmerkung: 1006–1009.

v. Mankowski, Peter, „Fragen der internationalen Zuständigkeit im Insolvenzverfahren", in EwiR 2004, 229–230.

v. Mankowski, Peter, „Klärung von Grundfragen des europäischen Internationalen. Insolvenzrechts durch die Eurofood-Entscheidung", in: BB 2006, 1753–1759.

Marsh, David, Bankruptcy Insolvency and the Law, 2. Auflage, Straightforward Publishing, 2001

v. Mayerhoffer, Erika, Die Inlandswirkung eines Auslandskonkurses, München 1937.

Metzger, Ingrid, Die Umsetzung des Istanbuler Konkursübereinkommens im neuen deutschen Insolvenzrecht, Pfaffenweiler 1994.

Meyer-Löwy, Bernd/Plank, Leo, „Entbehrlichkeit des Sekundärinsolvenzverfahrens bei flexibler Verteilung der Insolvenzmasse im Hauptinsolvenzverfahren?", in NZI 2006, 622–624.

Mohr, Franz, Insolvenzrecht 2002, Wien 2002.

Mohr, Franz, Die Konkurs-, Ausgleichs- und Anfechtungsordnung, 9. Auflage, Wien 2000.

Morscher, Martin, Die europäische Insolvenzverordnung (EuInsVO), Wien 2002.

Moss, Gabriel/Fletcher, Ian F./Isaacs, Stuart; The EC Regulation on insolvency proceedings: A commentary and annotated guide, Oxford 2002.

Müller-Freienfels, Wolfram, Vom deutschen zum europäischen Recht II, Auslandskonkurs und Inlandsfolgen, Tübingen 1963, S. 360–398.

Münchener Kommentar zur Insolvenzordnung: Internationales Insolvenzrecht, Insolvenzsteuerrecht, hrsg. von *Kirchhof, Hans-Peter/Lwowski, Hans-Jürgen/Stürner, Rolf,* Band 3, §§ 270–359, 2. Auflage München 2008.

Münchener Kommentar zur Zivilprozessordnung: mit Gerichtsverfassungsgesetz und Nebengesetzen, hrsg. von *Becker-Eberhard, Ekkehard/Rauscher, Thomas,* Band 1, §§ 1–510 c, 3. Auflage München 2008.

Munková, Jindirska/Thurner, Mario/Bucková, Ivana, Kurzgefasste Darstellung des tschechischen Insolvenzrechts, 2. Auflage, Wien 1996.

Nadelmann, Kurt H., „The German Bankruptcy Act's. Conflict Of Laws Rule Revisited In The Company Of Zimmermann", in RabelsZ, 41, 707–725.

Nerlich, Jörg/Römermann, Volker (Hrsg.), Insolvenzordnung: Kommentar, München 1999–2009.

Niggemann, Friedrich, Insolvenzrecht: das französische Unternehmenssanierungsgesetz, Köln 1995.

Nussbaum, Arthur, Deutsches internationales Privatrecht, Tübingen 1932.

Onciul, Ritter Georg v., Die rechtzeitige Auslösung des Insolvenzverfahrens, Berlin 2000.

Pannen, Klaus (Hrsg.); Europäische Insolvenzordnung; Kommentar, Berlin 2007.

Paulus, Christoph G., Vortrag auf der Tagung des AIV in Bad Reichenhall Mai 2001.

Paulus, Christoph G. in *Konecny* (Hrsg.), Insolvenzforum 2001, 126 ff.

Paulus, Christoph G., „Die europäische Insolvenzverordnung und der deutsche Insolvenzverwalter", in NZI 2001, 505–516.

Paulus, Christoph G., „‚Protokolle' – ein anderer Zugang zur Abwicklung grenzüberschreitender Insolvenzen", in ZIP 1998, 977–982.

Paulus, Christoph G., „Keine Aussetzung eines Sekundärinsolvenzverfahrens", in NZI 2005, 646–648.

Picot, Gerhard/Aleth, Franz, Unternehmenskrise und Insolvenz: Vorbeugung, Turnaround, Sanierung, München 1999.

Pielorz, Michael, Auslandskonkurs und Disposition über das Inlandsvermögen, Berlin 1977.

Potthast, Klaus-Peter, Probleme eines Europäischen Konkursübereinkommens, Regensburg 1995.

Probst, Nadja, Die internationale Zuständigkeit zur Eröffnung von Insolvenzverfahren im Europäischen Insolvenzrecht, Frankfurt a. M. 2008.

Prütting, Hanns in Kübler/Prütting Kommentar zur Insolvenzordnung, Köln 2002.

Rajak, Harry, Insolvency Law Theory & Practice, London 1993.

Rechberger, Walter/Thurner, Mario, Insolvenzrecht, Wien, WUV, 2001.

Reinhart, Stefan, Sanierungsverfahren im internationalen Insolvenzrecht, Berlin 1995.

Ringleb, Henrik-Michael, Universalität und Territorialität im deutschen internationalen Konkursrecht, Frankfurt 1968.

Robrecht, Friedrich, „Zum klagbaren Anspruch des Rechtsanwalts auf Bestellung zum Konkursverwalter", in KTS 1998, 63–66.

Rosenberg, Leo/Schwab, Karl-Heinz/Gottwald, Peter, Zivilprozessrecht, 16. Auflage, München 2004.

Rossbach, Oliver, Europäische Insolvenzverwalter in Deutschland, Köln 2006.

Sabel, Oliver/Schlegel, Ursula, „Zum Anwendungsbereich der EGV 1346/2000", in EwiR 2003, 367–368.

Satta, Salvatore, Diritto fallimentare, 3[za] edit, Padua 1996.

Savigny, Friedrich Carl v., System des heutigen römischen Rechts, Berlin 1849.

Schick, Walter, Der Konkursverwalter – berufsrechtliche und steuerrechtliche Aspekte, NJW 1991, 1328–1332.

Schlemmer, Hans, „Aktuelle Grundsatzfragen des neuen Mahnverfahrens", in Rpfleger 1978, 201–204.

Schmidt, Hubert, „Anfechtungsklage des Konkursverwalters und Anwendbarkeit des EuGVÜ", in EuZW 1990, 219–220.

Schmidt, Jürgen, System des deutschen internationalen Konkursrechts, 1972.

Schollmeyer, Eberhard, „Partikularinsolvenzverfahren am Ort der Belegenheit von Massebestandteilen", in IPrax 1995, 150–152.

Schumacher, Hubertus, „Die Europäische Insolvenzverordnung aus österreichischer Sicht", in ZIK 2002, 182–189.

Serick, Rolf, „Aktien des Gemeinschuldners in ausländischer Verwahrung", in *Möhring-Festschrift,* Berlin 1965.

Shamiyeh, Peter, Die zivilrechtliche Haftung des Masseverwalters, Wien 1995.

Smid, Stefan, Kommentar zur Insolvenzordnung, 2. Auflage, Stuttgart 2001.

Smid, Stefan, Grundzüge des Insolvenzrechts, 4. Auflage, München 2002.

Smid, Stefan, „Die „cram down power" des deutschen Insolvenzgerichts", in InVo 2000, 1–9.

Smid, Stefan in Kölner Schrift zur Insolvenzordnung: das neue Insolvenzrecht in der Praxis, 2. Auflage, Herne 2000, 453 ff.

Smid, Stefan, Grundzüge des neuen Insolvenzrechts, 3. Auflage, München 1999.

Smid, Stefan, Praxishandbuch Insolvenzrecht, 5. Auflage, Berlin 2007.

Smid, Stefan, Deutsches und Europäisches Internationales Insolvenzrecht, Stuttgart 2004.

Smid, Stefan/Rattunde, Rolf, Der Insolvenzplan, 2. Auflage, Stuttgart 2005.

Smid, Stefan, Neue Fragen des deutschen und internationalen Insolvenzrechts, Berlin 2006.

Smid, Stefan, Kreditsicherheiten in der Insolvenz des Sicherungsgebers, Stuttgart 2003.

Smid, Stefan, „Gesetzlich zulässige Reichweite der Entmachtung von Schuldner und schuldnerischen Gesellschaftsorganen und der Ermächtigung des vorläufigen Verwalters durch insolvenzgerichtliche Anordnung nach §§ 21, 22 InsO", in DZWIR 2002, 444–448.

Smid, Stefan, „EuGH zu Eurofood , BGH zur internationalen Zuständigkeit – Neueste Judikatur zur EuInsVO", in DZWIR 2006, 325–329.

Smid, Stefan, „Struktur und systematischer Gehalt des deutschen Insolvenzrechts in der Judikatur des IX Zivilsenats des Bundesgerichtshofs (VI)", in DZWIR 2007, 485–515.

Smid, Stefan, „Thesen zu Kreditsicherheiten in Insolvenz, übertragender Sanierung und Reorganisation", in WM 2002, 1033–1037.

Smid, Stefan/Wehdeking, Silke, „Verhältnismäßigkeit der Anordnungen des Eröffnungsbeschlusses, seine Begründung und seine Anfechtung durch die sofortige Beschwerde des Schuldners", in Festschrift für *Walther Rechberger*, Wien 2005, 603 ff.

Sommer, Erik, „Zu den Einflussmöglichkeiten des Hauptverwalters auf das Sekundärinsolvenzverfahren", in ZinsO 2005, 1137–1140.

Spahlinger, Andreas, Sekundärinsolvenzverfahren bei grenzüberschreitender Insolvenz, Tübingen 1998.

Spellenberg, Ulrich in *Stoll, Hans*, Gutachten und Stellungnahmen zur Reform des deutschen Internationalen Insolvenzrechts, Tübingen 1992.

Städtler, Hans-Jörg, Grundpfandrecht in der Insolvenz, Tübingen, 1998.

Staehelin Daniel, Die Anerkennung ausländischer Konkurse und Nachlassverträge in der Schweiz (Art 166 ff IPRG), Diss. Basel 1989.

Starnecker, Hermann, Englische Insolvenzverfahren, Frankfurt a. M. 1995.

Stein, Friedrich/Jonas, Martin, Kommentar zur Zivilprozessordnung, Band 5 §§ 328–510 b, 21. Auflage Tübingen 1999.

Stoll, Hans (Hrsg.), Stellungnahmen und Gutachten zum Europäischen Internationalen Zivilverfahrens- und Versicherungsrecht, M.-Pl.I.f.PrivatR, Tübingen 1991.

Stummel, Dieter, Konkurs und Integration : konventionsrechtliche Wege zur Bewältigung grenzüberschreitender Insolvenzverfahren, Frankfurt a. M. 1991.

Strobel, Florian, Die Abgrenzung zwischen EuGVVO und EuInsVO im Bereich insolvenzbezogener Einzelentscheidungen, Frankfurt a. M. 2006.

Summ, Cornelia, Anerkennung ausländischer Konkurse in der Bundesrepublik Deutschland, Mainz 1992.

Taupitz, Jochen, „Das (zukünftige) europäische internationale Insolvenzrecht – insbesondere aus international privatrechtlicher Sicht", in ZZP 1998, Band 111, 315–350.

Thiemann, Stephan, Die vorläufige Masseverwaltung, Herne 2000.

Thieme, Jürgen Dieter, „Inlandsvollstreckung und Auslandskonkurs – Zur Auslegung des § 237 KO" in RabelsZ, 37, 682–718.

Thieme, Jürgen Dieter, in *Stoll, Hans* (Hrsg.), Stellungnahme und Gutachten zur Reform der durch das internationale Insolvenzrecht, Tübingen 1992.

Thieme, Jürgen Dieter, „Zur Entstehung der KO", in Einhundert Jahre KO, hrsg. von *Uhlenbruck, Wilhelm*, Köln 1977.

Trunk, Alexander, Internationales Insolvenzrecht – Systematische Darstellung des deutschen Rechts mit rechtsvergleichenden Bezügen, Tübingen 1998.

Trunk, Alexander, in *Stoll, Hans* (Hrsg.), Vorschläge und Gutachten zur Umsetzung des EU-Übereinkommens über Insolvenzverfahren im deutschen Recht, Tübingen 1997.

Trunk, Alexander, „Dogmatische Grundlagen der Anerkennung von Auslandskonkursen", in KTS 1987, 415–434.

Uhlenbruck, Wilhelm (Hrsg.), Insolvenzordnung: Kommentar, 12. Auflage, München 2003.

Vallender, Heinz/Fuchs Karlhans, „Die Antragspflicht organschaftlicher Vertreter einer GmbH vor dem Hintergrund der Europäischen Insolvenzverordnung", in ZIP 2004, 829–836.

Völker, Christian, Zur Dogmatik des ordre public, Tübingen 1998.

Virgos, Miguel/Schmit, Etienne in *Stoll, Hans* (Hrsg.), Erläutender Bericht zu dem EU-Übereinkommen über Insolvenzverfahren.

Virgos, Miguel/Schmit, Etienne, in *Stoll, Hans*, Stellungnahmen und Gutachten zum Europäischen Internationalen Zivilverfahrens- und Versicherungsrecht, M.-Pl.I.f.PrivatR, Tübingen 1991.

Vogler, Daniela, Die internationale Zuständigkeit für Insolvenzverfahren, Wien 2004.

Literaturverzeichnis

Wehdeking, Silke, „Reform des Internationalen Insolvenzrechts in Deutschland und Österreich", in DZWiR 2003.

Wieczorek, Bernhard/Schütze, Rolf (Hrsg.), Kommentar Zivilprozessordnung und Nebengesetze, Berlin 2007, Band 1 §§ 1–128.

v. Wilmowsky, Peter, Europäisches Kreditsicherungsrecht, Tübingen 1996.

v. Wilmowsky, Peter, „Aufrechnung in internationalen Insolvenzfällen", in KTS 1998, 343–365.

Wimmer, Klaus, Frankfurter Kommentar zur Insolvenzordnung, 3. Auflage, Neuwied 2002.

Wimmer, Klaus (Hrsg.), Frankfurter Kommentar zur Insolvenzordnung, 4. Auflage Köln 2006.

Wimmer, Klaus, „Die UNICITRAL-Modellbestimmungen über grenzüberschreitende Insolvenzverfahren", in ZIP 1997, 2220–2224.

Wunderer, Regina, „Auswirkungen des Europäischen Übereinkommens über Insolvenzverfahren auf Bankgeschäfte", in WM 1998, 793–801.

Zöller, Richard, Kommentar zur Zivilprozessordung, 25. Auflage, Köln 2005.

Abkürzungsverzeichnis

ABl	Amtsblatt
Art	Artikel
bc	bankruptcy code
Bd	Band
bspw	beispielsweise
bzgl	bezüglich
bzw	beziehungsweise
dgl	dergleichen
dGmbHG	(das) Gesetz betreffend die Gesellschaften mit beschränkter Haftung
D-K/D/Ch	Duursma-Kepplinger/Duursma/Chalupsky, Europäische Insolvenzverordnung. Kommentar, 2002
DZWiR	Deutsche Zeitschrift für Wirtschaftrecht
E	Entscheidung
EG	Einführungsgesetz, Europäische Gemeinschaft
EGV	Vertrag über die Gründung der Europäische Gemeinschaft
EU	Europäische Union
EuGVÜ	Übereinkommen über die gerichtliche Zuständigkeit und die Vollstreckung gerichtlicher Entscheidungen in Zivil- und Handelssachen
EurInsVO	Europäische Insolvenz Verordnung
EuZW	Europäische Zeitschrift für Wirtschaftsrecht
f	folgender
ff	folgende
FK	Frankfurter Kommentar
FS	Festschrift
gem	gemäß
Hrsg	Herausgeber
IA	Insolvency Act
insb	insbesondere
InsO	Insolvenzordnung
IPR	Internationales Privatrecht
IPrax	Praxis des Internationalen Privat- und Verfahrensrechts
IPRG	Internationales Privatrechtsgesetz
JbfNPolÖk	Jahrbuch für Neuere Politische Ökonomie
KO	Konkursordnung
KP	Kübler/Prütting
krit	kritisch
LG	Landesgericht
M/F/I-*Bearbeitername*	Gabriel Moss/Ian Fletcher/Stuart Issacs, The EC-Regulation on Insolvenzcy Proceedings, London 2002
maW	mit anderen Worten
NJW	Neue Juristische Wochenschrift
NZG	Neue Zeitschrift für Gesellschaftsrecht
öKO	österreichische Konkursordnung

Abkürzungsverzeichnis

OLG	Oberlandesgericht
öOGH	österreichischer Oberster Gerichtshof
p	page
pp	pages
RIW	Recht der internationalen Wirtschaft (Zeitschrift)
Rz	Randziffer
s	section
SchKG	Bundesgesetz über Schuldbetreibung und Konkurs
Slg	Sammlung der Entscheidungen des EuGH (Gerichtshof der Europäischen Gemeinschaft)
sog	sogenannte(r)
u	und
UNCITRAL	United Commission on International Trade Law
Urt	Urteil
usf	und so folgend/folgt
usw	und so weiter
v	von
vgl	vergleiche
Z f Int, Priv u Öff R	Zeitschrift für Internationales, Privates und Öffentliches Recht
zB	zum Beispiel
ZIK	Zeitschrift für Insolvenzrecht und Kreditschutz
zT	zum Teil
ZZP	Zeitschrift für Zivilprozeß

§ 1 „Universelle" Wirkungen der Eröffnung des Insolvenzverfahrens über das Vermögen eines Schuldners

I. Universalkonkurs

1. Gleichbehandlung der Gläubiger

a) Grenzüberschreitende Insolvenz als Sonderfall der Insolvenz

Die Wirkungen eines allein in dem das Verfahren eröffnenden Staat erlassenen Hoheitsaktes zur Einleitung eines Insolvenzverfahrens oder eines „grenzüberschreitenden"[1] Insolvenzverfahrens lassen sich nur angemessen beurteilen, wenn man sich wenigstens übersichtsartig die Aufgaben vor Augen führt, die – unabhängig von seiner rechtlichen Ausgestaltung in den jeweiligen nationalen Rechtsordnungen – ein jedes Insolvenzverfahren zu erfüllen hat[2]. Insolvenzverfahren dienen der Haftungsverwirklichung im Falle der Unfähigkeit des Schuldners, jeden seiner Gläubiger im vollen Umfang zu befriedigen. Grenzüberschreitend ist ein Insolvenzverfahren, wenn entweder Vermögen des Insolvenzschuldners in mehr als einem Staat gelegen ist und/oder Gläubiger eines Insolvenzschuldners ihren Sitz nicht allein im Eröffnungsstaat, sondern auch in anderen Staaten haben[3]. 1

Das Insolvenzverfahren[4] dient den (Konkurs- oder Insolvenz-)Gläubigern – in einigen Rechtsordnungen auch den gesicherten Gläubigern – als Instrument zur Durchsetzung ihrer Rechte gegen den (Gemein-)Schuldner in den Fällen, in denen die individuelle Rechtsdurchsetzung durch einzelne Gläubiger zu einer Vereitelung der Durchsetzung der Rechte anderer Gläubiger führen würde, da das Vermögen des Schuldners nicht mehr ausreicht, alle gegen ihn gerichteten Forderungen zu befriedigen[5]. MaW reguliert das Insolvenzrecht die zivilrechtliche Haftungsordnung, die im Fall der Krise des Schuldners sein Verhältnis zu seinen Gläubigern bestimmt[6]. 2

---

1 Dieser Begriff hat sich nicht zuletzt mit dem UNCITRAL Model Law on Cross Border Insolvency (Resolution der Generalversammlung v 15. 12. 1997 – Nr. 52/158) eingebürgert; Zu dessen Entstehung siehe UNCITRAL-guide Nr. 4 ff.; Vgl im Übrigen New Zealand Law Commission, Cross Border Insolvency: Should New Zealand adopt the UNCITRAL Model Law? Wellington 1999; *Fletcher* (edit), Cross Border Insolvencies, Tübingen 1992; *Spahlinger*, Sekundärinsolvenzverfahren, insb 41 ff.

2 In den folgenden Überlegungen wird sich zeigen, dass bei aller Unterschiedlichkeit der Ausgestaltung nationaler Konkurs-, Insolvenz- und Bankrottgesetzgebungen doch eine erhebliche Übereinstimmung in der Bestimmung der Funktion der Insolvenzrechte besteht.

3 UNCITRAL-guide Nr. 1.

4 *Rajak* in *ders* (Hrsg) Insolvency Law Theory & Practice, sieht das nationale Insolvenzrecht eines Landes als Ausdruck des Rechtssystems, ja sogar des rechtskulturellen Erbes einer Nation an.

5 Vgl *Baur/Stürner*, Insolvenzrecht, § 1 II; *Häsemeyer*, Insolvenzrecht, Rz 1.01, 1.12 ff.; *Smid*, Grundzüge, § 1 Rz 1; *Liersch*, Sicherungsrechte im internationalen Insolvenzrecht, 30.

6 *Jackson*, Logic and Limits of Bankruptcy Law, p 3; *Eidenmüller*, Unternehmenssanierung, 15 ff.

b) *Concursus creditorum*

3 Der *concursus creditorum* stellt sich daher immer als Gesamtvollstreckungsverfahren[7] dar, in dem die Gläubiger eines Schuldners verfahrensrechtlich gebündelt werden. Die Gleichbehandlungsfunktion[8] des Konkurses macht ihn zu einem Verfahren, in dem die Forderungen aller Gläubiger eines insolventen Schuldners zusammengefasst werden. Ist der Schuldner insolvent, so zeitigt dies Wirkungen, die auf sämtliche vom Schuldner mit anderen Gläubigern eingegangenen Rechtsgeschäfte ausstrahlen[9].

4 Betreibt der Gläubiger A Individualexekution gegen den Schuldner, so bleiben dessen Rechtsbeziehungen zu seinen Gläubigern B, C usw im Allgemeinen unberührt – sofern sich diese nicht zB Sicherheiten am Gegenstand bestellen haben lassen, in die die Individualexekution nun betrieben wird.

5 Um die Ungerechtigkeit abzuwenden, die aus dem bei der Individualzwangsvollstreckung herrschenden Prioritätsprinzip im Fall der Insolvenz des Schuldners erwachsen würde, zeitigt der Konkurs – die Eröffnung eines Insolvenzverfahrens über das Vermögen des Schuldners – *allseitige Wirkungen* für alle Gläubiger in ihrer Beziehung zum Schuldner. Der Hoheitsakt, mit dem das Insolvenzverfahren eingeleitet wird, hat mithin eine statusrechtliche Bedeutung, unabhängig davon, ob dem Schuldner die Befugnis zur Eigenverwaltung teilweise gelassen wird oder nicht. Von *Häsemeyer*[10] ist daher der treffende Ausdruck einer *Ausgleichshaftung* der Insolvenzgläubiger mit ihren Forderungen geprägt worden. Vor diesem Hintergrund erweist es sich, dass ein Insolvenzrecht als Haftungsverwirklichungsinstrument dazu dient, sicherzustellen, dass die Gläubiger nicht wegen der Realisierung des Risikos leer ausgehen, sondern wegen ihrer vorangegangenen Einflussnahme auf die Geschäftspolitik des Schuldners miteinander verbunden sind[11].

6 Dabei kann hier dahingestellt bleiben, dass Insolvenzverfahren neben der Gewährleistung der Gleichbehandlung der Gläubiger noch weitere Aufgaben zu erfüllen haben. So hängt mit der Gleichbehandlungsfunktion des Insolvenzverfahrens durch Gewährleistung der Haftung des insolventen Schuldners unmittelbar die Befriedigungsfunktion[12] des Insolvenzrechts zusammen[13]. Kann der Schuldner die Forderungen seiner Gläubiger nicht mehr befriedigen, so führt dies bei den Gläubigern gewöhnlich zu berechtigter Unruhe: Die Gläubiger „laufen zusammen" (*concurrere*), um aus dem Vermögen möglichst noch vor anderen Befriedigung zu erlangen. Den dabei auftretenden Missständen

---

7 Die gegen diese Kategorie erhobenen Einwände *Böttichers* (ZZP 86 [1973] 373ff.) rühren daher, dass dieser Autor – zutreffend – das Insolvenzverfahren dem Bereich „rechtsfürsorgender" freiwilliger Gerichtsbarkeit zuordnet (vgl auch *Smid*, Praxishandbuch Insolvenzrecht, 5. Aufl 2007, Rz 6) und die Zuordnung der Insolvenz zum Prozess vermeiden will.

8 *Bähr*, DZWIR 2001, 224. Aus der internationalen Literatur vgl zB *Epstein/Nickles/White*, Bankruptcy, 1993, §§ 1 u 2; *Lindencrone/Petersen/Ørgaard*, Insolvenzcy Law, 1996, pp 17 et al; *Satta*, Diritto fallimentare, 3[za] edit, 1996, pp 3; *Ferrara/Borgioli*, Il fallimento, 5ta edit, 1995, pp 3ff.; *Rechberger/Thurner*, Insolvenzrecht, Rz 12ff.; *Ammon/Gasser*, Grundriß, § 35 Rz 1ff.; *Nussbaum*, Deutsches Internationales Privatrecht, 449.

9 *Smid*, Grundzüge, § 1 Rz 22.

10 *Häsemeyer*, Insolvenzrecht, Rz 2.33 ff., 2.36.

11 *Smid*, Grundzüge, § 1 Rz 22.

12 *Häsemeyer*, Insolvenzrecht, Rz 2.04 ff.

13 *Smid*, Grundzüge, § 1 Rz 18.

hilft das Insolvenzverfahren ab. Schließlich kann man von Ordnungsfunktionen eines Insolvenzverfahrens sprechen, da in diesem zT Aufgaben, die dem Schuldner oblagen, nach dessen wirtschaftlichem Zusammenbruch von einem über sein Vermögen eingesetzten Verwalter erfüllt werden. Hier kommt es zunächst allein auf die „zentralen" Aufgaben des Insolvenzverfahrens, nämlich der Gläubigergleichbehandlung und -befriedigung an, die jedem Insolvenzverfahren innewohnen.

Man kann in diesem Zusammenhang von einer *Universalität* des Konkurses auf 7
Grund seines Charakters als Gesamtvollstreckungsverfahren sprechen. Da es beim Konkurs nicht zuletzt auch um die Gleichbehandlung der Gläubiger (untereinander) geht, ist der gleiche Zugang zu einem über das Vermögen des Schuldners eröffneten Insolvenzverfahrens unter Außerachtlassung der Staatsangehörigkeit eines Gläubigers eine der zur Erreichung der Funktion des Insolvenzverfahrens zu erfüllende Bedingung[14].

Im früheren deutschen Konkursrecht wurde dies durch das sog Diskriminierungsverbot des § 5 KO 8
verwirklicht[15].

2. Beschlagnahme des gesamten Vermögens des Insolvenzschuldners

Das Verbot der Diskriminierung ausländischer Gläubiger eines insolventen 9
Schuldners im über dessen Vermögen eröffneten Insolvenzverfahren ist aber nur eine Seite der Universalität des Insolvenzverfahrens als Ausdruck der Gläubigergleichbehandlung[16]. Von einer Universalität des Konkurses spricht man mehr noch als im Zusammenhang mit der Gläubigergleichbehandlung durch die Statuierung eines Diskriminierungsverbots auch im Bereich der Wirkungen des Hoheitsaktes, mit dem das Insolvenzverfahren förmlich eingeleitet wird. Die Bündelung der Rechtsdurchsetzung durch alle Gläubiger eines Schuldners hat nämlich nur unter der Voraussetzung einen Sinn, dass mit der Verfahrenseröffnung das gesamte Vermögen des Schuldners der Gläubigergemeinschaft als Haftungsobjekt zur Verfügung gestellt wird. Die Universalität des Konkurses bedeutet in diesem Zusammenhang, dass – mit Ausnahme der unpfändbaren Vermögensgegenstände eines Schuldners – die Vermögensgegenstände im Übrigen ununterschieden dem Konkursbeschlag unterworfen werden[17].

Während die Individualexekution von Forderungen durch einen einzelnen Gläubiger (Einzel- 10
zwangsvollstreckung) darauf gerichtet ist, *einzelne Vermögensgegenstände* des Schuldners zu beschlag-

---

14 *Trunk*, Internationales Insolvenzrecht, 24, 32 f; *Häsemayer*, ZZP 187, 111, 116 f.

15 *Kuhn/Uhlenbruck*, Kommentar, KO, § 5 Rz 1; *Jaeger/Henckel*, KO, § 5 Rz 1 haben darauf hingewiesen, dass die Gleichbehandlung der ausländischen mit inländischen Gläubigern schon durch allgemeine insolvenzrechtliche Regelungen sichergestellt sei. Die Bedeutung der Vorschrift habe daher in der in ihrem Abs. 2 vorgesehenen Vergeltungsregelung gelegen.

16 *Häsemayer*, ZZP 187, 111, 116 f spricht von „drei Schichten" des internationalen Insolvenzrechts; Vgl dazu auch *Bloching*, Pluralität und Partikularinsolvenzverfahren, 86 ff.

17 Vgl in England s 283 bzw 44 IA 1986 (*Summ*, Anerkennung, 120). In Italien folgt der Universalgeltungsanspruch aus Art. 42 l. Fall (*Summ*, Anerkennung, 155; *Ferrara/Borgioli*, Nr. 13.5 [p 313] et sequ; *Satta* pp 140); Für Frankreich folgt der Universalanspruch aus Art. 152 L 85–98 InsolvG 1985 (*Summ*, Anerkennung, 195).

nahmen und zum Zweck der Befriedigung des Gläubigers zu verwerten[18], trifft das Konkursrecht Vorkehrungen, um der Gläubigergemeinschaft den Zugriff auf das *gesamte Vermögen* des durch das insolvenzrechtliche Regime rechtlich entmachteten Schuldners zu ermöglichen. Das gesamte schuldnerische Vermögen wird der Gemeinschaft der Gläubiger haftungsrechtlich zugewiesen, sodass man von einer Gesamtvollstreckung oder Universalexekution spricht[19].

11 Das Insolvenzverfahren fungiert daher als Sammlung und Bündelung der Rechtsverfolgung durch die Insolvenzgläubiger. Es bildet den institutionellen Rahmen, in dem der *concursus creditorum*[20] auf rechtliche und damit friedliche Weise verläuft. Das setzt die Beschlagnahme des pfändbaren Vermögens des Schuldners voraus. Der Insolvenzschuldner wird mithin regelmäßig entmachtet. Durch einen Hoheitsakt – in den mitteleuropäischen Insolvenzrechten durch den Eröffnungsbeschluss, mit dem das Insolvenzverfahren eingeleitet wird – wird das schuldnerische Vermögen „verstrickt" und vom *Konkurs- bzw Insolvenzbeschlag* erfasst[21]. Dem Insolvenzschuldner sind dadurch rechtmäßige Verfügungen über sein Vermögen untersagt, was die Unwirksamkeit verbotswidriger Verfügungen zur Folge hat. MaW wird das Vermögen des Schuldners der Gesamtvollstreckung unterworfen[22]. Die Befugnis, die erforderlichen tatsächlichen und rechtlichen Maßnahmen im Hinblick auf die Insolvenzmasse zu unternehmen, geht im Regelfall auf den durch das Insolvenzgericht mit dem Eröffnungsbeschluss einzusetzenden Insolvenzverwalter über.

3. Universalkonkurs und universelle Wirkung des das Verfahren eröffnenden Hoheitsaktes[23]

12 Für den Fall, dass die Verbindlichkeiten durch das Vermögen des Insolvenzschuldners nicht gedeckt werden bzw er mangels präsenter Liquidität seine Gläubiger zu befriedigen außerstande ist, sprach man daher lange Zeit von einem *Universalkonkurs*[24] über das Vermögen des Insolvenzschuldners. Dabei wurde immer wieder darauf hingewiesen, dass mit dem Begriff des Universalkonkurses nicht ohne weiteres jener Gegensatz angesprochen werde, der aus dem Begriffspaar *Uni-*

---

18 Besonderheiten gelten im Allgemeinen bei der Exekution in Immobilien, wo von der zwangsvollstreckungsrechtlichen Beschlagnahme des Grundstücks auch das grundpfandrechtlich mithaftende Zubehör erfasst werden kann.

19 *Henckel* in FS Merz, 197 ff.; *Häsemeyer*, Insolvenzrecht, Rz 2.04; *Smid*, Grundzüge, § 1 Rz 5.

20 *Heini/Keller/Siehs/Vischer/Volker* (Hrsg), IPRG, § 166 Rz 1.

21 *Jaeger/Henckel*, Konkursordnung, § 1 Rz 2; *Holzer* in KP, InsO, § 35 Rz 10.

22 *Laut*, Universalität und Sanierung, 24 f.

23 Vgl zum Überblick *Wimmer* in FK, Anhang I Rz 22 ff. Zur Funktion des Konkurses als Maßstab für seine extraterritoriale Anerkennungsfähigkeit vgl *Pielorz*, Auslandskonkurs und Disposition über das Inlandsvermögen, 46 ff.; *Summ*, Anerkennung, 18 ff., 22 ff.; *Reinhard*, Sanierungsverfahren im internationalen Insolvenzrecht, 66 ff.; *Schack*, IZUR, 4. Aufl 2006, Rz 1041 ff.

24 *Kleinfeller*, Z f Int, Priv u Öff R, Bd 8, 549; *Potthast*, Probleme eines Europäischen Konkursübereinkommens, 3 ff. Zur Gläubigeruniversalität *Prütting*, in KP, InsO, Einleitung, Rz 75; *ders* in KölSch 2000, 221, 242, Rz 65.

versalitäts- versus Territorialitätsprinzip resultiert[25]. Während dieses Begriffspaar[26] in seiner Gegensätzlichkeit zunächst die rechtspolitische Entscheidung einer nationalstaatlichen Konkursrechtsordnung wegen der Behandlung ausländischer Hoheitsakte betrifft, durch die im Ausland Insolvenzverfahren eröffnet werden, sollte die Rede vom Universalkonkurs ausschließlich darauf verweisen, dass ein (kollektiver) Zugriff auf das *gesamte* Vermögen des Schuldners (im Gegensatz zur Eröffnung von Partikularverfahren) genommen wird[27]. Der damit angesprochene Grundsatz von „Einheits-" und „Pluralitätsprinzip"[28] (*missé de faillite* oder *pluralité des faillites*)[29] betrifft die Frage, durch welche verfahrensrechtliche Disposition die Universalität des Konkursbeschlages verwirklicht wird. Vor diesem Hintergrund erscheint es als wenig angemessen, wenn in der Literatur[30] die Universalität der Wirkung des eröffnenden Hoheitsakts gleichsam als rechtspolitisches Ziel eines internationalen Insolvenzrechts formuliert oder die Universalität primär als „kollisionsrechtlicher" Begriff[31] gesehen wird. Es beruht auf einem Missverständnis, wenn die dem Konkursstatus eigene „Universalität" als ein der internationalen Zusammenarbeit widerstreitendes „Raubsystem" angesehen wird[32]. Dies kann nur unter der Voraussetzung der Leugnung der Universalität fremder und Betonung der Universalität eigener Konkurse behauptet werden, wie sie bspw dem deutschen Recht lange eigen war[33]. Territorialität oder Universalität sind jedoch keine rechtspolitischen Optionen oder gar Theorien[34], sondern *Strukturelemente*, denen ein Insolvenzrecht entspricht oder nicht. Universalität bedeutet stets Gesamtbeschlag des insolvenzschuldnerischen Vermögens, woraus verfahrensrechtlich auf die Einheit des Konkurses geschlossen wird[35]. *Trunk*[36] spricht auch überzeugend von einer universellen „Sollgeltung" des Konkurses. In diesem Zusammenhang wird auch von einer „materiellen" und einer „prozessualen" Territorialität des Konkurses gesprochen. Damit soll auf die rechtliche Einschränkung der Universalität bzw deren „faktische" Begrenzung im Verfahren hingewiesen werden[37].

---

25 Dazu *Hanisch* in FS *Merz*, 159ff.; *Häsemeyer*, Insolvenzrecht Rz 35.05, 35.08ff.; *D. Staehlin*, Die Anerkennung ausländischer Konkurse und Nachlaßverträge in der Schweiz, Art. 166ff. IPRG, 2ff.

26 *J. Schmidt*, System des deutschen internationalen Konkursrechts, 50ff., 53 hat dieses Begriffspaar der Ungenauigkeit geziehen.

27 So dezidiert *Kleinfeller*, Z f Int, Priv u Öff R, Bd 8, 549; *Smid*, Grundzüge, § 1 Rz 7; *Summ*, Anerkennung, 22f.

28 *Elliott*, Tolley's Insolvency Law and Practice, vol 16, 2000, pp 224, 225.

29 Krit *Nussbaum*, Deutsches Internationales Privatrecht, 450: „Als Ganzes genommen ... unfruchtbar".

30 *Spahlinger*, Sekundärinsolvenzverfahren, 41, 51 et passim; vgl auch *Reinhard*, Sanierungsverfahren im internationalen Insolvenzrecht, 67.

31 *Leitner*, Der grenzüberschreitende Konkurs, 23 et passim.

32 *Stoll*, Stellungnahmen, 15, Rz 36.

33 *Elliott*, Tolley's Insolvency Law and Practice, vol 16, 2000, 229.

34 Missverständlich daher *Reinhard*, Sanierungsverfahren im internationalen Insolvenzrecht, 66.

35 *Reinhard*, Sanierungsverfahren im internationalen Insolvenzrecht, 67.

36 *Trunk*, Internationales Insolvenzrecht, 94f, 287ff.; *Bloching*, Pluralität und Partikularitätsinsolvenz, 20f.

37 *Bloching*, Pluralität und Partikularinsolvenzverfahren, 21.

13 Die konkursliche – insolvenzrechtliche – Beschlagnahme des Vermögens erhebt daher strukturell immer den Anspruch[38], *universelle Wirkungen* zu zeitigen[39]. Dabei kommt es nicht darauf an, ob sich Vermögensgegenstände des Schuldners auf Grund der allgemeinen Zivilrechtsordnung im Vermögen eines anderen befinden, wenn sich aus der Sicht der konkursrechtlichen Haftungsordnung diese Vermögenszuordnung als anfechtbar darstellt (*actio pauliana*). Ebenso wenig kommt es für die universellen Wirkungen des Insolvenzbeschlags darauf an, an welchem Ort sich Vermögensgegenstände des Schuldners befinden. Die Universalität des Konkursbeschlags entspricht der Aufgabe des Insolvenzverfahrens, eine Gesamtverwertung des Schuldnervermögens *par conditio creditorum* zu gewährleisten[40].

14 *Hanisch*[41] hat in diesem Zusammenhang freilich überzeugend darauf aufmerksam gemacht, dass es allein schon der Umstand der Konkurrenz eines Universalitätsanspruchs des Konkursbeschlags auf Grund der Regelung verschiedener nationaler Insolvenzrechte erzwingt, den universellen Geltungsanspruch eines nationalen Eröffnungsaktes nicht als Axiom zu behandeln. Vielmehr sei nach „Sinn und Zweck“ des universellen Geltungsanspruchs zu fragen[42]. So wird auch im Folgenden zu zeigen sein, dass der Ansatz universeller Geltung des Konkursbeschlags[43] nicht zwingend auf eine Einheit des Insolvenzverfahrens hinauslaufen muss[44].

4. Stellung und Funktion des Internationalen Insolvenzrechts

15 Nach alldem lässt sich bereits an dieser Stelle die Funktionsweise und Stellung des Internationalen Insolvenzrechts näher bestimmen. Dessen Normen können sich nämlich nicht auf kollisionsrechtliche Regelungen beschränken, da die wesentlichen Normen eines Internationalen Insolvenzrechts nicht die Regelungen einer nationalen Rechtsordnung für verbindlich erklären, sondern an deren Stelle eigene Regelungen schaffen[45]. Wenngleich zT von einem Schwerpunkt kollisionsrechtlicher Regelungen im Internationalen Insolvenzrecht gesprochen wird[46], so stellt es sich doch insofern als „janusköpfig“[47] dar, als es neben Kollisionsregelungen auch *Sachnormen* formeller und materieller Natur trifft[48].

---

38 *Spahlinger*, Sekundärinsolvenzverfahren, 84, 85.
39 *W. Habscheid*, KTS 1989, 583, 584 ff. zu den Auslandswirkungen des Inlandskonkurses.
40 *Spahlinger*, Sekundärinsolvenzverfahren, 52 f.
41 *Hanisch*, ZIP 1989, 273, 275.
42 *Hanisch*, ZIP 1989, 276; *Spahlinger*, Sekundärinsolvenzverfahren, 270, fragt danach, ob ein einheitliches Insolvenzverfahren ein „Ideal“ darstelle.
43 *Hanisch*, ZIP 1989, 276.
44 Vgl aber auch *Kleinfeller*, Z f Int, Priv u Öff R, Bd 8, 550.
45 Hierauf hat insb *Leipold* in FS *Baumgärtl*, 293, überzeugend hingewiesen.
46 *Wimmer* in FK, Anhang I, Rz 5 mwN.
47 *Wimmer* in FK, Anhang I, Rz 5 mwN.
48 *Thieme* in *Kegel*, Vorschläge, 213, 241 ff.

Die bisherigen Überlegungen lassen weiterhin die Aussage zu, dass allein insolvenzspezifische Sachverhalte durch das Internationale Insolvenzrecht beantwortet werden sollen[49]. 16

II. Nationalstaatliche Souveränität als Grenze universeller Wirkungen des Konkursbeschlags

1. Problemstellung

17

Der dem Konkurs immanente[50] universelle Anspruch des Konkurs- bzw. Insolvenzbeschlags stößt nach alldem „naturgemäß" auf erhebliche Probleme[51]. *Savigny*[52] hat dies so ausgedrückt:

> „Die Bildung der Konkursmasse durch Aufsammlung und Verkauf der Vermögensstücke macht keine Schwierigkeit, wenn diese sich sämtlich im Bezirk des Konkursgerichts befinden. Dagegen ist die Behandlung der Sache in dem hohen Grade bestritten in Ansehung der Vermögensstücke, die in andern Gerichtsbezirken oder gar in einem fremden Lande liegen." 18

Insofern ist zunächst die Struktur des Konkurses als Verfahren zur Rechtsdurchsetzung zu betrachten, bevor man den Blick auf völkerrechtliche Grenzen wagt, die von der Souveränität des fremden Staates durch die Beschlusswirkung des Hoheitsaktes des eröffnenden Staates gezogen werden. Der im Ausland erlassene Hoheitsbeschluss, mit dem das Vermögen eines Schuldners universell beschlagnahmt wird, würde den im Inland befindlichen Gläubigern notwendig Haftungsmasse entziehen und sie dazu zwingen, am ausländischen Insolvenzverfahren teilzunehmen. Bedenkt man die Aufgabe eines Staates, seinen Bürgern eine Rechtsordnung bereit zu stellen, in deren Rahmen sie ihre Rechte effizient durchsetzen können, so liegt es auf der Hand, dass auf die Probleme der Universalität konkurslicher Haftungsordnungen in den autonomen nationalen Insolvenzrechten mit Regelungen reagiert worden ist, die eine territoriale Wirkung von Konkurseröffnungen entweder im Bezug auf eigene Hoheitsakte oder fremde Staaten[53] statuiert haben. 19

2. Territorialität

20

Das sog Territorialitätsprinzip[54] geht von einer zunächst völlig einleuchtenden Überlegung aus: Der Konkurs ist ein Akt staatlicher Gesamtvollstreckung. Seine Wirkungen beruhen auf der gerichtlichen Konkurseröffnung als einem staatlichen

49 *Wimmer* in FK, Anhang I, Rz 6.
50 Gegen diesen Ansatz der Argumentation aus „Natur der Sache" ausdrücklich *Kleinfeller*, Z f Int, Priv u Öff R, Bd 8, 551.
51 *Spahlinger*, Sekundärinsolvenzverfahren, 54; Vgl weiters *Ringleb*, Universalität und Territorialität im deutschen internationalen Konkursrecht. Diss Freiburg/Brsg 1967.
52 *v. Savigny*, System des heutigen römischen Rechts, Bd. 8, Berlin 1849, 286f.
53 *Beckmann*, Internationales Insolvenzrecht im MERCOSUR, Baden-Baden 2000, 83.
54 *Leitner*, Der grenzüberschreitende Konkurs, 22.

Hoheitsakt. Die staatliche Konkurseröffnung als gravierendster Eingriff in die bürgerliche Existenz des Schuldners entfaltet daher grundsätzlich nur Wirkungen in den *Grenzen des Territoriums* des jeweiligen Staates[55]. Das ist zunächst plausibel, da die Hoheitsgewalt eines jeden Staates an seinen Grenzen endet[56]. Die Anerkennung grenzüberschreitender insolvenzrechtlicher Tatbestände ist somit grundsätzlich ausgeschlossen[57]. Daher gilt grundsätzlich, dass zB die Grenzen der deutschen Gerichtsbarkeit in Konkurssachen von Amts wegen einzuhalten sind. Dies bedeutet, dass ein deutsches Gericht im Allgemeinen nicht den Konkurs über das ausländische Vermögen des Schuldners verhängen kann[58]. Probleme treten jedoch auf, wenn ein Schuldner seinen Sitz im Inland hat[59]. Die Orientierung am Territorialitätsprinzip gefährdet freilich die *Gleichbehandlung* der Gläubiger[60]: Während die Gemeinschaft der Insolvenzgläubiger unter der Geltung des „Territorialitätsprinzips" grundsätzlich auf das im Inland belegene und vom Insolvenzbeschlag des Gerichts erfasste Vermögen verwiesen wird, ist es einzelnen Gläubigern immer wieder möglich, sich aus dem im Ausland befindlichen Vermögen des Gemeinschuldners zu befriedigen. Im Verlauf der Gesetzgebungsarbeiten wurde im vergangenen Jahrhundert zudem auf einen weiteren Gesichtspunkt aufmerksam gemacht[61]: Solange die Wirtschafts- ebenso wie die Staatsverfassung nationalstaatlich organisiert war, stellte sich der im Ausland über inländisches Vermögen eröffnete Konkurs als Eingriff in die Wirtschaftshoheit eines Staates dar[62]. Der ausländischen „Macht" würde durch eine Abkehr vom Territorialitätsprinzip eine gravierende Einflussmöglichkeit auf die inländische Wirtschaft eröffnet, die es auf Grund der Schutzpflichten des Staates gegenüber seinen Bürgern abzuwehren gelten würde[63].

21 In Deutschland ist bspw über die Universalität und Territorialität des Konkurses (seit dem In-Kraft-Treten der RKO im Jahr 1877) als Gegensatz zwischen dem universellen Geltungsanspruch des Inlandskonkurses gem § 1 KO und der Leugnung der universellen Geltung des Auslandskonkurses, die aus § 237 KO abgeleitet wurde, gestritten worden[64, 65]. Die Behauptung der Universalität in Bezug auf die Wirkungen des inländischen Eröffnungsbeschlusses im Ausland wurde als *système de*

55 *Häsemeyer*, Insolvenzrecht Rz 35.05–35.07; *Heini/Keller/Sieler/Vischer/Volker*, IPRG, vor Art. 166 Rz 5 f.

56 Die Bezeichung der Universalität – als „Raub"-prinzip (*Stoll*, Stellungnahmen, 15, Rz 36) – hat in der Anerkennung des fremden Hoheitsraumes ihre Berechtigung.

57 Zu diesem „Grundsatz", der das deutsche internationale Konkursrecht bis zur „Wendejudikatur" beherrscht hat, vgl *Pielorz*, Auslandskonkurs und Disposition über das Inlandsvermögen, 15 ff. et passim.

58 *Gottwald/Arnold*, Insolvenzrechtshandbuch, § 122, Rz 1.

59 *Gottwald/Arnold*, Insolvenzrechtshandbuch, § 122, Rz 2.

60 *Häsemeyer*, Insolvenzrecht, Rz 35.07, 35.08.

61 *Kohler*, Lehrbuch des Konkursrechts, 603 ff.

62 *Leitner*, Der grenzüberschreitende Konkurs, 48 mwN.

63 Darauf ist insb im Rahmen der Beratung zur RKO hingewiesen worden.

64 *Lüer* in *Stoll*, Stellungnahmen, 96, 97 f.; vgl aber auch *Hahn*, Die gesammten Materialien zur Reichskonkursordnung, ad §§ 207, 208 S. 403 (S. 457).

65 *Nadelmann*, RabelsZ, 41, 707 ff.; *v. Mayerhoffer*, Die Inlandswirkungen des Auslandskonkurses, Diss Rostock 1937, 16 ff.

pillage kritisiert[66]. Der Universalitätsanspruch des Eröffnungsbeschlusses nach der deutschen Konkursordnung bei gleichzeitiger Aberkennung universeller Wirkungen von Auslandskonkursen wurde lange als Verstoß gegen die *comitas*[67] angesehen[68].

Demgegenüber ist das englische Recht seit dem 18. Jahrhundert anerkennungsfreundlich[69]. Dies gilt auch für das französische Recht[70]. In Italien sahen bislang die Art. 796 f. c.p.c. ein formelles Exequaturverfahren vor[71]. In Österreich vertrat der OGH seit der E v 20. 2. 1986, 7 Ob 663/85 bis zum Inkrafttreten der EuInsVO das Territorialitätsprinzip (siehe auch die E v 25. 11. 1999, 2 Ob 316/99f in ZIK 2000/21 sowie die E v 4. 11. 1999, 2 Ob 302/99x, ZIK 2000/22). 22

III. Territorialität als Grenze der Universalität der Wirkung des Konkursbeschlags (der Pfändung)[72]

1. Territorialität als Durchbrechung der „Rigidität" der Universalität des Konkursbeschlags

23

Verlässt man den Rahmen, der durch die rechtspolitische Orientierung einer Insolvenzrechtsgesetzgebung gebildet wird, wird deutlich, dass sich Universalität und Territorialität des Konkurses *nicht als widerstreitende Denkmodelle* oder „Prinzipien" gegenüberstehen, sondern verschiedene Arten des Umgangs mit den Wirkungen beschreiben, die der Hoheitsakt der Konkurseröffnung im Falle grenzüberschreitender Insolvenzen zeitigt. Von grenzüberschreitenden oder internationalen Insolvenzverfahren spricht man daher, wenn entweder Gläubiger eines Schuldners in einem anderen als dem das Verfahren eröffnenden Staat ihren Sitz haben, sich Vermögensgegenstände des Schuldners in einem anderen Staat befinden, oder wenn beide Bedingungen erfüllt sind. Man kann dies auch so formulieren: Obwohl der Konkurs- oder Insolvenzbeschlag das gesamte Vermögen eines Schuldners erfasst, reagiert das Territorialitätsprinzip auf die daraus erwachsenden Gefahren, namentlich auf den Bestand inländischer Unternehmen. Die Inlandswirkungen des Auslandskonkurses können zu „internationalen Verwicklungen" führen[73]. Daher bedarf es bereits an dieser Stelle der genauen Prüfung, ob es sich bei dem im Ausland erlassenen Hoheitsakt überhaupt um eine insolvenzrechtliche Maßnahme handelt, oder ob gegebenenfalls im Gewand eines Insolvenzverfahrens staatliche Eingriffe

66 *Endemann*, Die Rechtshilfe im norddeutschen Bunde, Berlin 1869; *Potthast*, Probleme eines Europäischen Konkursübereinkommens, 11; *Nadelmann*, RabelsZ 41, 707 ff.

67 *Müller-Freienfels*, Auslandskonkurs und Inlandsfolgen, in FS *Dölle*, Bd 2, 382; *Spahlinger*, Sekundärinsolvenzverfahren, 52; *Summ*, Anerkennung, 39 ff.

68 *Nadelmann*, RabelsZ 41, 707 ff.; *Hanisch* KTS 1978, 193 ff.

69 *Summ*, Anerkennung, 110 mwN.

70 *Summ*, Anerkennung, 187.

71 *Summ*, Anerkennung, 149.

72 *Wimmer* in FK, Anhang I, Rz 24 f; *Spahlinger*, Sekundärinsolvenzverfahren, 44 et passim.

73 *Müller-Freienfels*, Auslandskonkurs und Inlandsfolgen, in FS *Dölle*, Bd 2, 359 mwN.

wie *Enteignungen* verdeckt werden[74]. *Kleinfeller*[75] hat dies mit den Worten ausgedrückt, dass der Grundsatz der Universalität nur durch Staatsverträge „oder durch sonst übereinstimmende Rechtsvorschriften mehrerer, genau genommenen aller (sic!) Kulturstaaten verbindlich werden könne.“[76] Die Anerkennung der universellen Geltung eines ausländischen Konkurses im Inland könnte nämlich zu massiven Eingriffen in den Bestand der inländischen Wirtschaft führen, wenn die inländische Rechtsordnung der ausländischen Gesamtvollstreckung in inländisches Vermögen Anerkennung verleiht. Wenn man so will, so stellt der Universalitätsgedanke den allgemeinen Ausdruck der Funktionsweise eines jeden Konkursverfahrens dar, während die Anordnung der Territorialität eine Konzession an die Aufgabe des Nationalstaates ist, inländisches Vermögen, insb den Unternehmensstand vor dem Zugriff ausländischer Hoheitsakte zu schützen. Der Territorialitätsgedanke[77] stellt sich somit als Durchbrechung der Strukturen und Funktionsweise des Konkurses dar.

24 Denkt man das „Territorialitätsprinzip“ zu Ende, so gelangt man zu voneinander völlig unabhängigen Parallelkonkursen[78].

25 Die Geschichte des europäischen Konkursrechts macht dies deutlich. So wird besonders auf den Fall der Insolvenz des in *Pistoia* angesiedelten Bankhauses der *Ammanati* in der ersten Hälfte des 14. Jhdts verwiesen[79], um zu zeigen, dass die universelle Wirkung eines Konkurses durch eine universell bevollmächtigte Macht gewährleistet werden kann, wie sie die päpstliche Autorität im Hochmittelalter eben darstellte.

2. Einfluss des nationalen Sachrechts[80] auf die Reichweite des Konkursbeschlags

26 Die Universalität der Wirkungen des Konkursbeschlags stößt – über die Problematik der nationalen Souveränität hinaus – auch auf weitere Probleme, die über die Abwicklung des Verfahrens hinausgehen. Der Anspruch universeller Wirkung ruft die Frage nach dem im Konkurs anwendbaren Sachrecht hervor, die sich nicht einfach dadurch lösen lässt, dass die universelle Wirkung des Konkursbeschlags in allen beteiligten Staaten anerkannt wird. Die Zugehörigkeit eines Gegenstandes zum

---

74 *Müller-Freienfels*, Auslandskonkurs und Inlandsfolgen, in FS *Dölle*, Bd 2, 364f. Zur Lage während des „Ost-West-Konflikts“, insb in den späten vierziger und fünfziger Jahren des 20. Jhdts vgl LG Stuttgart SJZ 1950, 593 mit Anm v *Beitzke*; OLG Frankfurt/M, NJW 1952, 722.

75 *Kleinfeller*, Z f Int, Priv u Öff R, Bd 8, 549.

76 Vgl auch *Potthast*, Probleme eines Europäischen Konkursübereinkommens, 45, der die Universalität des Eröffnungsbeschlusses auf der Grundlage des überkommenen deutschen Konkursrechts für ausgeschlossen erachtet hat. Vgl auch *Elliott*, Tolley's Insolvency Law and Practice, vol 16, 2000, pp 226.

77 „Konsequent durchgehalten“ bedenkt der Territorialgrundsatz, dass dem Inlandskonkurs jede Auslands- und dem Auslandskonkurs jede Inlandswirkung abgesprochen würde. Vgl zur japanischen KO *Müller-Freienfels*, Auslandskonkurs und Inlandsfolgen, in FS *Dölle*, Bd 2, 361 f.

78 Statt vieler *Potthast*, Probleme eines Europäischen Konkursübereinkommens, 7.

79 *Fliniaux*, La faillite des Ammanati de Pistoie e le Saint – Siège, Nouv. Rev. Hist. Dr. Etr. 3 (1924) 436; *Nadelmann* U. Pa. L. Rev. 93 (1944) 58; *Hanisch* in FS *Merz*, 159, 160ff.

80 *Spahlinger*, Sekundärinsolvenzverfahren, 55 f.

schuldnerischen Vermögen ist sehr unterschiedlich danach zu beurteilen, wie das jeweilige *Sachrecht* die Zugehörigkeit eines Vermögensgegenstandes qualifiziert[81]. So führt zB in Italien[82] die Sicherungsübereignung unter Wahrung bestimmter Formen zur Aussonderung der betreffenden Vermögensgegenstände, während der einfache Eigentumsvorbehalt bspw in Belgien bis zum 1. 1. 1998[83] keine Aussonderungsbefugnis bewirkte. In Deutschland und Österreich wiederum berechtigt die Sicherungsübereignung zur abgesonderten Befriedigung[84], während der einfache Eigentumsvorbehalt den Eigentumsvorbehaltsverkäufer in der Insolvenz des Käufers eine Aussonderungsbefugnis verleiht[85]. Vor diesem Hintergrund wird die Universalität der Wirkungen des Hoheitsaktes über die Eröffnung eines Konkursverfahrens auch so verstanden, dass durch die *lex fori concursus* das jeweilige Sachrecht verdrängt wird. Im Detail ist hier natürlich vieles streitig (vgl dazu § 8).

IV. Die Stellung des Insolvenzverwalters[86]

Folgt man dem hier vertretenen Ansatz, demzufolge zwingend zur Struktur des 27
Konkurses gehört, dass mit der Eröffnung des Verfahrens das gesamte Vermögen des Schuldners vom Konkursbeschlag erfasst wird, so leuchtet es ein, dass damit nachhaltige Folgen für die Beschreibung der Wahrnehmung des Amtes eines Insolvenz-, Konkurs-, Masseverwalters oder Trustee verbunden sind. Unabhängig davon, ob man einen durch Hoheitsbeschluss, auf dem die Konkurseröffnung beruht, eingesetzten Verwalter als Organ einer mit Rechtssubjektivität ausgestatteten Masse versteht oder ihn als Partei Kraft Amtes[87] behandelt, hat ein solcher Verwalter doch stets die Aufgabe, die den Gläubigern haftende Masse zum Zweck der Verwertung in Besitz zu nehmen (Soll-Masse). Schließt ein autonomes Internationales Insolvenzrecht eine Rechtszuständigkeit des Masseverwalters für im Ausland belegene Vermögensgegenstände des Schuldners nicht explizit aus, so gehört es zu den genuinen Aufgaben des Insolvenzverwalters, im Ausland belegene Gegenstände zur Konkursmasse zu ziehen, deren Wert für die am Verfahren beteiligten Gläubiger nutzbringend zu machen und ihrem Wert nach zuzuführen. Die Problematik der Universalität des Konkurseröffnungsbeschlusses und des Konkursbeschlags verweist in diesem Zusammenhang darauf, auf welche Weise der Masseverwalter im Ausland seiner Aufgabe, nämlich der Sammlung der Soll-Masse, nachzukommen berechtigt ist. Liegt eine Anerkennung des im Inland bestellten

---

81 Eingehend hierzu *Trunk*, Internationales Insolvenzrecht, 13f, 290ff.; *Stoll*, Stellungnahmen, 146ff.

82 *V. Wilmowsky*, Europäisches Kreditsicherungsrecht, Tübingen 1996, 134.

83 *Kieninger/Storme*, Das neue belgische Recht des Eigentumsvorbehalts, RIW 2/1999, 94ff.

84 Während der Sicherungsnehmer im Konkurs des Sicherungsgebers abgesonderte Befriedigung verlangen kann, hat der Sicherungsgeber im Konkurs des Sicherungsnehmers ein Aussonderungsrecht, *Häsemeyer*, Insolvenzrecht, Rz 18.27; *Rechberger/Thurner*, Insolvenzrecht, Rz 111, 114.

85 *Rechberger/Thurner*, Insolvenzrecht, Rz 111.

86 *Hagemann*, Die Handlungsbefugnis des ausländischen Konkursverwalters in Deutschland, KTS 1960, 161ff.

87 Zu den einzelnen Theorien vgl bspw *Rechberger/Thurner*, Insolvenzrecht, Rz 167ff.

Insolvenzverwalters durch die Organe des Konkursverfahrens, namentlich der Gerichte eines ausländischen Staates oder „automatisch“ auf Grund von *bilateralen Konkursverträgen* vor, wie sie in der Vergangenheit zB zwischen Deutschland und Österreich geschlossen worden sind[88], so stellen sich kaum nennenswerte Probleme. Kann sich der Insolvenzverwalter aber nicht auf derartige Rechtssätze berufen, die eine Anerkennung sicherstellen, so stellt sich die Lage komplizierter dar. Dann ist der Masseverwalter nämlich darauf angewiesen, dass im Fall der Insolvenz einer natürlichen Person der Schuldner bzw im Fall der Insolvenz einer juristischen Person die Gesellschaftsorgane an der Verwertung der im Ausland befindlichen Vermögensgegenstände mitwirken.

28 Hierzu sehen eine Anzahl nationaler Konkurs- bzw. Insolvenzrechte vor, dass der Schuldner bzw die gesellschaftsrechtlichen Organe der Insolvenzschuldnerin, nötigenfalls unter Zuhilfenahme staatlichen Zwanges, dazu angewiesen werden, dem Insolvenzverwalter bei der Abwicklung des Verfahrens behilflich zu sein. Es liegt aber nahe, dass ein solches ausländisches zivilrechtliches Tätigwerden des Schuldners für den inländischen Insolvenzverwalter bezüglich der dort befindlichen Massegegenstände nicht hinreichend ist, um die Gleichbehandlung der Gläubiger im über das Vermögen des Schuldners eröffneten Konkurs gewährleisten zu können. So fällt zunächst ins Auge, dass es ausländischen Gläubigern möglich ist, auf den im Ausland befindlichen Vermögensgegenstand im Wege der *Individualzwangsvollstreckung* zuzugreifen, mithin einen Vorrang vor den am inländischen Insolvenzverfahren beteiligten Gläubigern im Hinblick auf den ausländischen Vermögensgegenstand zu erlangen[89]. Soweit eine derartige Individualzwangsvollstreckung von den am inländischen Insolvenzverfahren beteiligten Gläubiger in Angriff genommen wird, ist erörtert worden, ob diese Gläubiger eine Pflicht zur Ablieferung des Erlöses des aus der Individualzwangsvollstreckung im Ausland Erlangten im inländischen Insolvenzverfahren zur Masse gegen Erstattung der aus der Vollstreckung erwachsenen Kosten als Masseverbindlichkeit trifft.

V. Folgerungen

29 Bereits oben (Rz 12 aE) ist darauf hingewiesen worden, dass aus der Universalität des Konkursbeschlags vielfach auf eine „Einheitlichkeit“ des Insolvenzverfahrens geschlussfolgert wird[90]. Die *Einheit des Insolvenzverfahrens* spricht dabei nicht die Durchführung eines Verfahrens an, das Optionen der Liquidation und der Sanierung des Schuldners einschließt, wie es etwa in Deutschland der Fall ist. Gemeint

---

88 Vertrag vom 25. 5. 1979 zwischen der Republik Österreich und der Bundesrepublik Deutschland auf dem Gebiet des Konkurs- und Ausgleichs-(Vergleichs-)rechts, BGBl 1985/233, abgedruckt in *Keppelmüller*, Österreichisches Internationales Konkursrecht, Anhang III/B, 213.

89 Zu Problematik der Einzelexekution im Ausland nach österreichischem Recht vgl *Keppelmüller*, Österreichisches Internationales Konkursrecht, Rz 152 ff.

90 *F. Weber*, KTS 1965, 95 ff.; *Flessner* in FS *F. Heinsius*, 111, 112; *Ebenroth*, ZZP 101 (1998) 121, 130; krit *Spahlinger*, Sekundärinsolvenzverfahren, 270 ff.; *Laut*, Universalität und Sanierung, 141.

ist vielmehr, dass wegen der Universalität des Konkursbeschlags das Verfahren im Eröffnungsstaat jedes weitere über das Schuldnervermögen zu eröffnende Verfahren verdrängt[91]. Die bislang angeschnittenen Fragen beruhen auf der Prämisse, dass über das Vermögen des Insolvenzschuldners ein „einheitliches" Insolvenzverfahren eröffnet wird. Eine solche Einheit des Insolvenzverfahrens ist aber nicht zwingend. Dabei sind verschiedene Konstellationen zu unterscheiden. Ist ein Insolvenzschuldner Subjekt eines Konkursverfahrens in mehreren Ländern, dann folgt bereits aus der Gerichtshoheit eines jeden betroffenen Staates, dass im jeweiligen Staat ein mit dem im anderen Staat eröffneten Eröffnungsverfahren konkurrierendes Verfahren eröffnet werden kann. Verschiedene Insolvenzverfahren treten so nebeneinander[92] und konkurrieren auch miteinander, da sie – jedenfalls „der Idee nach" – für sich Universalität beanspruchen[93]. Das würde zunächst einmal den Gedanken der Universalität des Konkursbeschlags außer Betracht lassen. Aus dem nebeneinander der jeweiligen *Partikularinsolvenzverfahren* ergibt sich jedoch, dass kein einheitliches Insolvenzverfahren abgewickelt wird, obwohl dies dem Gedanken der Universalität gewiss am nächsten käme. Jedes (nationale) Insolvenzverfahren kann in einer solchen Lage den Anspruch auf Universalität mit der Folge erheben, dass im Fall des Verbots der Diskriminierung ausländischer Gläubiger, jeder Gläubiger in jedem Verfahren seine Forderungen einzubringen berechtigt wäre. Obwohl in diesem Fall strukturell jeder Eröffnungsbeschluss universelle Wirkung beanspruchen könnte, würde er nach der verfahrensrechtlichen Ausgestaltung schon deshalb allein territoriale Wirkung entfalten, weil jeder eingesetzte Insolvenzverwalter oder Trustee das seinem Zugriff ausgelieferte Vermögen des Schuldners ergreifen und verwerten würde. Gleichwohl wäre dem Grundsatz *par conditio creditorum* unvollkommen Rechnung getragen, da ein Gläubiger in jedem Insolvenzverfahren eine Quote und damit Befriedigung aus dem Vermögen des Schuldners erzielen könnte. Dies ist allerdings nur der idealtypische Fall parallel laufender Insolvenzverfahren.

Das schweizerische IPRG[94] sieht demgegenüber ein Partikularinsolvenzverfahren vor[95], das vorrangig der Befriedigung inländischer Gläubiger dienen soll. Aber auch eine solche Regelung wäre nicht notwendig als Verstoß gegen den Grundsatz *par conditio creditorum* und damit gegen den *ordre public*[96] zu qualifizieren, solange dem ausländischen Gläubiger überhaupt Zugang zu einem Partikularinsolvenzverfahren gewährt wird. Universalität der Wirkungen des Eröffnungsbeschlusses und die Zulassung von Partikularinsolvenzverfahren bilden kein Gegensatzpaar, auch wenn in der juristischen Literatur nicht selten von einer Abschwächung des Universalitätsgrundsatzes durch eine Zulassung von Partikularinsolvenzverfahren die Rede ist[97]. Freilich: Durch Eröffnung eines 30

91 Eingehend hierzu *Bloching*, Pluralität und Partikularinsolvenzverfahren, 21 f.

92 *Trunk*, Internationales Insolvenzrecht, 234 ff. spricht von Nebenverfahren.

93 *Bloching*, Pluralität und Partikularinsolvenzverfahren, 143 et passim; *Trunk*, Internationales Insolvenzrecht, 235, geht von vornherein von einer territorialen Beschränkung der Aktivmasse aus. Das ist aber Folge, nicht a priori Begriff der „Nebeninsolvenz".

94 *Hanisch*, KTS 1979, 233 f; *Staehlin*, Die Anerkennung ausländischer Konkurse und Nachlaßverträge in der Schweiz, Art. 166 ff. IPRG, 2 ff.

95 *Barthold*, Aussonderung von Treugut im schweizerischen Partikularkonkurs, 9 ff., 178 ff.

96 Vgl vorerst allein *Spahlinger*, Sekundärinsolvenzverfahren, 95 ff.; *Summ*, Anerkennung, 37.

97 *Bloching*, Pluralität und Partikularinsolvenzverfahren, 19 ff.

Partikularverfahrens wird der Geltungsbereich des Hauptinsolvenzverfahrens eingeschränkt und damit auch dessen universelle Wirkung.

31 Aus konkurrierenden Insolvenzverfahren werden Partikularinsolvenzverfahren, wenn das jeweilige internationale Insolvenzrecht anordnet, dass die Wirkung ihrer Eröffnungsrechte territorial auf das im jeweiligen Eröffnungsstaat belegene Vermögen beschränkt wird[98].

VI. Verfahren über die Reorganisation von Schuldner- und Gläubigerbeziehungen

32 Die vorangegangenen Überlegungen mögen skizzenhaft deutlich gemacht haben, dass die Universalität des Konkursbeschlags durch eine Reihe von Rechtsinstituten verwirklicht werden muss, um *in concreto* Geltung beanspruchen zu können. In Ermangelung einer übergreifenden Hoheitsgewalt liegt es nahe, dass eine wie auch immer ausgestaltete universelle Geltung des Konkursbeschlags nur auf Grund von Staatsverträgen oder supranationaler Legislation verwirklicht werden kann. Der geradezu zwangsläufig bestehende Gegensatz zwischen Istzustand von Territorialität und der Sollgeltung des Konkursbeschlags wird maW nicht durch Auslegung, sondern durch internationale Verträge oder Rechtssetzungen aufgehoben.

1. Sanierung des Schuldners oder Reorganisation der Schuldner-Gläubiger-Beziehungen

a) Verteilung der „Masse" im Ausgleich, concordato preventivo oder vergleichbaren Verfahren

33 Ein weiteres Problem der universellen Geltung des das Insolvenzverfahren einleitenden Hoheitsaktes und seiner materiellrechtlichen Wirkung folgt aus der Verbindung von liquidierenden Insolvenzverfahren im überkommenen Sinne eines Konkurses auf der einen Seite und der Einbindung von Reorganisations- und Sanierungsverfahren in einem „einheitlichen" Insolvenzverfahren[99].

34 Dem liquidierenden Insolvenzverfahren wohnt es inne, dass es der gemeinschaftlichen Befriedigung der Gläubiger des Insolvenzschuldners dient[100]. Zwar werden die Insolvenzgläubiger durch die Eröffnung des Verfahrens daran gehindert, ihre Rechte individuell im Wege der Leistungslage oder der Individualzwangsvollstreckung geltend zu machen, diese Restriktion der individuellen Rechtsausübung hat aber nur die Aufgabe eine allen Gläubigern gemeinschaftlich *par conditio conditiorum* haftende Masse zu konservieren. Diese Haftungsmasse wird durch Verwertung zur Tei-

---

98 *Bloching*, Pluralität und Partikularinsolvenzverfahren, 28 ff., 158 ff., 167 ff.

99 *Laut*, Universalität und Sanierung, 110, 141 ff., *Reinhard*, Sanierungsverfahren im internationalen Insolvenzrecht, 131 ff.

100 *Laut*, Universalität und Sanierung, 24 f; Siehe auch oben bei Rz 3 ff.

lungsmasse, die an die Gläubiger nach Maßgabe ihrer materiellrechtlichen Rechtsposition ausgeschüttet wird.

Diese *Aufgabe der Gläubigerbefriedigung* hat im Übrigen auch das Sanierungsverfahren 35
des österreichischen Ausgleichs wie auch der frühere deutsche Vergleich. Zwar hat das österreichische Ausgleichsverfahren und seine in den mittel- und osteuropäischen Insolvenzrechten vorkommenden Gegenstücke die Aufgabe, den Insolvenzschuldner von seinen weiteren Verbindlichkeiten zu befreien, dies erfolgt jedoch nur unter der Voraussetzung, dass die Aus- und Absonderungsgläubiger vollständig und die nicht bevorrechteten Gläubiger mit einer zumindest 40%igen Quote befriedigt werden[101]. An dieser Stelle muss nicht erörtert werden, dass die gesetzliche Festlegung von Quoten einen wesentlichen Anteil an der Disfunktionalität von Ausgleichsverfahren und dem früheren deutschen Vergleich hat. In dem hier interessierenden Zusammenhang kommt es jedoch alleine darauf an, dass sich vom Modell des Ausgleichsverfahrens solche Reoganisations- und Sanierungsverfahren unterscheiden, deren Funktion nicht primär die vollständige, so aber doch die *quotale Befriedigung* des Insolvenzgläubigers ist. Verfahren, die allein der Organisation eines Moratoriums gegenüber der Geltendmachung der Forderung gegen das insolvenzschuldnerische Unternehmen dienen oder ausschließlich die Reorganisation eines insolvenzschuldnerischen Unternehmens zum Gegenstand haben, können nach alledem dem Universalitätsanspruch eines Konkursverfahrens nicht genügen[102]. Der Ausschluss der Rechtsgeltendmachung der Gläubiger würde in einem solchen Fall ausschließlich dazu dienen, den betroffenen Gläubigern ein Sonderopfer abzuverlangen, um die wirtschaftliche Voraussetzungen für eine Sanierung des Unternehmens sicher zu stellen.

b) *Judikatur*

In der Tat lässt sich ein Verfahren der gleichmäßigen Befriedigung der Gläubiger je- 36
denfalls in Gestalt eines dem österreichischen Ausgleichs-, dem früheren deutschen Vergleichs- oder dem italienischen concordato preventivo vergleichbares Verfahren sehr oft dann nicht sinnvoll durchführen, wenn und solange eine Rechtsordnung dem *im Ausland eröffneten Verfahren die Anerkennung versagt*[103]. Dies kann ein in der Vergangenheit viel diskutierter Fall des LG Freiburg/Brsg[104] deutlicher werden lassen.

---

101 Gem § 50 Z 1 iVm § 3 Abs. 1 Z 3 öAO ist die Eröffnung und die Bestätigung eines Ausgleichsverfahrens unzulässig, wenn den nicht bevorrechteten Gläubigern nicht angeboten wird, ihre Forderungen innerhalb von zwei Jahren in Höhe von 40% zu bezahlen.

102 *Reinhard,* Sanierungsverfahren im internationalen Insolvenzrecht, 28 ff. Zur ammistrazione straordinaria vgl *Bloching* Pluralität und Partikularinsolvenzverfahren, 235, der von einem „Aushungern der Gläubiger" schreibt.

103 In Österreich kann bis zum In-Kraft-Treten der VO über Insolvenzverfahren ein Auslandskonkurs nur Wirkungen entfalten, wenn die Gegenseitigkeit durch Staatsverträge oder Verordnungen verbürgt ist. Staatsverträge wurden in der Vergangenheit mit Belgien, Deutschland Frankreich und Italien geschlossen. Der Vollstreckungsvertrag mit Großbritannien erfasst lediglich Sachentscheidungen im Rahmen des Konkursverfahrens, vgl *Keppelmüller,* Österreichisches Internationales Konkursrecht, Rz 441 f.

104 LG Freiburg/Brsg, B. v 10. 4. 1964, KTS 1964, 189, bespr v *Baumgärtel,* BB-AW 1971, 575 ff., 558; *Weber,* KTS 1965, 107 ff.

Dort hatte eine Aktiengesellschaft schweizerischen Rechts in der Schweiz das dem deutschen Vergleichsverfahren entsprechende Nachlassvertragsbegehren eingeleitet. Verschiedene Großgläubiger hatten indes Forderungen der AG gegen Schuldner in der BRD im Wege des Arrests pfänden lassen. Die daraus resultierenden Arrestpfandrechte standen naturgemäß einer vergleichs- bzw nachlassvertragsweisen Sanierung der schuldnerischen AG entgegen: Gem § 237 dKO wurde damals eine universelle Wirkung des schweizerischen Nachlassvertragsverfahrens in Deutschland nicht anerkannt. Um ein Vergleichsverfahren in Deutschland eröffnen zu können und damit die Rückschlagsperre der §§ 28, 49, 87 VerglO nutzen zu können, gründete die schweizerische AG im badischen Grenzgebiet zur Schweiz eine Briefkastenfirma, da sie nach § 238 Abs. 1 dKO und § 2 Abs. 1 S. 3 dVerglO einer gewerblichen Niederlassung bedurfte. Am gleichen Tag noch wurde die Eröffnung des Vergleichsverfahrens beim LG Lörrach beantragt, das den Antrag als unzulässig zurückwies, da keine gewerbliche Niederlassung vorgelegen habe. Im Verlauf des Verfahrens gründete dann die AG im Rheinland eine Niederlassung, die – nach den Feststellungen des LG Freiburg/Brsg sachlich und personell ausreichend ausgestattet – einen selbständigen Geschäftsbetrieb aufnahm. Dies hielt das Beschwerdegericht dann für die Zulässigkeit der Eröffnung des Vergleichsverfahren für ausreichend und folgte damit der Auffassung von *Weber*[105], der meint, dass eine inländische Betriebsstelle des ausländischen Schuldners dann vorliegt, wenn diese im Rahmen des Gesamtunternehmens eine bestimmte gewerbliche Tätigkeit zugewiesen erhalten hat, Geschäftsräume zur Verfügung stehen und mit einer dem zugewiesenen Tätigkeitsfeld entsprechenden sachlichen und personellen Ausstattung versehen ist. Dieser Meinung zufolge bedarf es keiner nach außen tretenden Erkennbarkeit des Betriebes der Zweigniederlassung. Es ist danach auch nicht erforderlich, dass die Betriebsstelle einen selbständigen Geschäftsbereich hat.

37 Reorganisation des Schuldners heißt primär, dass ein *automatic stay*[106] gegen die Rechtsdurchsetzung der Gläubiger ausgesprochen wird, um dem Schuldner die Ruhe für eine Reorganisation zu gewähren und auch ihm den ungestörten Zugriff auf sein Vermögen sicher zu stellen. Ein Reorganisations- und Sanierungsverfahren kann demnach *keine universellen Wirkungen* beanspruchen.

c) Planverfahren zur Reorganisation und Sanierung

38 Anders stellt sich die Situation jedoch dar, wenn ein Reorganisations- und Sanierungsverfahren (wie bspw eben ein Ausgleichsverfahren) primär auch dazu dient, durch die Wiederherstellung der wirtschaftlichen Leistungsfähigkeit des insolvenzschuldnerischen Unternehmens Masse zu erzielen, die der Befriedigung der Gläubiger zugeführt werden kann. So stellt sich die sog *übertragende Sanierung*[107] im Rahmen des liquidierenden Insolvenzverfahrens im deutschen Recht als Mittel dar, eine der

---

105 *Weber*, KTS 1965, 107.

106 Zur „Atempause" vgl *Reinhard*, Sanierungsverfahren im internationalen Insolvenzrecht, 27. Zum US-Amerikanischen Recht, BGH, Urt v 11. 7. 1991, IX ZR 230/96, ZIP 1991, 1014, 1015f.

107 Vgl bspw *Picot/Aleth*, Unternehmenskrise und Insolvenz, Rz 517ff.

Befriedigung der Gläubiger dienende Teilungsmasse zu erzielen. Auf diese Weise kann das im Übrigen nicht verwertbare *know-how* oder der vom Unternehmen genossene *good-will* des Kundenstammes, bspw eines Softwareunternehmens, dass an der Entwicklung von Software in gemieteten Räumen mit geleasten Computeranlagen tätig ist, durch Veräußerung an einen Interessenten Teilungsmasse erzielen, die im Übrigen in Ermangelung verwertbaren Ersatzes nicht vorliegen würde. Wie die übertragende Sanierung im deutschen Recht, dient nach überwiegender Ansicht der US-Amerikanischen Literatur[108] das Reorganisationsverfahren nach chapter 11 bc[109] der Erzielung einer Teilungsmasse, die der Gläubigerbefriedigung dient. Wenn demgegenüber darauf verwiesen wird[110], dass einige Rechtsordnungen wie die US-Amerikanische oder namentlich ihre Rezeption in Gestalt der Deutschen InsO eine Gleichwertigkeit von Liquidation und Sanierung[111] statuieren, und zwar auch zur Ermöglichung eines *fresh start* des Insolvenzschuldners, so geschieht dies zu dem Zweck, den Gläubigern Haftungsmasse bereit zu stellen[112].

Dass es sich beim Verfahren nach chapter 11 bc oder aber auch zB beim deutschen Insolvenzplanverfahren um „echte" konkursliche Verfahren handelt, folgt aus der Geltung der *absolute priority rule*. Danach kann eine Art von Zwangsakkord gegenüber dissentierenden Gläubigern dann nicht durch insolvenzgerichtliche Bestätigung in Kraft gesetzt werden, wenn und soweit der Insolvenzschuldner und/oder der an ihm beteiligte Gesellschafter einen Sanierungsgewinn aus der Reorganisation erhalten hat, während den dissentierenden Gläubigern Einbußen bei ihren Forderung zugemutet werden. Diese *absolute priority rule* stellt somit das Gegenstück zu den gesetzlichen Mindestbefriedigungsquoten im Ausgleichsverfahren dar. 39

2. Abgrenzung

Gegenüber dem Grundverständnis, das sowohl das mitteleuropäische als auch das nordamerikanische Insolvenzrecht formt, stellt das französische Insolvenzrecht geradezu einen Gegenentwurf dar[113]. In Frankreich rechtfertigt das Insolvenzverfahren[114] staatlich-regulative Eingriffe in krisenbefallene Wirtschaftsbetriebe. Betrachtet man das französische Recht vor dem Hintergrund der oben beschriebenen Aufgaben eines Insolvenzrechts, so wirft die etatistische Art der Betrachtungsweise des französischen Rechts Zweifel daran auf, ob nicht die Zurücksetzung der Funktion der Gläubigergleichbehandlung zugunsten öffentlicher Zwecke die Funktionsfähigkeit des Insolvenzrechts aufzuheben geeignet ist[115]. 40

---

108 *Kemper*, Die US-Amerikanischen Erfahrungen mit „Chapter 11", passim.

109 Der BGH hat dies in seinem Urt v 11. 7. 1991, IX ZR 230/96, ZIP 1991, 1016 f ausdrücklich offen gelassen. Dagegen hat das OLG Hamburg, Urt v 10. 5. 1990, 2U59/90, IPRax 1992, 170 mit krit Bespr v *Flessner*, IPRax 1992, 151 ff., das Reorganisationsverfahren gem Chapter 11 bc nicht als „anerkennungsfähiges" Insolvenzverfahren angesehen.

110 *Reinhard*, Sanierungsverfahren im internationalen Insolvenzrecht, 120 f.

111 Amtl Begr RegEInsO.

112 Vgl *Flessner*, IPRax 1992, 151 ff.

113 *Smid*, Grundzüge, § 1 Rz 26.

114 *Niggemann*, Konkursrecht Frankreich, passim.

115 *Kremer*, Unternehmenssanierung in Frankreich, 40 ff., 157 ff.; *Bauch*, Unternehmensinsolvenzen: Prophylaxe und Bewältigung in Frankreich, 83 ff.

3. Insolvenzplan und Restschuldbefreiung

41 Hier kann dahingestellt bleiben, ob aus der Sicht autonomer internationaler Insolvenzrechte das US-Amerikanische Verfahren nach chapter 11 bc als ein der Anerkennung fähiges Verfahren qualifiziert wird. Im Zusammenhang mit dem *Europäischen Internationalen Insolvenzrecht* nach der EuInsVO stellt sich allerdings die Frage nach der Qualifikation und Anerkennungsfähigkeit des deutschen Insolvenzplanverfahrens, da dieses Verfahren im Rahmen eines sog *einheitlichen Insolvenzverfahrens*[116] eingeleitet wird (§ 1 S. 1 2. HS InsO). Dieses einheitliche Insolvenzverfahren dient nach seiner Legaldefinition *entweder* der Liquidierung des Vermögens des Insolvenzschuldners zur Befriedigung „der" Gläubiger – was es als „Gesamtverfahren" iSv Art. 1 EuInsVO ausweist – *oder* es dient einer „anderen" Abwicklung der Insolvenz. Die Art der Auslegung, die das Insolvenzplanverfahren durch die deutsche Judikatur[117] *bislang* erfahren hat, legt Zweifel daran nahe, ob das Insolvenzplanverfahren „Gesamtverfahren" in dem durch die Vermögensliquidation beschriebenen Sinne ist. Auch das Insolvenzplanverfahren erfüllt daher die ein Gesamtverfahren qualifizierenden Voraussetzungen[118]. Mehr noch: § 245 Abs. 1 Nr. 2 InsO greift die im US-Amerikanischen Recht entwickelte *absolute priority rule* auf, die – alle Auslegungsprobleme an dieser Stelle dahingestellt – jedenfalls gewährleistet, dass der Insolvenzschuldner oder die an der schuldnerischen Gesellschaft gesellschaftsrechtlich beteiligten Personen aus der Verwirklichung des Insolvenzplans keine wirtschaftlichen Vorteile erlangen, solange nicht alle Gläubiger befriedigt sind. Daraus folgt aber, dass es sich auch beim Insolvenzplanverfahren um ein „Gesamtverfahren" iSv Art. 1 Abs. 1 EuInsVO handelt.

42 Ob dies auch für das deutsche Restschuldbefreiungsverfahren bzw das österreichische Abschöpfungsverfahren gilt, erscheint demgegenüber zweifelhaft. Denn dieses Verfahren dient sozialpolitischen Zwecken, wie die Rücklagenbildung gem § 295 InsO deutlich macht, die den Gläubigern von Gesetzes wegen Mittel entzieht. Indes nennt Anhang C der Verordnung in seinen Ausführungen zum österreichischen Recht den Treuhänder, also das Organ, das im Abschöpfungsverfahren bestellt wird. Aus diesem Grund ist es nicht ausgeschlossen, nicht nur das Konkursverfahren, sondern auch das Abschöpfungsverfahren, das ein Nachverfahren zum Konkursverfahren ist, als ein der Anerkennung fähiges Verfahren zu qualifizieren. Gleiches gilt für den Treuhänder im deutschen Restschuldbefreiungsverfahren.

116 *Schmerbach* in FK, Rz 9 ff.
117 B des LG Traunstein v 27. 8. 1999 mit Bespr v *Smid*, InVo, 2000, 1 ff.
118 *Flessner* in *Stoll*, Stellungnahmen, 201, 208 f.

VII. „Anerkennung“[119] von „Entscheidungen“ in grenzüberschreitenden Insolvenzverfahren

1. Abgrenzung zur individualzwangsvollstreckungsrechtlichen Exequatur

Um Probleme grenzüberschreitender Insolvenzverfahren verstehen zu können, ist es hilfreich, zunächst die Situation im Rahmen der Vollstreckung ausländischer Titel zu betrachten. Die Individualexekution setzt immer einen Titel gegen den Vollstreckungsschuldner voraus, der an bestimmten verfahrensrechtlichen Mindeststandards zu messen ist. MaW hat der Individualzwangsvollstreckung gegen einen Schuldner immer ein rechtsstaatlich strukturiertes Gerichtsverfahren voranzugehen, dessen Ergebnisse einer Anerkennung durch den fremden Staat zugänglich sind, in dem die Zwangsvollstreckung erfolgen soll. Rein tatsächlich mag die Individualexekution gegen einen Schuldner über seine Rechtssphäre hinaus diejenige Dritter betreffen, die Rechtsstellung des Schuldners selbst ist durch sie jedoch nicht betroffen. Die Rechte der übrigen Gläubiger mögen aber dadurch beeinflusst werden, dass die vorangegangene Exekution eines ausländischen Gläubigers diesem Vorteile auf Grund der zeitlichen Priorität verschafft. Im Übrigen werden die anderen Gläubiger des Exekutionsschuldners an der Durchführung von Individualzwangsvollstreckungsverfahren ebenso wenig gehindert wie an ihrer Rechtsdurchsetzung im Allgemeinen. 43

2. Abkommen

Die Bedeutung der *„Anerkennung“ ausländischer Konkurse* ist noch erheblich missverständlich und daher erklärungsbedürftig[120]. *Außerhalb* des Bereichs von zwischenstaatlichen Abkommen wie zB dem DÖKV[121] oder den im 19. Jh zwischen einzelnen deutschen Staaten und verschiedenen schweizer Kantonen geschlossenen Übereinkünften kann man von einer Anerkennung eines ein Konkursverfahren eröffnenden Hoheitsaktes (Auslandskonkurs)[122] durch einen anderen Staat in dem Sinne sprechen, dass der „anerkennende“ Staat die Beschlagswirkung und die durch den fremden Hoheitsakt verwirklichten Statusänderungen[123] auf seinem Territorium gelten lässt. Damit ist weder eine verfahrensrechtliche noch eine kollisionsrechtliche Anerkennung gemeint[124], vielmehr folgen Fragen einer kollisionsrechtlichen 44

---

119 Vgl zum Begriff krit *Trunk*, KTS 1987, 415, 417 ff.

120 Zur Klärung *Trunk*, KTS 1987, 415, 417 ff.

121 Vertrag vom 25. 5. 1979 zwischen der Republik Österreich und der Bundesrepublik Deutschland auf dem Gebiet des Konkurs- und Ausgleichs-(Vergleichs-)rechts. Zur Anerkennung eines Auslandskonkurses in Österreich vgl *Keppelmüller*, Österreichisches Internationales Konkursrecht, Rz 441 f.

122 *Lüke*, KTS 1986, 1.

123 Zur Veränderung der Handlungsfähigkeit des Schuldners vgl *Kleinfeller*, Z f Int, Priv u Öff R, Bd 8, 554.

124 *Trunk*, KTS 1987, 417, 418.

Anerkennung erst aus der völkerrechtlichen Wirkungserstreckung des verfahrenseröffnenden Hoheitsaktes[125]. Es geht im Übrigen nicht um eine Exequatur – wie noch näher auszuführen sein wird[126]. Vielmehr verbirgt sich hinter dem Schlagwort der Anerkennung ausländischer Konkurse die Frage, ob ein internationales Insolvenzrecht einem ausländischen Eröffnungsbeschluss inländische Wirkung beilegt oder nicht. Der ausländische Hoheitsakt entfaltet jedenfalls *Tatbestandswirkung*[127] unabhängig davon, ob er „anerkannt“ wird oder nicht. Eine rechtliche Anerkennung kann daher an die Rechtsmacht ausländischer Verwalter im Inland anknüpfen.

45 Gegen dieses Argument, der Konkurseröffnungsbeschluss stelle eine Tatsache fest, hat *Kleinfeller*[128] eingewandt, diese Feststellung der *Eröffnungsgründe* schaffe allein die Voraussetzung für die Eröffnung eines Partikularinsolvenzverfahrens. Damit ist freilich allein das „Einheitsdogma“ in Frage gestellt, nicht aber der Universalkonkurs.

46 Im Geltungsbereich bilateraler oder supranationaler Regelungswerke wie der EuInsVO geht es – im Unterschied zu den Regelungen des EuGVÜ – nicht um Exequaturakte. Darin liegt zugleich der sachliche Grund dafür, dass Art. 1 Abs. 1 EuGVÜ Konkursverfahren aus dem Geltungsbereich der zivilprozessualen Anerkennungsordnung ausnimmt. Vielmehr führt die völkerrechtlich bindende Regelung der internationalen Zuständigkeit des eröffnenden Gerichts (dazu sogleich unter § 2) dazu, dass der einzelne Staat völkerrechtlich die konkursliche Universalität fremder Eröffnungsbeschlüsse gegen sich gelten lässt. Das inländische autonome internationale Insolvenzrecht kann – wie seit der „Wendeentscheidung“[129] des BGH aus dem Jahr 1985[130] – Inlandswirkungen[131] des Auslandskonkurses „anerkennen“, sodass zB im Fall eines Auslandskonkurses die entsprechenden Eintragungen in inländischen Registern vorzunehmen sind[132].

---

125 Vgl aber zur schweizerischen Rechtslage *Barthold*, Aussonderung von Treugut im schweizerischen Partikularkonkurs, 5 f.

126 Anders verhält sich dies in der Schweiz, vgl dazu *Staehlin*, Die Anerkennung ausländischer Konkurse und Nachlaßverträge in der Schweiz, 2 ff. 12 f, 25 ff. mwN.

127 *Bloching*, Pluralität und Partikularinsolvenzverfahren, 214 ff.

128 *Kleinfeller*, Z f Int, Priv u Öff R, Bd 8, 553.

129 *Hanisch*, ZIP 1985, 1233, 1235 ff.; *Ebenroth*, ZZP 1988, Bd 101, 121 ff.

130 BGH Urt v 11. 7. 1985, IX ZR 178/84, ZIP 1984, 944 mit Anm v *Merz*, EwiR § 237 KO 1/85, 605.

131 Zum Urt des OLG Stuttgart v 20. 3. 1989 5U156/88 IPRax 1990, 233 vgl *Ackmann/Wenner*, IPRax 1990, 209 ff.

132 OLG Zweibrücken, B v 17. 4. 1989, 3W1/89, IPRax 1991, 186 mit Anm v *Gottwald*, IPRax 1998, 168 f.

§ 2 Internationale Zuständigkeit nach der EuInsVO als Voraussetzung für die Anwendbarkeit der lex fori concursus

I. Funktion der EuInsVO

1. EuInsVO als Europäisches Insolvenzrecht

Die Fragestellungen des grenzüberschreitenden Insolvenzverfahrens sind nunmehr 1
im europäischen Raum durch die EuInsVO aus einer eher akademischen Sphäre gerückt und zu Problemen der Anwendung und Auslegung des *Gemeinschafts-Insolvenzrechts* geworden. Wenn in der Literatur[1] darauf hingewiesen wird, mit dem Gemeinschaftsrecht grenzüberschreitender Insolvenzen sei weder eine Sachrechtsvereinheitlichung intendiert, noch solle ein einheitliches europäisches Insolvenzverfahren eingeführt werden, so ist das zwar zutreffend, erfasst aber nicht vollständig das Entwicklungspotential, das der EuInsVO innewohnt. Die EuInsVO beruht zum einen auf dem Grundsatz der Verhältnismäßigkeit des Eingriffs des europäischen Verordnungsgebers in die nationalen Rechtsordnungen und zum anderen ist die EuInsVO einem sog „gemäßigten Universalitätsprinzip" verpflichtet[2] – was noch im Einzelnen auszuführen sein wird. Von der gemeinsamen Grundstruktur eines jeden Insolvenzrechts, dem Grundsatz *par conditio creditorum*, der als gemeinsames Strukturprinzip des europäisch-grenzüberschreitenden Insolvenzrechts geltend gemacht wird[3], gehen allerdings Harmonisierungstendenzen aus. So zeitigt die EuInsVO eine wesentliche Wirkung dadurch, dass sie die nationalen Insolvenzrechte veranlasst, ihre Eröffnungsdekrete mit europäisch-universalem Geltungsanspruch auszustatten[4]. Bereits an dieser Stelle ist daher darauf hinzuweisen, dass die Organisation einer Harmonisierung von Haupt- und Sekundärinsolvenzverfahren die Abstimmung der verschiedenen nationalen Insolvenzrechte der EU erforderlich erscheinen lässt. Die EuInsVO kann daher ohne Übertreibung als Auslöser von Entwicklungen zu einem europäischen Insolvenzrecht angesehen werden[5].

An dieser Stelle soll nicht vergessen werden, dass in einer Reihe von Staatenbün- 2
den oder Bundesstaaten die gemeinsame Kodifikation eines Konkursrechts den

1 *Taupitz*, ZZP 111 (1998) 315, 323; *Funke*, InVo 1996, 170, 171.
2 *Herchen*, Das Übereinkommen über Insolvenzverfahren, 49 ff.; *Buchberger/Buchberger*, ZIK 2000, 150.
3 *Herchen*, Das Übereinkommen über Insolvenzverfahren, 46 ff.; *Hanisch* KTS 1978, 193 ff., 197 f; *Potthast*, Probleme eines Europäischen Konkursübereinkommens, 5; *Fletcher* in *Fletcher*, Cross Border Insolvencies, 270.
4 *Taupitz*, ZZP 111 (1998) 325.
5 In diese Richtung argumentiert zB *Goeth*, ZIK 2000, 148.

sowohl historischen wie logischen Schritt einer „bundesgesetzlichen" Legislation gebildet hat. Hier genügt der Hinweis auf den von *Hagen* inspirierten Entwurf einer „Gemeinschuldordnung" des norddeutschen Bundes[6], auf das schweizerischen SchKG[7] oder auf die US-Amerikanische[8] Konkursgesetzgebung.

3 Das Europäische Insolvenzrecht bildet ein System. Es lässt sich daher teleologisch, aufgrund der Bezüge der Regelungen seiner verschiedenen Kodifizierungen aus sich heraus verstehen und auslegen. Das Handeln der Gemeinschaft auf dem Gebiet der Insolvenzen ist von der Suche nach Effizienz der Justiz und Rechtssicherheit bestimmt. Um einen unklaren Rechtsrahmen zu vermeiden, der von wirtschaftlichen Transaktionen in der Union abhalten würde, führt die EuInsVO klare Richtlinien ein, die so bedeutenden Aspekten wie der Zuständigkeit der Gerichte, dem anwendbaren Recht, der Anerkennung und der Vollstreckung von Entscheidungen Stabilität und Konsistenz vermitteln. Es gibt weitere Fortschritte im abgeleiteten Recht auf diesem Gebiet, die alle dasselbe Ziel verfolgen und die in ihrer Gesamtheit das *System des europäischen Insolvenzrechts* bilden. Hierzu zählen neben der EuInsVO die Richtlinie 2001/17/EG vom 19. März 2001 über die Sanierung und Liquidation von Versicherungsunternehmen, die Richtlinie 98/26/EG vom 19. Mai 1998 über die Wirksamkeit von Abrechnungen in Zahlungs- sowie Wertpapierliefer- und -abrechnungssystemen, die Richtlinie 2001/24/EG vom 4. April 2001 über die Sanierung und Liquidation von Kreditinstituten, und die Richtlinie 2002/47/EG vom 6. Juni 2002 über Finanzsicherheiten, wie Colomer in Fn. 47 in seinem Schlußantrag im Verfahren Frick gegen Deko Marty[9] ausgeführt hat.

2. Entwicklung der europäischen Insolvenzrechtsgesetzgebung[10]

a) *Europäische Insolvenzrechtsentwicklung*[11]

4 Bereits in den 60er Jahren wurde im Rahmen der EWG damit begonnen, ein gemeinsames Europäisches Konkursübereinkommen auszuarbeiten[12]. Im Jahr 1980 wurde ein Entwurf eines EG-Konkursübereinkommens vorgelegt[13]. Der Europarat legte 1990 das sog Istanbuler Konkursabkommen zur Zeichnung auf[14]. Im gleichen Jahr wurde vom Ausschuss der ständigen Vertreter im Rat der EG eine Art „ad-hoc-Gruppe Konkursübereinkommen" gebildet, die nach einem Vorentwurf[15]

6 *Thieme*, Einhundert Jahre KO, 1977.
7 *Ammon/Gasser*, Grundriß des Schuldbetreibungs- und Konkursrechts[6], 1997.
8 *Fortgang*, Insolvency & Restructuring, 2002, 202 ff.
9 EuGH Rechtssache C-339/07, Schlussantrag vom 16. 10. 2008.
10 Vgl zB *Buchegger/Buchegger*, ZIK 2000, 149 ff.; *Goeth*, Verordnung (EG) Nr. 1346/2000 über Insolvenzverfahren, ZIK 2000/186.
11 *Wimmer* in *ders*, FK zur InsO, Anhang I, Rz 34 ff.
12 *Stummel*, Konkurs und Integration, 18 ff.
13 *Lemountey* – Bericht (EG – Dok – III D 222/80 de), ZIP 1981, 547, 673, 791.
14 Vgl *Metzger*, Die Umsetzung des Istanbuler Konkursübereinkommens im neuen deutschen Insolvenzrecht, 1994; *Stummel*, Konkurs und Integration, 137 ff.
15 Ratsdokument 5419/91 DRS 12 (CFC) v 25. 3. 1991.

im April 1992 eine überarbeitete Fassung eines Europäischen Konkursübereinkommens vorlegte[16]. Nach einer Reihe von Änderungen wurde der Text eines Entwurfs in das EuInsÜ vom 23. 11. 1995 transformiert[17]. Das Übereinkommen wurde mit Ausnahme des Vereinigten Königreichs[18] von allen übrigen Mitgliedstaaten der EU unterzeichnet. Nach Ablauf der Zeichnungsfrist mit 23. 5. 1996 bestand jedoch keine Aussicht mehr, das EuInsÜ in allen übrigen Mitgliedstaaten in Kraft zu setzen[19]. Insb die Bundesrepublik Deutschland hatte ein vitales Interesse am Zustandekommen europäischer Regelungen für grenzüberschreitende Insolvenzen im Bereich der Mitgliedstaaten der EU, da die ohnehin knappen internationalen konkursrechtlichen Regelungen der alten Konkursordnung mit der Begründung, es werde alsbald ein europäisches Recht grenzüberschreitender Insolvenzen geben, aus der 1994 verabschiedeten und 1999 in Kraft getretenen InsO völlig entfernt und im Rahmen einer knappen Vorschrift in das EG-InsO verbannt worden waren. Welche Motive auch immer maßgeblich waren, Deutschland und Finnland haben dem Rat gem Art. 76 Abs. 1 EGV[20] das Abkommen als Initiative zum Erlass einer Maßnahme gem Art. 61 lit c Art. 65 EGV zur Verbesserung der Bereiche der Justiz und Zusammenarbeit in Zivilsachen vorgelegt. In der Folge hat der Rat der EU am 29. 5. 2001 die EuInsVO[21] erlassen[22].

b) *In-Kraft-Treten der EuInsVO*

Gem Art. 47 ist die EuInsVO am 31. 5. 2002 in Kraft getreten und erstreckt sich auf Insolvenzverfahren, die nach diesem Zeitpunkt erstmalig eröffnet worden sind (Art. 43 S. 1). Rechtshandlungen, die der Schuldner vor dem In-Kraft-Treten der VO vorgenommen hat, unterliegen gem Art. 43 S. 2 dem zum Zeitpunkt vor dem In-Kraft-Treten der EuInsVO geltendem Recht[23]. Auf Art. 43 findet die Legaldefinition des Art. 2 lit f[24] Anwendung, sodass es auf den Zeitpunkt ankommt, in dem mittels Hoheitsakts die Eröffnung vorgenommen wird[25]. 5

Das ist nicht immer unproblematisch: So kennt bspw das englische Insolvenzrecht das Verfahren des *voluntary winding up*, das durch die Gläubiger „eingeleitet“ wird, bevor es zur gerichtlichen Bestätigung unter Einsetzung eines Verwalters kommt. Auch hier ist allerdings nach Art. 2 lit f auf den Zeitpunkt der gerichtlichen Bestätigung abzustellen[26]. 6

---

16 Text in: ZIP 1992, 1197.
17 Text in: ZIP 1996, 976.
18 Zu den Motiven vgl *Wimmer* in *ders*, FK zur InsO, Anhang I, Rz 69.
19 *Jayme/Kohler*, IPRax 1999, 401; *Haas*, NZG 1999, 1148, 1149.
20 ABl EG 1999 Nr. C 2218 ff.
21 EG Nr. 1346/2000 über Insolvenzverfahren, Nr. L 160, 1.
22 Zum Verhältnis der EuInsVO zum UNCITRAL Model Law vgl UNCITRAL-guide Nr. 19.
23 *Eidenmüller*, IPRax 2001, 2 ff.
24 *Virgos/Schmit* in *Stoll*, Nr. 68.
25 *Leible/Staudinger*, KTS 2000, 533, 536; *Huber*, ZZP Bd 114, 133.
26 *Virgos/Schmit* in *Stoll*, Nr. 68, 3. Abs.

c) *Rechtsnatur der EuInsVO*

7 Bei der EuInsVO handelt es sich nicht um einen völkerrechtlichen Vertrag, dessen Wirksamkeit die Ratifikation durch dessen Signalstaaten bedarf. Die EuInsVO entfaltet als Sekundärrechtsakt gem Art. 249 Abs. 2 S. 2 EGV in jedem Mitgliedstaat der EU unmittelbare Geltung. Ausgenommen hiervon ist Dänemark (Art. 1 und 2 des Protokolls über die Position Dänemarks, das dem Vertrag über die EU und dem EGV beigefügt ist[27]. Das Vereinigte Königreich und Irland haben entsprechend Art. 3 des Protokolls über die Position des Vereinigten Königreichs und Irlands, das ebenfalls im Vertrag über die EU und dem EGV beigefügt ist, die Beteiligung und Annahme der EuInsVO mitgeteilt[28].

d) *Wirkungen der EuInsVO*

8 Mit dem In-Kraft-Treten der EuInsVO sind deren Regelungen im Verhältnis der Mitgliedstaaten der EU untereinander an die Stelle solcher Übereinkünfte die zuvor zwischen zwei oder mehreren Mitgliedstaaten oder den Rechtsvorgängern geschlossen wurden getreten. Art. 44 Abs. 1 zählt beispielhaft ua den DÖKV[29] (lit d leg cit) und das Istanbuler Übereinkommen[30] (lit k leg cit) auf. Der DÖKV ist aber weiterhin anzuwenden, wenn der Mittelpunkt der hauptsächlichen Interessen eines Unternehmens außerhalb der EU liegt, so etwa wenn das Unternehmen in Deutschland und Österreich eine Niederlassung hat und in Deutschland ein Insolvenzverfahren eröffnet wird. Die Wirkungen dieses Verfahrens erstrecken sich dann auf Österreich[31].

3. Verhältnis zur EG-Verordnung Nr. 44/2001 über die gerichtliche Zuständigkeit und die Anerkennung von Entscheidungen in Zivil- und Handelssachen

a) *Art. 1 Abs. 2 lit b der EG-Verordnung Nr. 44/2001*

9 Art. 1 Abs. 2 lit b der EG-Verordnung Nr. 44/2001 hat Insolvenzverfahren von der Anwendbarkeit dieses Übereinkommens ausdrücklich ausgeschlossen. Somit besteht keine gemeinsame europäische Regelung[32]. Die in Art. 1 Abs. 2 lit b EG-Verordnung Nr. 44/2001 genannten Rechtsgebiete sind von der Anwendung der EG-Verordnung Nr. 44/2001 ebenso wie vor deren In-Kraft-Treten zum 1. 3. 2002 unter der Geltung des Art. 1 Abs. 2 Nr. 2 EuGVÜ immer dann ausgeschlossen, wenn

---

27 Grund Nr. 33.

28 Grund Nr. 32.

29 Vertrag vom 25. 5. 1979 zwischen der Republik Österreich und der Bundesrepublik Deutschland auf dem Gebiet des Konkurs- und Ausgleichs-(Vergleichs-)rechts, BGBl 1985/233, abgedruckt in *Keppelmüller*, Österreichisches Internationales Konkursrecht, Anhang III/B, 213.

30 Europäisches Übereinkommen vom 5. 6. 1990 über bestimmte internationale Aspekte des Konkurses, abgedruckt in *Keppelmüller*, Österreichisches Internationales Konkursrecht, Anhang IX, 259.

31 Diesen Hinweis – neben anderen – verdanke ich Herrn Dr. *Franz Mohr*.

32 Grund Nr. 17; *Fritz/Bähr*, DZWIR 2001, 221, 222; *Kroppholler*, Europäisches Zivilprozessrecht, Art. 1, Rz 16 f, 31 ff.

sie selbst den Gegenstand des betreffenden Rechtsstreits bilden[33]. Das lässt die besondere Bedeutung der EuInsVO in einem hellen Licht erscheinen, denn gem Art. 1 Abs. 2 lit b EG-Verordnung Nr. 44/2001 gibt es keine europäischen Regelungen für die Zuständigkeit in Verfahren, die Gesamtverfahren iSv Art. 1 iVm Anhang 1 EuInsVO darstellen. Art. 1 Abs. 2 Nr. 2 lit b EG-Verordnung umfasst nach der für sie noch maßgeblichen *Auslegung* des Art. 1 Abs. 2 Nr. 2 EuGVÜ *durch den EuGH*[34] aber auch solche Verfahren, „die nach den verschiedenen Rechtsordnungen der Vertragsstaaten auf der Zahlungseinstellung, der Zahlungsunfähigkeit oder der Erschütterung des Kredites des Schuldners beruhen und ein Eingreifen der Gerichte beinhalten, das in eine zwangsweise kollektive Liquidation der Vermögenswerte des Schuldners oder zumindest in eine Kontrolle durch die Gerichte mündet".

b) Von der EG-Verordnung Nr. 44/2001 ausgeschlossene Einzelverfahren

Sog Einzelverfahren sind nach Art. 1 Abs. 2 lit b EG-Verordnung Nr. 44/2001 von deren Anwendungsbereich ausgeschlossen, wenn sie „unmittelbar aus diesen Verfahren hervorgehen und sich eng innerhalb des Rahmens eines Konkurs- oder Vergleichsverfahrens halten"[35]. Dies wird für den Fall der Klage auf Auflösung einer Gesellschaft infolge des über das Vermögen des Gesellschafters eröffneten Konkurses verneint, da es sich dabei um eine gesellschaftsrechtliche Streitigkeit handelt[36], während vom Anwendungsbereich der EG-Verordnung Nr. 44/2001 die Klage des französischen Konkursverwalters gegen den Leiter eines fallierten Unternehmens (Ausfallhaftung) wegen ihres rechtlichen Grundes im französischen Insolvenzrecht ausgenommen wird[37]. Gleiches dürfte heute für deutsche Verfahren nach den §§ 92, 93 InsO anzunehmen sein. Im Übrigen sind nach Art. 1 Abs. 2 lit b EG-Verordnung Nr. 44/2001 von dessen Anwendungsbereich auch Insolvenzanfechtungsklagen ausgenommen[38]. 10

c) Harmonisierungs- und Lückenfüllungsaufgabe der EuInsVO

Nach alledem hat die EuInsVO *auch* die Aufgabe, Lücken in der Normierung der internationalen Zuständigkeit zu schließen, die sich auf Grund des Ausschlusstatbestandes des Art. 1 Abs. 2 Nr. 2 EuGVÜ ergeben haben und die durch die EG-Verordnung Nr. 44/2001 mit Blick auf die EuInsVO offengehalten hat[39]. Anders als die Vorentwürfe zum nicht ratifizierten EuInsÜ, die eine weitgehende *vis attractiva* 11

---

33 *Kroppholler*, Europäisches Zivilprozessrecht, Art. 1, Rz 16 mwN.
34 EuGH, 22. 2. 1979, 133/78 (*Gourdain/Nadler*).
35 EuGH, 22. 2. 1979, 133/78 (*Gourdain/Nadler*); *Bloching*, Pluralität und Partikularinsolvenzverfahren, 275 ff.
36 Bericht *Schlosser*, Nr. 59.
37 OLG Hamm, 26. 2. 1993, RIW 1994, 62.
38 BGH, 11. 1. 1990, NJW 1990, 990; *Bloching*, Pluralität und Partikularinsolvenzverfahren, 276; *H. Schmidt*, EuZW 1990, 219.
39 *Wimmer* in *ders*, FK zur InsO, Anhang I, Rz 77.

concursus[40] vorsahen, setzt die EuInsVO eine solche nicht voraus[41]: Dies wird durch Colomer bestätigt, der darauf hingewiesen hat, dass nicht zwangsläufig davon auszugehen sei, die EuInsVO habe den Grundsatz der *vis atractiva concursus* bestätigt. So hatten bereits Virgós und Schmit[42] ausgeführt, dass im innerstaatlichen Recht verschiedener Vertragsstaaten es eine ‚vis attractiva concursus' gäbe, aufgrund deren das Gericht, für welches das Insolvenzverfahren eröffnet, nicht nur für die Abwicklung des eigentlichen Insolvenzverfahrens, sondern auch für die sich aus der Insolvenz ergebenden Klagen zuständig ist. Virgos und Schmit haben ausdrücklich darauf hingewiesen, dass in das Übereinkommen weder eine solche Vorschrift noch eine solche Theorie übernommen wurde.

4. Internationalisierung der Wirtschaftsbeziehungen und grenzüberschreitendes Insolvenzrecht

12 Die EuInsVO soll nach der Vorstellung des Rates zur Gewährleistung eines reibungslosen Funktionierens des Binnenmarktes effiziente und wirksame grenzüberschreitende Insolvenzverfahren ermöglichen[43]. Zur Verwirklichung dieses Zieles soll insb die Zusammenarbeit im justiziellen Bereich in Zivilsachen iSv Art. 65 EGV[44] durch die EuInsVO verbessert werden. Dabei trägt die EuInsVO der Erkenntnis Rechnung, dass die Geschäftstätigkeit von Unternehmen in zunehmendem Maß über die einzelstaatlichen Grenzen der Mitgliedstaaten hinausgeht und damit zusehends den Vorschriften des Gemeinschaftsrechts unterworfen wird.

13 Es gehört geradezu zu den „Pflichtübungen" bei der Beschäftigung mit dem internationalen Insolvenzrecht, auf die wachsende Bedeutung von Vorschriften des internationalen und supranationalen Rechts aufmerksam zu machen[45]: Die Integration der Staaten Europas[46] und das Zusammenwachsen nationaler Wirtschaftsabläufe zu internationalen Zusammenhängen macht die Regelung grenzüberschreitender Vorgänge des Wirtschaftsrechts unabweisbar. Das gilt selbstverständlich auch für das Insolvenzrecht. Auch die Bemühungen der UNCITRAL[47] werden weitreichende Folgen für das europäische Insolvenzrecht zeitigen. Auf ihrer Vollversamm-

---

40 Krit dagegen *Jahr* in *Kegel*, Vorschläge, 305 ff.

41 *Wimmer* in *ders*, FK zur InsO, Anhang I, Rz 77.

42 Virgos/Schmit, Bericht Nr. 77.

43 Grund Nr. 2; *Leible/Staudinger*, KTS 2000, 537.

44 *Leible/Staudinger* (Fn 25) 536; *Wiedmann* in *Schwarz*, EU-Kommentar, Art. 65 Rz 9 f; *Bredmann*, in *Callis/Ruppert*, EGV, Art. 65 Rz 2.

45 Grund Nr. 2 u 3; UNCITRAL-guide Nr. 13 ff.; *Gottwald*, Grenzüberschreitende Insolvenzen, 8 ff.; Aus der Sicht einer ökonomischen Analyse des Rechts grenzüberschreitender Insolvenzen: *Eidenmüller*, JbfNPolÖk Bd 18, 81 ff.; vgl weiters *Fritz/Bähr*, DZWiR 2001, 221; *Huber*, ZZP Bd 114, 133, 134.

46 *Schmidt*, System des deutschen internationalen Konkursrechts, passim. Zu grenzüberschreitenden Konkursen in Europa unter Berücksichtigung der durch die neuere BGH-Judikatur geschaffenen Rechtslage vgl *Summ*, Anerkennung, passim.

47 Vgl die informative Darstellung von *Wimmer*, ZIP 1997, 2220; Law Commission, Cross-Border Insolvency: Should New Zealand adopt the UNCITRAL Model Law? Wellington 1999, 41.

lung am 15. Dezember 1997 haben die Vereinten Nationen das UNCITRAL Model Law On Cross-border Insolvency verabschiedet[48]. In der Tat stellen die EuInsVO, das UNCITRAL Model Law oder auch die Regelungen im MERCOSUR-Bereich[49] Antworten auf die alten Fragestellungen dar, die in der Forderung[50] mündeten, der Universalität des Konkurses international durch eine Harmonisierung des Rechts auf der Basis gemeinsamer verbindlicher Regelungen Geltung zu verschaffen[51].

Die EuInsVO soll nun im Hinblick auf die Einleitung von Insolvenzverfahren als den entscheidenden Hoheits(rechts)akt die daraus folgenden Maßnahmen koordinieren, die im Bezug auf das Vermögen eines zahlungsunfähigen Schuldners in den verschiedenen Mitgliedstaaten ergriffen werden. Dabei soll insb verhindert werden, dass es für die von einer Insolvenz Betroffenen vorteilhaft ist, Vermögensgegenstände oder Rechtsstreitigkeiten von einem Mitgliedstaat in einen anderen zu verlagern[52] (sog *„forum shopping"*)[53] um auf diese Art und Weise in den Genuss einer günstigeren Rechtsposition zu gelangen. 14

5. Sitzverlegungen in der Krise und nach Antragstellung

Der IX. Zivilsenat des BGH[54] hat in folgendem Fall (Susanne Straubitz-Schreiber) 15
die Sache dem EuGH vorgelegt:

Im Dezember 2003 hatte eine Gläubigerin beim Amtsgericht München die Eröffnung des Insolvenzverfahrens über das Vermögen der Schuldnerin, einer selbständigen Architektin mit Wohnsitz und Büro in München, gestellt. Nachdem die Schuldnerin Anfang Februar 2004 ihren Wohnsitz nach Salzburg verlagert hatte, wurden im März 2004 von drei weiteren Gläubigern Insolvenzanträge gestellt und vom Insolvenzgericht ein vorläufiger Insolvenzverwalter mit Zustimmungsbefugnis (§ 21 Abs. 2 Nr. 2, 2. Var. InsO) bestellt. Die Gläubigerin, die den ersten Antrag im Dezember 2003 gestellt hatte, erklärte Ende März 2004 ihren Antrag für erledigt und beantragte, der Schuldnerin die Verfahrenskosten aufzuerlegen. Das Erledigen des Ereignisses – die Zahlung an die Gläubigerin – war von der Schuldnerin ohne die erforderliche Zustimmung des vorläufigen Verwalters nach dessen Bestellung vorgenommen worden. Daher erachtete das Insolvenzgericht den Antrag für nicht erledigt und eröffnete Anfang Juni 2004 aufgrund der Anträge aller Gläubiger das Insolvenzverfahren über das Vermögen der Schuldnerin, die meint, wegen ihres Umzugs nach Salzburg sei die später eingegangenen Anträge nicht mehr geeignet, die Zuständigkeit des Amtsgerichts München zu begründen.

Im Unterschied zum Amtsgericht München hat der BGH zutreffend ausgeführt, die Erledigungserklärung wegen des Antrags vom Dezember 2003 habe dazu geführt, dass eine Eröffnung des Insolvenzverfahrens aufgrund dieses Antrags nicht mehr

---

48 Abgedruckt in ZIP 1997, 2224. UNCITRAL-guide Nr. 4 ff.

49 Vgl § 1 FN 1.

50 *Kleinfeller*, Z f Int, Priv u Öff R, Bd 8 (1903) 549, 550.

51 Das UNCITRAL Model Law ist nach seinem Selbstverständnis allein „tool" zur Ermöglichung harmonisierter nationaler Insolvenzrechte, vgl UNCITRAL-guide Nr. 9.

52 Grund Nr. 4; UNCITRAL-guide Nr. 14; *Leible/Staudinger* (Fn 25) 537.

53 *Fritz/Bähr*, DZWIR 2001, 221.

54 BGH, B. v. 27. 11. 2003, IX ZB 418/02, DZWIR 2004, 83 = ZIP 2004, 94 = ZInsO 2004, 34. Hierzu *Mankowski*, EWiR 2004, 229 und *Liersch* NZI 2004, 141.

hätte erfolgen dürfen[55]. Die Erledigungserklärung im Insolvenzverfahren hat den Charakter einer Antragsänderung. Anstelle der Eröffnung des Verfahrens wird von dem Antragsteller, der die Erledigung erklärt, nunmehr nur noch begehrt, dass der Antrag zunächst zulässig und begründet gewesen sei und sich durch ein nachträgliches Ereignis erledigt habe. Soweit diese Erledigterklärung nicht hilfsweise erfolgt, kann daher ein Eröffnungsbeschluss nicht auf ihn begründet werden. Daher stellte sich die Frage, ob die nachfolgenden Eröffnungsanträge bis zum Wegfall des ursprünglichen Antrags zur Eröffnung des Verfahrens hätten führen können, obwohl die Schuldnerin zwischenzeitlich aus Deutschland nach Österreich umgezogen war. Die Anträge, die schließlich allein den vom AG München erlassenen Eröffnungsbeschluss haben tragen können, sind in der Tat zu einem Zeitpunkt gestellt worden, zu dem die Schuldnerin ihren Sitz nicht mehr im Sprengel des zunächst angerufenen Insolvenzgerichts hatte. Hieraus könnte man folgende Argumentationskette entwickeln: Grundsätzlich hebt nach der Judikatur des EuGH die Sitzverlegung innerhalb der Mitgliedstaaten der EU die internationale Zuständigkeit des Insolvenzgerichts nicht auf bei dem der Eröffnungsantrag gestellt worden ist. Da der Eröffnungsantrag aber durch Erledigungserklärung beseitigt worden ist, muss das Insolvenzgericht für jeden Eröffnungsantrag seine internationale Zuständigkeit prüfen und, wenn diese aufgrund der Sitzverlegung nicht mehr gegeben sein sollte, verneinen. Der IX. Zivilsenat stellt insoweit zutreffend fest, dass für Fälle europäisch-grenzüberscheitender Insolvenzen, zudem der vorliegende Fall durch den Wohnsitzwechsel der Schuldnerin geworden ist, jedenfalls die Regelung des § 3 Abs. 2 InsO nicht einschlägig ist. Danach wird die Zuständigkeit anderer Insolvenzgerichte durch die desjenigen Gerichts ausgeschlossen, bei dem zuerst die Eröffnung des Insolvenzverfahrens beantragt worden ist. Die Zuständigkeit eines anderen potentiell ebenfalls zuständigen Gerichts kann danach nicht mehr begründet werden. Der Fall eines Wohnsitzwechsels ist in § 3 Abs. 2 InsO zwar nicht ausdrücklich geregelt, kann aber, wie der BGH zutreffend feststellt, nicht anders als andere Fallgestaltungen beurteilt werden, die unter § 3 Abs. 2 InsO fallen. Voraussetzung für die Anwendbarkeit des § 3 Abs. 2 InsO wäre indes, dass der Fall nach § 3 Abs. 1 InsO zu beurteilen wäre, was hier deshalb nicht der Fall ist, weil die EuInsVO – Art. 3 Abs. 1, 3 – zur Anwendung gelangt. Zutreffend ging der erkennende Senat davon aus, dass der Wohnsitzwechsel der Schuldnerin ein Versuch der von der Begründungserwägung des EuGH[56] ausdrücklich missbilligten forum shoppings gewesen sei. Denn nach ihrem Wegzug nach Salzburg hatte die Schuldnerin die Forderung der im Dezember 2003 Antrag stellenden Gläubigerin beglichen, um den folgenden Anträgen durch die Vereitelung der internationalen Zuständigkeit des Münchener Insolvenzgerichts die Grundlage zu entziehen. Diese Erwägung des BGH ist zwar zutreffend, bedarf aber einer weiteren Erläuterung. Zwischenzeitlich hatte das Amtsgericht München die vorläufige Insolvenzverwaltung angeordnet. Zwar stellt der BGH zutreffen fest, dass erst der Eröffnungsbeschluss eine perpetuatio fori begründet. Dies gilt nicht bereits für vorläufige Anordnungen gem. § 21

55 BGHZ 149, 178, 181.
56 EuGH, ZIP 2006, 188, 189.

InsO. Die Anordnung der Zustimmungsverwaltung führt zwar nicht dazu, dass das erledigende Ereignis nicht eingetreten wäre – weil es hierauf nicht ankommt. Die Anordnung der Zustimmungsverwaltung war indes nicht allein aufgrund des Antrags vom Dezember, sondern der vorangegangenen Anträge aus dem März 2004 zulässig. Weder die vorläufige Verwaltung noch die vor „Erledigung" des Erstantrags eingegangene weitere Anträge hatten sich aber erledigt. Der BGH stellt daher zutreffend fest, dass solche zwischenzeitlich eingegangenen aber noch nicht erledigten Anträge die Fortdauer der internationalen Zuständigkeit des zunächst angerufenen Gerichts zur Folge hätten.

Der Sachverhalt rief für den BGH die Frage nach einer Anwendbarkeit der Rege- 16
lungen der EuInsVO hervor. Denn nach Art. 43 EuInsVO ist maßgeblicher Zeitpunkt für den Eintritt der Wirkung der EuInsVO das Wirksamwerden der Eröffnungsentscheidung[57]. Abweichend von der Subsidiaritätsregel des Art. 254 Abs. 2 EGV, die bestimmt, dass eine Verordnung am zwanzigsten Tag nach ihrer durch Art. 254 Abs. 1 vorgeschriebenen Veröffentlichung im Amtsblatt der EG in Kraft tritt, bestimmt Unterabs 1 ausdrücklich den insbesondere nach Art. 43 relevanten Tag des Inkraftttretens der EuInsVO[58]. Der BGH ist dabei der in der Literatur insbesondere von *Duursma*[59] vertretenen Meinung gefolgt, dass, soweit vor dem 31. 5. 2002 aufgrund eines Antrags Maßnahmen im Eröffnungsverfahren (z.B. §§ 21ff. InsO)[60] ergriffen worden sind, diese die Anwendung der EuInsVO nicht hindern, wenn nach dem 31. 5. 2002 ein Eröffnungsbeschluss von einem Gericht nach Art. 3 Abs. 1 EuInsVO zur Eröffnung eines Hauptinsolvenzverfahrens erlassen worden ist[61]. Für den IX. Zivilsenat kommt es bei der Entscheidung über die Anwendbarkeit der Regelungen der EuInsVO darauf an, ob eine positive Eröffnungsentscheidung erlassen worden ist. Die Abweisung der Eröffnung mangels Masse wie im vorliegenden Fall zählt der IX. Zivilsenat nicht dazu.

In der Sache war der IX. Zivilsenat als Gericht der Rechtsbeschwerde gem. § 577 17
Abs. 2 S. 4 iVm § 559 Abs. 2 ZPO an die Feststellung des Beschwerdegerichts gebunden. Zu entscheiden war vor diesem Hintergrund die Rechtsfrage, ob mit der Wohnsitzverlegung die Zuständigkeit eines spanischen Gerichts begründet oder ob für die Beurteilung der Zuständigkeit auf den Zeitpunkt der Antragsstellung abzustellen sei.

Der IX. Zivilsenat hat hierzu eingehend ausgeführt, die Ansicht der Rechtsbe- 18
schwerde habe für sich, dass es im Interesse eines ordnungsgemäßen Funktionierens des europäischen Binnenmarktes[62] liege, zu verhindern, dass den Beteiligten durch Sitzverlagerung oder Verlagerung von Vermögensgegenstände die Möglich-

57 *Smid,* Deutsches und Europäisches Internationales Insolvenzrecht, 2004, Art. 43 EuInsVO RdNr. 2; krit. *Duursma-Kepplinger/Duursma/Chalupsky* Art. 42 RdNr. 6, 7.

58 *Morscher* EuInsVO, 2002, 18; *Duursma-Kepplinger/Duursma/Chalupsky* Art. 42 RdNr. 1.

59 *Duursma-Kepplinger/Duursma/Chalupsky* Art. 42 RdNr. 12.

60 *Duursma-Kepplinger/Duursma/Chalupsky* Art. 42 RdNr. 13.

61 Ebenso *Smid,* Deutsches und Europäisches Internationales Insolvenzrecht, 2004, Art. 43 EuInsVO RdNr. 5.

62 Erwägungsgrund Nr. 4 der EuInsVO.

keit eines *forum shopping* gegeben werde[63]. Dagegen spricht für die Annahme eines Zuständigkeitswechsels, dass insbesondere bei der Insolvenz natürlicher Personen Unzuträglichkeiten auftreten, wenn der Schuldner sich in einem anderen Mitgliedstaat als dem das Verfahren durchführenden befindet. Eine „Abwägung" verbietet sich jedenfalls für die nationale Rechtsprechung.

19 Sitzverlegungen in der Krise werden im Übrigen durch die EuInsVO keiner besonderen Regelung unterworfen; die hieran geübte Kritik[64] erscheint aber nicht gerechtfertigt. Denn die bloße Sitzverlegung „hilft" dem schuldnerischen Unternehmensträger nicht bei dem Versuch eines forum shoppings. Denn entweder verlagert sich im Sinne des Art. 3 Abs. 1 EuInsVO tatsächlich der Mittelpunkt der wirtschaftlichen Interessen – dann kommt es aber ggf. auf die Sitzverlegung nicht an. Dies wird aber schon deshalb nicht oft der Fall sein, weil eine Verlagerung des Mittelpunkts der Interessen iSe faktischen Verlagerung der wirtschaftlichen Tätigkeit den Einsatz erheblicher finanzieller Mittel erfordern wird – woran derartiges in einer Liquiditätskrise regelmäßig scheitern wird. Wird dagegen eine Sitzverlegung mit Satzungsinstrumentarien vollzogen, und „zieht" der Mittelpunkt der wirtschaftlichen Interessen nicht „nach", bleibt es bei der ohnedies geltenden Regelung des Art. 3 Abs. 1 EuInsVO und das forum shopping des schuldnerischen Unternehmensträgers ist ebenfalls leer gelaufen[65].

20 Weder aus der EuInsVO noch aus den ihr beigegebenen Erwägungsgründen und ihren Materialien[66] ergeben sich eindeutige Kriterien, aufgrund derer sich dies entscheiden ließe, wie der IX. Zivilsenat zutreffend festgestellt hat. Für die deutsche Rechtsprechung war damit der Weg zu einer „eigenen" Auslegung dieser Vorschriften aus europarechtlichen Gründen verstellt[67].

21 Daher war die Sache dem EuGH nach Art. 68 iVm 234 EG-Vertrag[68] vorzulegen. Der EuGH ist im Falle Susanne Straubitz-Schreiber von einer Fortwirkung der einmal begründeten Zuständigkeit ausgegangen[69], um ein forum shopping z verhindern und die Rechtsicherheit für die Gläubiger zu verbessern.

---

63 Krit. dagegen im Zusammenhang der im folgenden unter II., III. zu erörternden Judikatur englischer Gerichte *Braun*, NZI 2004, Heft 1 Seite V.

64 *Duursma-Kepplinger/Duursma/Chalupsky* Art. 3 RdNr. 17.

65 *Smid,* Deutsches und Europäisches Internationales Insolvenzrecht, 2004, Art. 3 EuInsVO RdNr. 14.

66 Namentlich dem Bericht von *Virgos* und *Schmit* (z.B. zit. in: *Stoll,* (Hrsg.), Vorschläge und Gutachten zur Umsetzung des EU-Übereinkommens über Insolvenzverfahren im deutschen Recht, Tübingen 1997).

67 *Smid,* Deutsches und Europäisches Internationales Insolvenzrecht, 2004, Vor Art. 1 EuInsVO RdNr. 15.

68 *Smid,* Deutsches und Europäisches Internationales Insolvenzrecht, 2004, Vor Art. 1 EuInsVO RdNr. 15.

69 EuGH, Urt. v. 16. 1. 2006 – Rs. C 1/04, ZIP 2006, 188.

6. Aufbau der EuInsVO[70]

Die Regelungen der EuInsVO sind in 47 Artikeln niedergelegt, die in fünf Kapitel gegliedert sind. In den Allgemeinen Vorschriften (Kapitel 1) wird der Anwendungsbereich der EuInsVO bestimmt (Art. 1 bis 4) und durch einheitliche Kollisionsnormen (Art. 5 bis 15) das anwendbare Sachrecht bestimmt. Die europäische Universalität des Hauptinsolvenzverfahrens ordnen in Kapitel 2 die Art. 16 bis 26 an. Die „Modifikation"[71] der Universalität durch ein Sekundärinsolvenzverfahren und dessen „Koordination" mit dem Hauptinsolvenzverfahren regeln in Kapitel 3 die Art. 27 bis 38. Die Rechtsstellung der Gläubiger wird einheitlich in Kapitel 4 (Art. 39 bis 42) mit Bestimmungen über die Unterrichtung der Gläubiger, das Recht, die Form und die Sprache der Anmeldung geregelt. Kapitel 5 trifft Schlussbestimmungen zum zeitlichen Geltungsbereich, zum Verhältnis der EuInsVO zu bi- und multilateralen Übereinkünften, Befugnisse zur mehrheitlichen Änderung der Anhänge sowie Berichtspflichten der Kommission finden sich in den Art. 43 bis 46. Schließlich ordnet Art. 47 das In-Kraft-Treten mit 31. 5. 2002 an. 22

7. Bedeutung für die Abwicklung von Insolvenzverfahren

Trotz ihrer Kürze gehen die Regelungen der EuInsVO stark ins Detail. Gleichwohl sollte man sich, will man die praktische Bedeutung des internationalen Insolvenzrechts, namentlich des europäischen internationalen Insolvenzrechts, zutreffend einschätzen, von der Vorstellung der grenzüberschreitenden Insolvenz von Großunternehmen weitgehend lösen. Wie noch näher zu zeigen sein wird, trifft die EuInsVO *keine Regelung über eine europäische Konzerninsolvenz*. Das wäre allenfalls unter Verstoß gegen den Verhältnismäßigkeitsgrundsatz möglich gewesen, den der Verordnungsgesetzgeber beachtet hat[72], da in einer Reihe von nationalen Rechten, wie zB der deutschen oder österreichischen, konzernrechtlichen Regelungen nicht getroffen worden sind oder sogar im Widerspruch zur Struktur des dortigen Insolvenzverfahrens stehen würden. Gegenüber den spektakulären Fallgestaltungen, auf die besonders die kollisionsrechtlichen Regelungen der Art. 5ff. zu verweisen scheinen, hat das internationale Insolvenzrecht in einem bescheiden anmutenden aber wirtschaftlich außerordentlich interessanten Fall Bedeutung, der im Übrigen auch deutlich macht, dass alle Regelungen im *Verhältnis von Haupt- und Sekundärinsolvenzverfahren*, so elaboriert sie auch sein mögen, nur in Ausnahmesituationen empirisch größere Bedeutung erlangen werden. Der Alleingesellschafter und Geschäftsführer einer fallierten GmbH, der sich Schadenersatzansprüchen ua aus dem § 64 GmbHG bzw § 25 öGmbHG ausgesetzt sieht, die nach § 32 InsO bzw § 81a öKO vom Insolvenzverwalter geltend gemacht werden, ist selbst bankrott 23

70 *Spahlinger*, Sekundärinsolvenzverfahren, 249.
71 Zu Modellen einer modifizierten Universalität vgl *Leitner*, Der grenzüberschreitende Konkurs, 117ff.
72 Grund Nr. 5.

und das Insolvenzverfahren wird über sein Vermögen eröffnet[73]. Lässt man alle in diesem Zusammenhang nebensächlichen Fragen über die Anwendbarkeit der Regelungen einer Verbraucherinsolvenz außer Betracht, so wird sich für den Insolvenzverwalter nunmehr die Frage stellen, wie er zB auf ausländische Konten des bankrotten Geschäftsführers als Insolvenzschuldner, auf den Inhalt von Schließfächern, die der Insolvenzschuldner bei ausländischen Banken gemietet hat oder auf Aktien des Schuldners, die sich in ausländischer Verwahrung befinden[74], Zugriff nehmen kann. Das Bild rundet sich dadurch ab, wenn man bedenkt, dass der Zugriff auf Auslandskonten und Auslandsimmobilien oftmals für die Abwicklung von *Nachlassinsolvenzverfahren* von erheblicher Bedeutung ist. Die Anordnung der Universalität des Eröffnungsbeschlusses verleiht dem Insolvenzverwalter mit Blick auf Art. 18 Abs. 3 S. 2 zwar im Ausland keine Zwangsbefugnisse, eröffnet ihm aber weite Handlungsspielräume zur Ermittlung der Masse.

24 Entscheidend ist: *Jedes* Insolvenzverfahren – auch ein Verbraucherinsolvenzverfahren bzw. ein über das Vermögen einer natürlichen Person eröffnetes Verfahren – kann einen „Auslandsbezug“ haben, der es im weiteren Geschehen zu einem „grenzüberschreitenden“ Verfahren macht. Das geltende Recht trifft Regelungen, die diesem Kernbefund Rechnung tragen. Die Insolvenzgerichte und ihre Sachverständigen müssen sich hierauf einstellen, um Haftungslagen zu vermeiden. *Andreas Konecny*[75] hat darauf aufmerksam gemacht, dass binnen weniger Jahre das internationale Insolvenzrecht, früher weitgehend „totes“, durch sehr akademische Bemühungen aufrechterhaltenes Recht, zu einem der dynamischsten, aber auch problembeladensten Gebiete des Zivilverfahrensrechts geworden ist. Das hat auch damit zu tun, dass europaweit, ja weltweit Großinsolvenzen, wie die von Parmalat, Babcock-Borsig, Kirch Media, weit über die Fachkreise hinaus für mediales Aufsehen gesorgt haben.

25 In praxi bedeutet dies für die Insolvenzverwaltung, dass in jedem Verfahren, in dem nicht von vornherein ausgeschlossen ist, dass ein grenzüberschreitender Bezug vorliegt, bereits bei der Erstellung von Gutachten für das Insolvenzgericht im Vorfeld der Verfahrenseröffnung darauf zu achten ist, dass der Eröffnungsbeschluss ausdrücklich auf Einleitung eines Hauptinsolvenzverfahren gerichtet ist. Die Praxis der österreichischen Gerichte, deren Eröffnungsbeschlüsse ausdrücklich Haupt- oder Sekundärinsolvenzverfahren eröffnen und damit im europäisch-grenzüberschreitenden Raum keine Zweifelsfälle aufkommen lassen, sind insofern vorbildlich.

---

73 *Paulus* hat darauf hingewiesen, dass im Falle privater Investitionen deutscher Staatsbürger im EU-Ausland, insb in Italien, Österreich, Spanien und Frankreich, einige hunderttausend Immobilien einen wesentlichen Vermögensbestandteil bilden, die wegen den Besonderheiten der Finanzierung nicht selten sogar weitgehend lastenfrei sind. Daneben sind Auslandskonten zu nennen, die sich allerdings aus vielfältigen Gründen oftmals nicht im EU-Ausland, sondern in Staaten wie der Schweiz befinden.

74 Hierzu *Serick*, Aktien des Gemeinschuldners in ausländischer Verwahrung, in Möhring-FS (1965) 129 ff., 158 ff.

75 *Konecny* in: Smid (Hrsg.), Neue Fragen des deutschen und internationalen Insolvenzrechts, 2006, S. 106, 107.

Dies gilt nicht allein für „Großverfahren“ bzw. Insolvenzen von wirtschaftlich tätigen Gesellschaften. Gerade in über das Vermögen natürlicher Personen zu eröffnenden Insolvenzverfahren kann es dringend geboten sein, dass ausdrücklich ein Hauptinsolvenzverfahren eröffnet wird. Man denke an den Gemüsehändler oder Gastronom mit „Migrationshintergrund“ aus Spanien, Italien oder Griechenland, man denke an deutsche Schuldner, die Eigentümer zT umfangreicher Immobilien in anderen Mitgliedsstaaten der EU sind. 26

Die Regeln der EuInsVO sind daher potentiell für jedes Insolvenzverfahren von Bedeutung: Gegenüber spektakulären Fällen wie *Maxwell Communications* oder den Bankinsolvenzen *Herstatt* oder *BCCI* hat das internationale Insolvenzrecht in einem bescheiden anmutenden, aber wirtschaftlich außerordentlich interessanten Fall Bedeutung: Nicht selten zieht die Insolvenz der Gesellschaft als Träger des schuldnerischen Unternehmens (im Falle der GmbH) die des Geschäftsführers und Alleingesellschafters nach sich. So gibt es Niederlassungen deutscher Unternehmen im Ausland; aber auch bei der Insolvenz natürlicher Personen sind diese Fragen wichtig: es gibt mehrere hunderttausend Auslandsimmobilien von Deutschen oder auch wertvolle Yachten in ausländischen Häfen, die möglicherweise Massebestandteile werden. Für den Insolvenzverwalter stellt sich weiter die Frage, wie er insbesondere auf Konten des Schuldners im Ausland, den Inhalt von Schließfächern, die der Insolvenzschuldner bei ausländischen Banken gemietet hat oder auf Aktien des Schuldners die sich in ausländischer Verwahrung befinden, Zugriff nehmen kann. Das Bild rundet sich dadurch ab, bedenkt man, dass der Zugriff auf Auslandskonten und Auslandsimmobilien oftmals sowohl für die Abwicklung von allgemeinen als aber auch für die von *Nachlassinsolvenzen* von erheblicher Bedeutung sind[76]. Für den Insolvenzverwalter ist es häufig entscheidend, ob er auf diese Vermögensgegenstände zugreifen kann. Will man die praktische Bedeutung des Internationalen Insolvenzrechts namentlich des europäischen internationalen Insolvenzrechts zutreffend einschätzen, tut man daher gut daran, sich von der Vorstellung der grenzüberschreitenden Insolvenz von Großunternehmen zu lösen[77]. 27

II. Geltungsbereich der EuInsVO

1. Sachlicher Anwendungsbereich: „Gesamtverfahren“

a) *Kollektive Schuldenregelungen*[78]

Die EuInsVO trifft Regelungen für „Gesamtverfahren“, welche die Insolvenz des Schuldners voraussetzen und den vollständigen oder teilweisen Vermögensbeschlag des Schuldners sowie die Bestellung eines Verwalters zur Folge haben (Art. 1 Abs. 1 28

76 *Smid,* Europäisches Internationales Insolvenzrecht, 1. Aufl. 2002, Kap. 2 Rn. 15.
77 Hierzu *Smid,* Europäisches Internationales Insolvenzrecht, 1. Aufl. 2002, Kap. 2 Rn. 15 et passim.
78 Vgl auch UNCITRAL-guide Nr. 23.

EuInsVO)[79]. Der Begriff des „Gesamtverfahrens“[80] wird durch die Legaldefinition des Art. 2 lit a als „Insolvenzverfahren“ bezeichnet, die von Gesetzes wegen durch Anhang A definiert werden[81]. Insolvenzverfahren[82] iSv Art. 1 sind daher neben den liquidierenden Konkursverfahren (vgl Art. 2 lit c und Anhang B) *alle Verfahren kollektiver Schuldenregelungen*[83] wie bspw in Österreich der Ausgleich, concordato preventivo, ammistrazione controllata und straordinaria in Italien oder concordat judiciaire und le réglement collectif de dettes in Belgien, um beispielhaft nur drei Länder zu nennen. Das universelle Geltung beanspruchende Hauptinsolvenzverfahren umfasst gem Art. 3 Abs. 1 und Art. 2 lit a EuInsVO iVm Anhang A also auch Sanierungsverfahren. In Deutschland zählen dazu neben dem „Auslaufmodell“ des Vergleichs zB auch das Restschuldbeschlussverfahren gem §§ 286ff. InsO[84]. Unter diesen Gesamtverfahren versteht die EuInsVO jedenfalls ein liquidierendes Insolvenzverfahren, aber auch solche Sanierungsverfahren, in denen die Verwertung des Schuldnervermögens zur Realisierung seiner Haftung gegenüber seinen Gläubigern im Vordergrund steht[85]. Ein Gesamtverfahren, dass allein die Beendigung der Tätigkeit des schuldnerischen Unternehmens (winding-up) im öffentlichen Interesse zum Gegenstand hat, fällt dagegen auch dann nicht unter Art. 1 Abs. 1 EuInsVO, wenn sein Ablauf durch das jeweilige nationale Insolvenzrecht geregelt wird[86].

b) Gesamtvermögensbeschlag

29 Das Gesamtverfahren muss einen universellen Beschlag des Vermögens des Insolvenzschuldners beanspruchen und verwirklichen. Dies ergibt sich eigentlich „von selbst“, denn ohne diesen Anspruch bestünde für ein internationales Insolvenzrecht mit grenzüberschreitenden Wirkungen kein Raum.

c) Persönlicher Anwendungsbereich

30 Da nach Art. 7 EGV jede Diskriminierung aus Gründen der Staatsangehörigkeit verboten ist[87], greift die EuInsVO unabhängig von der EU-Staatsangehörigkeit des insolventen Schuldners. Im Übrigen ist für die Insolvenzverfahrensfähigkeit die *lex fori concursus* maßgeblich[88].

---

79 *Virgos/Schmit* in *Stoll*, Nr. 48 u 49; *Leible/Staudinger*, KTS 2000, 541; *Fritz/Bähr*, DZWiR 2001, 222; *Huber*, ZZP Bd 114, 135; *Wimmer* in *ders*, FK zur InsO, Anhang I, Rz 71; *Potthast*, Probleme eines Europäischen Konkursübereinkommens, 22ff.

80 *Fritz/Bähr*, DZWIR 2001, 230, FN 143 zitieren zu Recht den Wortstamm des Konkurses; vgl auch *Gottwald*, Grenzüberschreitende Insolvenzen, 18; *Spahlinger*, Sekundärinsolvenzverfahren, 249f.

81 *Leipold* in *Stoll*, 187, 189, weist darauf hin, dass die Existenz des Anhanges A zeigen würde, wie wenig Vertrauen der Verordnungsgesetzgeber in die Auslegungsfähigkeit des Art. 1 Abs. 1 gelegt hat.

82 *Virgos/Schmit* in *Stoll*, Nr. 62; *Fritz/Bähr*, DZWIR 2001, 223.

83 *Potthast*, Probleme eines Europäischen Konkursübereinkommens, 23ff.

84 Dieses wird nach Abschluss des Insolvenzverfahrens durchgeführt; vgl *Leible/Staudinger*, KTS 2000, 541; *Ehricke*, RabelsZ, 712, 736f; *Taupitz*, ZZP 111 (1998) 347ff.; *Linke*, IPRax 2000, 8, 10ff.

85 Das UNCITRAL Model Law vgl UNCITRAL-guide Nr. 24.

86 B.C.C. 239, Chancery Division re Marann Brooks CSV Ltd., *Pannen* Art. 1 Rn. 18ff.

87 Zur Bedeutung für die Auslegung des EurInsÜ vgl *Potthast*, Probleme eines Europäischen Konkursübereinkommens, 33.

88 *Potthast*, Probleme eines Europäischen Konkursübereinkommens, 34.

Scheinauslandgesellschaften, die außer ihrer Rechtsform und ihrer Inkorporation keinen Bezug zum ausländischen Gründungsstaat haben, sind nach der Judikatur des EuGH von jedem Mitgliedsstaat auch dann zu dulden, wenn die Gründung nur den Zweck hatte, die strengeren Anforderungen an die Kapitalausstattung usf. durch das Recht des Zuzugsstaates zu umgehen[89]. Sie unterfallen daher den Regelungen der EuInsVO.

d) *Insolvenz des Schuldners*

Die EuInsVO erfasst nur solche Verfahren, die eine „Insolvenz“ des Schuldners vor- 31
aussetzen. Verfahren, die durch andere Ursachen ausgelöst werden, fallen dagegen nicht in den Anwendungsbereich der EuInsVO[90]. Dunkel bleibt dabei, ob zB ein auf Grund *drohender Zahlungsunfähigkeit* des Schuldners auf seinen Eigenantrag hin (vgl § 18 Abs. 2 InsO oder § 1 Abs. 1 öAO[91] eingeleitetes Verfahren die „Insolvenz“ des Schuldners iSv Art. 1 Abs. 1 „voraussetzt“. Dies ist in der Literatur[92] bezweifelt worden, was jedoch nicht unplausibel ist, bedenkt man die Intentionen, die mit der Einführung eines Eröffnungsgrundes der drohenden Zahlungsunfähigkeit verbunden waren[93]. Allerdings darf nicht unbeachtet bleiben, dass die Einleitung eines Insolvenzverfahrens im Regelfall zur *materiellen Insolvenz* des eigenantragstellenden Schuldners führt, da die Gläubigerbanken im Regelfall die Kreditlinien kündigen[94].

e) *Einsetzung eines Verwalters*

Weiters müssen sich die dem Anwendungsbereich der EuInsVO unterliegenden 32
Verfahren durch einen vollständigen Vermögensbeschlag gegen den Schuldner und die Anordnung des *Verlustes seiner Verwaltungs- und Verfügungsbefugnis* über die Massegegenstände auszeichnen[95], was zwangsläufig die Einsetzung eines Verwalters erfordert, der entweder an die Stelle des Schuldners tritt oder dessen Geschäftstätigkeit in Konstellationen einer Eigenverwaltung (so im deutschen oder zB im Fall der *ammistrazione controllata* des italienischen Insolvenzrechts) tritt[96].

Die EuInsVO gilt im Übrigen grundsätzlich für alle Arten von Insolvenzverfah- 33
ren[97]. Als Insolvenzverfahren definiert die EuInsVO in Art. 2 lit a die in Art. 1 Abs. 1 durch die Beschlagnahme des Schuldnervermögens und die Einsetzung eines Verwalters[98] gekennzeichneten *Gesamtverfahren,* die wegen der hochgradigen

---

89 EuGH: Inspire-Art, Urt. V. 30. 9. 2003 – Rs. C-167/01, ZIP 203, 742; Überseering, Urt. v. 5. 11. 2002 – Rs C-208/00, JW 2002, 3614; Cntros, Urt. v. 9. 3. 1999 – Rs C-212/97, NJW 1999, 2027.
90 *Virgos/Schmit* in *Stoll,* Nr. 49, lit b.
91 Dr. Franz Mohr hat darauf aufmerksam gemacht, dass bei der Beurteilung der drohenden Zahlungsunfähigkeit in Österreich auch künftig fällige Verbindlichkeiten zu berücksichtigen sind.
92 *Leipold,* in *Stoll,* 187.
93 Vgl *Ritter v. Onciul,* Die rechtzeitige Auslösung des Insolvenzverfahrens, 2000, 106ff. et passim.
94 Im Ergebnis *Balz,* ZIP 1996, 948, FN 4.
95 *Virgos/Schmit* in *Stoll,* Nr. 49, lit c.
96 *Virgos/Schmit* in *Stoll,* Nr. 49, lit d.
97 Grund Nr. 9.
98 Grund Nr. 10.

Unterschiedlichkeit der Ausgestaltung der nationalen Rechte der Mitgliedstaaten in Anhang A der EuInsVO im Einzelnen angeführt werden.

34 Str. ist, ob dies genügt. Es wird vertreten[99], dass Verwlter iSd Anhang C allein unter der Voraussetzung den Anforderungen von lit b genügen, wenn sie in einem Verfahren nach lit a operieren, da ansonsten der sachliche Gehalt der Verordnung auf die Anhänge reduziert würde. Dies ist mit Blick auf die dogmatische Stringenz der EuInsV zu befürworten[100].

2. Sonderregelungen über die Insolvenz bestimmter Unternehmen

a) *Ausschluss von Unternehmen der „Finanzindustrie“*[101]

35 Art. 1 Abs. 2 EuInsVO schließt im Übrigen die Anwendung der VO auf Insolvenzverfahren aus[102], die über das Vermögen bestimmter Unternehmen eröffnet werden. Damit wird der EuInsVO ein wesentliches Anwendungsfeld entzogen, denn in der Vergangenheit handelte es sich in der Mehrzahl der Fälle grenzüberschreitender Insolvenzen um Bankkonkurse (zB des Kölner Bankhauses *I. D. Herstatt*)[103]. Hierunter fallen Versicherungsunternehmen, Kreditinstitute[104], Wertpapierfirmen, die Dienstleistungen erbringen, welche die Haltung von Geldern oder Wertpapieren Dritter umfassen, sowie Organisationen für gemeinsame Anlagen[105]. Alle Unternehmen des Finanzierungs- und Versicherungsdienstleistungssektors sind damit von der Geltung der EuInsVO ausgenommen. Das entspricht ihrer Behandlung in vielen nationalen Rechten, die das insolvente Finanzdienstleistungsunternehmen einem Sonderregime unterwerfen[106]. Dem entspricht es im Übrigen, dass der Finanzdienstleistungssektor rechtlich besonderen EU-Regelungen unterworfen worden ist, Namentlich sind hier die *Richtlinie 2000/12/EG vom 20. 3. 2000 über die Aufnahme und Ausübung der Tätigkeit der Kreditinstitute*[107], *die Richtlinie 73/239/EWG v 24. 7. 1973, geändert durch Richtlinie 95/26/EG über die Ausübung der Tätigkeit der Direktversicherung* sowie die *Richtlinie 2004/39/EG v 21. 4. 2004 über die Märkte für Finanzinstrumente*[108]. Die *Richtlinie 2001/24/EG des Europäischen Parlaments und des Rates vom 4. April 2001 über die Sanierung und Liquidation von Kreditinstituten*[109] trifft nunmehr Regelun-

---

99 Paulus Art. 2 Rn. 8.

100 Vgl. auch Pannen/Riedemann Art. 2 Rn. 9.

101 *Virgos/Schmit* in *Stoll*, Nr. 54; *Herchen*, Das Übereinkommen über Insolvenzverfahren, 33 f; *Wimmer* in *ders*, FK zur InsO, Anhang I, Rz 73; *Fritz/Bähr*, DZWIR 2001, 223; *Huber*, ZZP Bd 114, 135; *Potthast*, Probleme eines Europäischen Konkursübereinkommens, 33; vgl auch UNCITRAL Model Law, Art. 1 Par 2, dazu UNCITRAL-guide Nr. 61.

102 Krit *Wunderer*, WM 1998, 793 ff.; *Leipold*, in *Stoll*, 189; *Gottwald*, Grenzüberschreitende Insolvenzen, 19.

103 *Gottwald*, Grenzüberschreitende Insolvenzen, 8 ff.

104 *Kirchhof*, WM 1993, 1364, 1368 ff.

105 Grund Nr. 9; *Leible/Staudinger* (Fn 25) 541 f.

106 *Wimmer* in *ders*, FK zur InsO, Anhang I, Rz 73.

107 Abl.EG Nr. L 126 v. 26. 5. 2000 S. 1.

108 ABl. EG Nr. L 145 v. 30. 4. 2004 S. 1.

109 ABlEG Nr. L 125 vom 05/05/2001 S. 0015–0023; eingehend hierzu M/F/I-*Marks* 7.08.

gen für Unternehmen des Bankensektors, Versicherungsunternehmen werden von der *Richtlinie 2001/17/EG des Europäischen Parlaments und des Rates vom 19. März 2001 über die Sanierung und Liquidation von Versicherungsunternehmen*[110] erfasst. Diese Richtlinien sind von den Mitgliedsstaaten *umzusetzen*. Hierfür setzt die *Richtlinie 2001/24/EG des Europäischen Parlaments und des Rates vom 4. April 2001 über die Sanierung und Liquidation von Kreditinstituten*[111] in ihrem Art. 34 Abs. 1 eine Frist bis zum 5. 5. 2004, die Richtlinie 2001/17/EG des Europäischen Parlaments und des Rates vom 19. März 2001 über die Sanierung und Liquidation von Versicherungsunternehmen[112] in ihrem Art. 31 eine Frist bis vor dem 20. 4. 2003; der deutsche Gesetzgeber ist dieser Verpflichtung durch Änderungen der InsO im IIG nachgekommen (§§ 335ff. nF) sowie durch Änderungen des KWG und anderer einschlägiger Gesetze.

Vielfach wird die EuInsVO wegen des Ausschlusses der Finanzindustrie aus ihrem Anwendungsbereich kritisiert[113]. Das erscheint nur zT sachgerecht, denn das Hauptanwendungsgebiet der EuInsVO liegt in der Ermöglichung des Zugriffs des Insolvenzverwalters auf das im Ausland befindliche Vermögen des Gemeinschuldners. Dies alles ist weniger anspruchsvoll als die akademische Betrachtung von Bankinsolvenzen es nahelegt, jedoch für die Insolvenzpraxis gleichwohl durch die Effektuierung des Zugriffs des Insolvenzverwalters auf die Masse von erheblicher Bedeutung. 36

Nach alledem sind im Falle der Eröffnung eines deutschen grenzüberschreitenden Insolvenzverfahrens über ein Kreditinstitut, eine Versicherung oder allgemein ein Finanzdienstleistungsunternehmen iSd Abs. 2 die Regelungen der §§ 335 InsO anzuwenden[114]. Dabei ist darauf zu achten, dass die *Richtlinie 2001/17/EG* insbesondere Sekundärinsolvenverfahren in Fällen von Bankeninsolvenzen ausschließt[115]. 37

b) Grenzen von Sonderregelungen

Nach der überzeugenden Entscheidung UK High Court in Sachen Dobb White & Co[116]. kommt Art. 1 Abs. 2 EuInsVO nur für solche Gesellschaften zur Anwendung, die wirksam als Finanzdienstleistungsunternehmen autorisiert sind[117]. Das ist richtig, da andernfalls die unrechtmäßige Betätigung als Finanzdienstleister das Unternehmen in den Genus der Ausnahme des Art. 1 Abs. 2 EuInsVO bringen würde. 38

---

110 ABlEG Nr. L 110 vom 20/04/2001 S. 0028–0039; M/F/I-*Marks* 7.34.

111 ABlEG Nr. L 125 vom 05/05/2001 S. 0015–0023.

112 ABlEG Nr. L 110 vom 20/04/2001 S. 0028–0039.

113 Anmerkung Mohr: Es ist auf die Richtlinien über die Sanierung und Liquidation von Kreditinstituten und Versicherungsunternehmen zu verweisen, die die entsprechenden Bestimmungen enthalten.

114 *Pannen* Art. 1 Rn. 32.

115 *Pannen* Art. 1 Rn. 27.

116 UK High Court of 2 December 2003, l.c. *Pannen* Art. 1 N. 83.

117 *Pannen* Art. 1 Rn. 92.

39 Andere Exemtionen von Art. 1 Abs. 1 EuInsVO sind – im Unterschied zu Art. 1 Abs. 2 des UNCITRAL Model Law[118] – nicht normiert worden.

3. Räumlicher Geltungsbereich

40 Die EuInsVO betrifft grenzüberschreitende Insolvenzverfahren innerhalb der EU (Binnenmarkt), sofern der Schuldner den *Mittelpunkt seiner wirtschaftlichen Interessen* in einem Mitgliedstaat der EU hat[119]. Auf Insolvenzverfahren, die über das Vermögen von Schuldnern mit Sitz bzw. „Mittelpunkt der wirtschaftlichen Interessen" in Drittstaaten eröffnet werden, findet die EuInsVO im allgemeinen keine Anwendung[120]. Hat der Schuldner den Mittelpunkt seines wirtschaftlichen Interesses in einem EU-Mitgliedstaat, so kommt die EuInsVO auf das Verhältnis des Hauptinsolvenzverfahrens zu einem Verfahren in einem Drittstaat nicht zum Zuge[121].

III. Internationale Zuständigkeit nach Art. 3 EuInsVO ohne qualifizierten Auslandsbezug?

41 Die EuInsVO betrifft grundsätzlich grenzüberschreitende Insolvenzverfahren innerhalb der EU (Binnenmarkt); sofern der Schuldner den Mittelpunkt seiner Interessen in einem Mitgliedstaat der EG hat[122], vgl Art. 3 Abs. 1 EuInsVO. Im deutschen autonomen internationalen Insolvenzrecht, das grundsätzlich im Verhältnis zu Drittstaaten maßgeblich ist, folgt die internationale Zuständigkeit des deutschen Insolvenzgerichts allgemeinen Regelungen: Sofern sich der Sitz einer juristischen Person nicht aus ihrer Satzung bzw. ihrem Gründungsakt entnehmen lässt, greift – hilfsweise – § 3 Abs. 1 S. 2 InsO ein. Dabei wird an den Mittelpunkt der geschäftlichen Oberleitung der Beklagten angeknüpft[123]. Darunter ist der Ort zu verstehen, an dem die laufenden Geschäftsführungsakte der dazu berufenen Vertretungsorgane vorgenommen werden[124]. Dagegen kommt es nicht auf den Ort der tatsächlichen Ausführung der geschäftlichen Entscheidungen an; auch wenn die streitige Forderung dort entstanden ist, sind Zweigniederlassungen[125] ebenso wie Produktionsstätten für die Bestimmung des allgemeinen Gerichtsstandes gem. § 3

118 UNCITRAL-guide Nr. 62 f; allerdings rät UNCITRAL-guide Nr. 63 von Exemtionen ausdrücklich ab.

119 Grund Nr. 14; *Leible/Staudinger*, KTS 2000, 538; *Huber*, ZZP Bd 114, 136 f; *Herchen*, Das Übereinkommen über Insolvenzverfahren, 34 ff.

120 *Leible/Staudinger* (Fn 25) 538.

121 *Leible/Staudinger* (Fn 25) 539; *Balz*, ZIP 1996, 948; *Huber*, ZZP Bd 114, 136; *Virgos/Schmit* in *Stoll*, Nr. 44.

122 Grund Nr. 14; Morscher EuInsVO, 2002, 19; Leible/Staudinger (Fn 25) 538; Huber (Fn 121) 136/137; Herchen, Das Übereinkommen über Insolvenzverfahren, 34 ff.; MünchKomm-Reinhart Art. 1 RdNr. 7.

123 Wieczorek/Hausmann, ZPO, § 17 RdNr. 20.

124 BGH, Urt. v. 21. 3. 1986, V ZR 10/85, ZIP 1986, 643, 644.

125 RG, Urt. v. 21. 5. 1891, Rep. VI 50/91, RGZ 27, 421, 423; *Schlemmer*, Rpfleger 1978, 201, 202.

Abs. 1 S. 2 InsO unerheblich; maßgeblich ist der effektive Verwaltungssitz der juristischen Person[126].

Streitig ist, ob darüber hinaus die EuInsVO auf Insolvenzverfahren Anwendung findet, die über das Vermögen von Schuldnern mit Sitz in Drittstaaten eröffnet werden[127], sofern sich die internationale Zuständigkeit nicht bereits aus dem nationalen internationalen Insolvenzrecht ergibt. Hat der Schuldner den Mittelpunkt seines wirtschaftlichen Interesses in einem EU-Mitgliedstaat, kommt nach einer verbreiteten Auffassung[128] die EuInsVO für das Verhältnis des Hauptinsolvenzverfahrens zu dem Verfahren in außereuropäischen Staaten nur unter der Voraussetzung zur Anwendung, dass ein qualifizierter Auslandsbezug vorliegt, der in einem transnationalen Bezug zwischen dem Eröffnungsstaat und einem oder mehreren weiteren Mitgliedstaaten gesehen wird. 42

Für die hier interessierende Fragestellung kommt es daher darauf an, ob die EuInsVO im Verhältnis zu Drittstaaten die Anerkennung der dort eröffneten Insolvenzverfahren betrifft. Dies ist aber aus einer Reihe von Gründen abzulehnen[129]. Würde nämlich im Verhältnis zu Drittstaaten die EuInsVO die Anerkennungsvoraussetzungen regeln, wäre damit in weiten Teilen das autonome internationale Insolvenzrecht der Mitgliedstaaten obsolet. Mag man diesen Gesichtspunkt noch als weniger erheblich ansehen, ist wichtiger, dass im Verhältnis zu Drittstaaten die Wechselseitigkeit nicht gewährleistet ist, die durch das Zusammenspiel des Art. 3 mit den Art. 16ff. EuInsVO für das Verhältnis der Mitgliedstaaten der EU unmittelbar geltendes Recht ist. 43

Unmittelbar aus Art. 3 Abs. 1 EuInsVO lässt sich nach alledem ohne qualifizierten EU-Auslandsbezug eines Falles die internationale Zuständigkeit eines Insolvenzgerichts nicht herleiten. Dies hängt vom jeweiligen autonomen internationalen Insolvenzrecht ab. In Deutschland wäre insofern auf § 343 InsO zu verweisen. Die Vorschrift gibt in ihrem Abs. 1 den das deutsche Internationale lnsolvenzrecht beherrschenden Grundsatz der automatischen Anerkennung wieder. Die Anerkennung der Eröffnung des ausländischen lnsolvenzverfahrens bedeutet, dass dieses unmittelbar, d.h. ohne ein besonderes Anerkennungsverfahren, im Inland die Wirkungen entfaltet‘ die es nach den maßgeblichen Insolvenzstatut (§ 335 InsO) – also dem Insolvenzrecht des Eröffnungsstaates – äußert. Die automatische Anerkennung ist lediglich ausgeschlossen, soweit den Gerichten des Staats der Verfahrenseröffnung nicht die internationale Zuständigkeit zukommt, wobei wie auch sonst im deutschen Recht die internationale Zuständigkeit über die örtlichen Zuständigkeit (vgl. § 3 InsO) vermittelt wird. Im übrigen ist eine Anerkennung nicht möglich, 44

---

126 *Smid*, InsO, 2. Aufl. 2002, § 3 RdNr. 13 mwNachw.
127 *Leible/Staudinger* (Fn 25) 538.
128 Flessner, in: Stoll (Hrsg.), Gutachten und Vorschläge zur Umsetzung des EU-Übereinkommens, 1997, 220; *Duursma-Kepplinger/Duursma/Chalupsky* (Fn 21) Art. 1 RdNr. 3, 51 ff.; *Herchen*, Das Übereinkommen über Insolvenzverfahren der Mitgliedstaaten der Europäischen Union, 1995, 35; vgl. auch *Leible/Staudinger* (Fn 25) 539; *Balz*, ZIP 1996, 948.
129 *Duursma-Kepplinger/Duursma/Chalupsky* (Fn 21) Art. 1 RdNr. 63.

wenn sie gegen den deutschen ordre public verstoßen würde. Im vorliegenden Fall liegen nach der Sachlage Zweifel an der örtlichen Zuständigkeit des us-amerikanischen Gerichts nicht fern.

45 In der deutschen Literatur ist allerdings bereits vor Inkrafttreten der EuInsVO die Vermutung geäußert worden[130], das europäische Insolvenzrecht könne eine Abtrennung des europäischen Rechtsraumes vom Rest der Welt bedeuten; der Umgang[131] mit der Entscheidung des High Court of Justice Chancery Division[132] läßt diese Besorgnis als nicht unbegründet erscheinen, die sich aber aufgrund einer näheren Auseinandersetzung mit dieser Entscheidung als unbegründet erweisen.

46 Dagegen scheint der High Court of Justice Chancery Division[133] im Fall BRAC Rent-A-Car mit einer Ansicht in der Literatur[134] der Forderung nach einem qualifizierten Auslandsbezug eine Absage erteilt zu haben[135]. In dem seiner Entscheidung zugrundeliegenden Fall ging es um eine in den USA errichtete und eingetragene Gesellschaft, die ihre Geschäfte indes fast ausschließlich in England betreibt. Die Schuldnerin war Teil einer Gruppe, deren einzelne Unternehmen – also auch die Schuldnerin – in den USA Reorganisationsverfahren nach chapter 11 bankruptcy code eingeleitet haben. Dieses us-amerikanische Reorganisationsverfahren ist im als Insolvenzverfahren anzusehen[136], das nach allgemeinen Grundsätzen im Ausland anerkannt werden kann. Das Gericht in England ging indes aufgrund der Entscheidung *Banque Indosuez v Ferromet*[137] davon aus, dass dieses Verfahren jedenfalls in England und Wales der Schuldnerin keinen Vollstreckungsschutz biete – obwohl die Einleitung eines Reorganisationsverfahrens nach chapter 11 durch den sog. *automatic stay* die Gläubiger grundsätzlich daran hindert, klagweise und im Wege der Individualzwangsvollstreckung gegen den Schuldner vorzugehen[138]. An diesem grundsätzlichen Befund ändert sich dadurch nicht, daß § 362 bei einer „party in interest", mithin jedem durch den automatic stay in seiner Rechtsdurchsetzung betroffenen Gläubiger, die Möglichkeit öffnet, einen Antrag auf Gewährung von „relief" vom automatic stay zu stellen: Dieser Vollstreckungsschutz erstreckt sich im Falle der Anerkennung des us-amerikanischen Verfahrens auch auf das Territorium des anerkennenden Staates. Dies kann aber dahingestellt bleiben.

---

130 So *Paulus* in seinem Vortrag vor der AID-Tagung in Bad Reichenhall im Sommer 2001.
131 Namentlich die weitreichende Interpretation, die *Sabel/U. Schlegel* (Fn 133) in ihrer Anm. zu High Court of Justice Chancery Division Companies Court (England), Urt. v. 7. 2. 2003 – 0042/2003, In re BRAC Rent-A-Car International Inc (2003) EWHC (Ch) 128, EWiR 2003 Art. 3 EuInsVO 1/03, 367, dieser Entscheidung angedeihen lassen.
132 High Court of Justice Chancery Division (Fn 131).
133 High Court of Justice Chancery Division (Fn 131).
134 *Huber* (Fn 121) 136; *Virgos/Schmit* Nr. 44.
135 So *Sabel/U. Schlegel* (Fn 131).
136 Vgl. informativ *Reinhard*, Sanierungsverfahren im internationalen Insolvenzrecht, Berlin 1995, passim.
137 *Banque Indosuez v Ferromet* (1993) BCLC 112.
138 *Baird/Jackson* Corporate Reorganization and the Treatment of Diverse Ownership Interests, 51 UnivChicLawRev (1984) 97, 98.

In der Entscheidung des High Court of Justice Chancery Division[139] liegt der Beantwortung der Frage, ob die internationale Zuständigkeit der Insolvenzgerichte in den europäischen Mitgliedstaaten ohne qualifizierten Auslandsbezug Art. 3 Abs. 1 EuInsVO folgt, daher *nicht* die Frage nach der Anerkennung des us-amerikanischen Reorganisationsverfahrens zugrunde; die Frage der internationalen Zuständigkeit läßt sich im vorliegenden Fall aufgrund dessen spezifischer Ausgestaltung von der einer ipso iure-Anerkennung trennen[140]. Denn das Gericht hat sich zwar nicht die Frage gestellt, ob neben dem nordamerikanischen chapter 11-Verfahren ein Sekundärinsolvenzverfahren mit territorial-partikularen Wirkungen nach Art. 3 Abs. 2, 4 EuInsVO zu eröffnen sei, sondern seine Zuständigkeit für die Einleitung eines Reorganisationsverfahrens[141] für die Eröffnung eines Hauptinsolvenzverfahrens reklamiert. 47

Was vordergründig als Verweigerung der Anerkennung des amerikanischen Verfahrens geradezu zwangsläufig vorauszusetzen scheint erweist sich daher, betrachtet man die der Entscheidung zugrundeliegende Fallkonstellation näher, als pragmatischer Akt des englischen Gerichts zur Verwirklichung des automatic stay, *ohne* gegen die Präjudizien der eigenen englischen Gerichtsbarkeit angehen zu müssen[142]. Die vorliegende Entscheidung macht dies nicht recht deutlich; welchen Stellenwert sie einnimmt, wird aber klarer, wenn man in den Blick bekommt, welche *verfahrensrechtliche* Lage mit ihr erfasst wird: Denn sie richtet sich *nicht* gegen den debtor in possession oder einen ggf. eingesetzten trustee, der im chapter 11-Verfahren die Masse verwaltet, sondern gegen den die Zwangsvollstreckung betreibenden italienischen Gläubiger, dem durch die Anordnung eines Sanierungsverfahrens durch die administration order des englischen Gerichts *auch* der Zugriff auf das in England und Wales belegene Vermögen des Schuldners im Wege der Individualzwangsvollstreckung verwehrt und damit der automatic stay auch in diesem territorialen Bereich verwirklicht wird. Die Rechtsstellung des debtor in possession oder eines trustee bleibt damit nicht allein völlig unberührt. Vielmehr ist es außer Streit, dass englische Gerichte die im Verfahren nach chapter 11 bankruptcy court für die insolvenzschuldnerische Gesellschaft Handelnden anerkennen[143]. Das mag es dem entscheidenden Gericht nahegelegt haben, in seiner Auslegung des Art. 3 Abs. 1 EuInsVO einem weiten Ansatz zu folgen, da für das Gericht die beschränkte Reichweite dieser Art des Umgangs mit Art. 3 Abs. 1 EuInsVO nahegelegen zu haben scheint. 48

Dabei darf schließlich nicht übersehen werden, dass sich das Regelwerk der EuInsVO aus der Sicht der englischen anders als aus der kontinentaleuropäischer Juristen darstellt, namentlich solcher aus dem deutschsprachigen Raum. So weisen *Isaacs* und 49

139 High Court of Justice Chancery Division (Fn 131).
140 So auch die Erwägungen des Gesetzgebers: BR-Drucks. 715/02 S. 16.
141 Zur Funktion der administration: *G. Lightman/G. Moss*, The Law of Receivers and Administrators of Companies, 3rd edit 2000.
142 Dies wird von *Sabel/U. Schlegel* (Fn 131) nicht erörtert.
143 *Moss/Fletcher/Isaacs-Fletcher-Moss/Bayfield* (Fn 24) 5.07.

Brent[144] zutreffend darauf hin, dass sich aus der Multilingualität der EuInsVO besondere Auslegungsfragen ergeben, für englische Juristen von noch größerer Bedeutung die Notwendigkeit einer – im angelsächsischen Rechtskreis ausgesprochen ungewohnten – teleologischen Auslegung ist[145]. Die teleologische Auslegung achtet auch auf rechtsdogmatische Folgelasten, was das englische Gericht in der vorliegenden Entscheidung zu Art. 3 Abs. 1 EuInsVO seiner Rechtstradition folgend unbekümmert außer Betracht gelassen hat.

50 Fazit: Aus der vorliegenden Entscheidung lässt sich ein Bekenntnis gegen das Erfordernis eines qualifizierten Auslandsbezuges im Zusammenhang des Art. 3 Abs. 1 EuInsVO nicht ableiten.

51 Reine Binnensachverhalte, deren Auswirkungen sich nur auf das Gebiet eines Mitgliedstaates beziehen, bleiben ebenfalls außerhalb des Anwendungsbereichs der EuInsVO[146].

52 Im Schrifttum wird zT den Mitgliedstaaten der EU empfohlen[147], im Wege eines Ausführungsgesetzes zur EuInsVO eine „große Lösung“ vorzusehen, in deren Zusammenhang die EuInsVO „verallseitigt“, nämlich auf Drittstaaten erstreckt werden soll[148]. Denkbar sind weiters „Kombinationsmodelle“ von (nationalen) Ausführungsgesetzen, die auf die EuInsVO verweisen[149].

IV. Verhältnis der EuInsVO zur EuGVVO

53 Sowohl die Eröffnungsentscheidung selbst als auch weitere Entscheidungen eines Gerichts bedürfen gegebenenfalls der Vollstreckung. Die Vorschrift betrifft diese Entscheidungen und solche Entscheidungen, die „unmittelbar auf Grund des Insolvenzverfahrens ergehen“. Die Vorschrift steht somit im Spannungsfeld zwischen der ipso iure-Anerkennung von Eröffnungsentscheidungen und der Herstellung der Vollstreckbarkeit gerichtlicher Entscheidungen in anderen Mitgliedsstaaten. Eine Exequatur insolvenzgerichtlicher Entscheidung als ein Akt konstituierter Anerkennung der Entscheidung der Eröffnungsgerichte als Prüfungsentscheidung eines Gerichts eines anderen Mitgliedsstaates hat vor diesem Hintergrund im Kontext grenzüberschreitender Insolvenzen nur dort eine Bedeutung, wo es darum geht, dass im Hauptinsolvenzverfahren Entscheidungen gefällt werden, die der Individualzwangsvollsteckung zugänglich sind (Art. 25 Abs. 1 S. 2 EuInsVO)[150]. Die Vorschrift verweist insofern darauf, Art. 1 Abs. 2 Nr. 2 EuGVÜ sei nach Maßgabe des

---

144 *Moss/Fletcher/Isaacs-Fletcher-Isaacs/Brent* (Fn 24) 2.18.
145 *Moss/Fletcher/Isaacs-Fletcher-Isaacs/Brent* (Fn 24) 2.25, die ausdrücklich hierzu unter Hinweis darauf ermuntern, daß sich hinter einer teleologischen Auslegung keine unzulässige Vermengung juridischer mit außerrechtlichen Aspekten verberge.
146 *Huber*, ZZP Bd 114, 136.
147 So für Deutschland: *Trunk*, in *Stoll*, 232 f.
148 *Trunk*, in *Stoll*, 233 f.
149 *Trunk*, in *Stoll*, 234.
150 *Leible/Staudinger* (Fn 25) 533, 566.

Art. 25 Abs. 2 als der speziellen Vorschrift eingeschränkt auszulegen[151]. An die Stelle des EuGVÜ, auf den die Vorschrift verweist, tritt die EuGVVO[152].

151 *Leible/Staudinger* (Fn 25) 566; M/F/I-*Moss-Smith* Art. 25 N. 8.197; *Trunk* in: Stoll, (Hrsg.), Vorschläge und Gutachten zur Umsetzung des EU-Übereinkommens über Insolvenzverfahren im deutschen Recht, Tübingen 1997, 236f.; vgl. auch *Blitz*, Sonderinsolvenzverfahren im internationalen Insolvenzrecht, 2002, 150.

152 M/F/I-*Moss-Smith*, Art. 25 N. 8.198; D-K/D/CH Art. 25 Rn. 2; *Strobel*, Die Abgrenzung zwischen EuGVVO und EuInsVO im Bereich insolvenzbezogener Einzelentscheidungen, 2006, bes. 117ff.

§ 3 Organe des Insolvenzverfahrens

I. Unterschiedliche Ausgestaltung in den Rechtsordnungen der EU-Mitgliedstaaten

Bevor in den folgenden Paragraphen die verfahrensrechtliche Ausgestaltung der eingeschränkten europäischen Universalität von Hauptinsolvenzverfahren und deren Begrenzung durch Sekundärinsolvenzverfahren eingehend erörtert wird, soll gleichsam „vor die Klammer" die Darstellung der Organe dieser Insolvenzverfahren gezogen werden. Die Diktion der EuInsVO legt den Eindruck einer gewissen Homogenität der Ausgestaltung der verfahrensrechtlichen Organe des europäischen Insolvenzrechts nahe. Österreichischen oder deutschen Juristen fällt es dabei leicht, die eigene Rechtsordnung in den Regelungen der EuInsVO wiederzufinden. 1

Die Insolvenzgerichte bzw ihre im jeweiligen Recht vorgesehenen Äquivalente, die zur Verwaltung eingesetzten Personen und die Organe, mittels derer die Gläubiger auf das Verfahren Einfluss nehmen, sind je nach dem gem Art. 4 Abs. 1 EuInsVO anwendbaren nationalen Recht höchst unterschiedlich ausgestaltet. Durch die Reformen der Insolvenzrechte in den Mitgliedstaaten der EU vollzieht sich die Entwicklung der nationalen Insolvenzrechte jedenfalls aber insoweit in eine vergleichbare Richtung[1], als Insolvenzrecht als *Haftungsrecht* begriffen wird[2]. Die historisch unterschiedlichen Verständnisweisen des Insolvenzrechts kommen aber besonders in der Ausgestaltung der Verfahrensorgane zum Ausdruck, die sich erheblich unterscheidet, je nachdem ob das nationale Insolvenzrecht eine etatistische Grundhaltung einnimmt (so etwa in Frankreich) oder das Insolvenzverfahren als ein gerichtlich unterstütztes Verfahren für die Abwicklung privatrechtlicher Beziehungen angesehen wird, wie es im angelsächsischen, skandinavischen und nicht zuletzt auch im deutschsprachigen Recht der Fall ist. 2

II. Gerichte und Behörden

1. Legaldefinition

Dem Grundsatz der Verhältnismäßigkeit des Eingriffs in die nationalen Insolvenzrechte der Mitgliedstaaten folgend, sieht die EuInsVO keine Vereinheitlichung der 3

---

1 Vgl zur „Harmonisierung" nationaler Insolvenzrechte *Elliott*, Tolley's Insolvency Law and Practice, vol 16, 2000, p 224.

2 So gehört die *apurement* (Schuldenbereinigung) zu den vom Gesetzgeber vorgesehenen Aufgaben des französischen Insolvenzverfahrens; vgl *Niggemann*, Insolvenzrecht, 8 f.

funktionellen Zuständigkeit in Insolvenzsachen vor. Vielmehr definiert ihr Art. 2 lit d EuInsVO als „Gericht" jedes „Justizorgan" oder jede „sonstige zuständige Stelle", die nach dem Recht des Mitgliedstaates die Befugnis hat, ein Insolvenzverfahren zu eröffnen oder Entscheidungen im Verlauf des Verfahrens zu treffen. *Leipold*[3] hält es für „befremdlich", dass demnach neben Gerichten auch Behörden Eröffnungsakte mit europäisch-universeller Wirkung erlassen können.

4 Die EuInsVO geht aber darüber noch weit hinaus, wie der von *Virgos* und *Schmit* verfasste Bericht[4] deutlich macht. Die Berichterstatter vertreten die Meinung, die Formulierung „andere Stelle eines Vertragsstaates" umfasse neben staatlichen Einrichtungen, die einem Gericht oder einer Behörde entsprechen, auch Personen oder (Gesellschafts-)Organe, die nach dem Recht des Mitgliedstaates die Befugnis haben, ein Insolvenzverfahren iSv Art. 1 EuInsVO zu eröffnen, wie es im englischen oder irischen Verfahren im Fall eines *creditors'voluntary winding up* der Fall ist[5]. Voraussetzung für die Zuständigkeit dieser „Stellen" bei Gesamtverfahren iSv Art. 1 EuInsVO ist jedoch, dass ein solches außergerichtlich eingeleitetes Verfahren über die Einrichtung von entsprechenden Rechtsbehelfen die Gewähr der Kontrolle seiner Rechtmäßigkeit bietet[6].

2. Funktionelle Zuständigkeit im Einzelnen

5 Die Definition des „Gerichts" findet sich in Art. 2 lit d EuInsVO. Danach ist unter einem „Gericht" das Justizorgan oder jede sonstige zuständige Stelle eines Mitgliedstaats zu verstehen, die befugt ist, ein Insolvenzverfahren zu eröffnen oder im Laufe des Verfahrens Entscheidungen zu treffen. Somit ist der Begriff „Gericht" sehr weit zu verstehen. Die Definition umfasst nicht nur das Gerichtswesen oder Einrichtungen, deren Funktion der eines Gerichts oder einer Behörde gleichwertig ist, sondern auch Personen oder Organe (bspw Kreditgeber oder Gesellschafter), die nach dem Recht des Eröffnungsmitgliedstaats befugt sind, ein Verfahren zu eröffnen oder im Laufe des Verfahrens „Entscheidungen" (auch dieser Begriff ist entsprechend weit auszulegen) zu treffen[7]. Mit dieser Begriffsbestimmung wurde vom Erfordernis des Eingreifens eines Gerichts bewusst abgesehen, um die Anwendung der EuInsVO auch auf *außergerichtliche Gesamtverfahren* zu ermöglichen. Solche Verfahrensarten finden sich in Irland und im Vereinigten Königreich; sie werden durch Beschluss der Kreditgeber eingeleitet (*creditors' voluntary winding up*[8]. Falls der Insolvenzverwalter in diesen Ländern seine Befugnisse in einem anderen Vertragsstaat ausüben will, so müssen die diese außergerichtlichen Gesamtverfahren praktizierenden Vertragsstaaten in ihrem jeweiligen nationalen Recht ein Verfahren zur gerichtlichen Bestätigung der Verfahrensart und der Bestellung des In-

---

3 *Leipold* in Stoll, 185 ff., 193.
4 *Virgos/Schmit* in *Stoll*, Nr. 66, Abs. 2.
5 *Virgos/Schmit* in *Stoll*, Nr. 52, Abs. 2, Nr. 68, Abs. 3; *Kramer*, Insolvenzverfahren, 47.
6 *Virgos/Schmit* in *Stoll*, Nr. 52, Abs. 2 u Abs. 3.
7 *Virgos/Schmit* in *Stoll*, Nr. 57; siehe weiters Grund Nr. 10 zur EuInsVO.
8 Vgl dazu bspw *Marsh*, Bankruptcy Insolvency and the Law, 65; *Kramer*, Insolvenzrecht, 47.

solvenzverwalters vorsehen[9]. Im Anhang A zur EuInsVO findet sich neben dem jeweiligen außergerichtlichen Gesamtverfahren eines Vertragsstaates daher der Zusatz „with confirmation of a court“.

III. Verwalter

1. Maßgeblichkeit des Anhang C

a) *Funktionsträger im Gesamtverfahren*

Die rechtliche Stellung des Verwalters, dessen Bestellung das Verfahren nach Art. 1 Abs. 1 EuInsVO zum Gesamtverfahren macht, das den Regelungen des EuInsVO unterworfen wird, ist in den verschiedenen Mitgliedstaaten der EU *höchst unterschiedlich* ausgestaltet. Art. 1 EuInsVO unterstellt, dass die verschiedenen Funktionsträger eine gemeinsame insolvenzrechtliche Aufgabe zu erfüllen haben. Ausschlaggebend ist im Allgemeinen nicht eine inhaltliche Bestimmung, sondern die Aufnahme des jeweiligen Funktionsträgers in die Liste im Anhang C zur EuInsVO. Bereits im vorangegangenen Kapitel ist aber darauf aufmerksam gemacht worden, dass es str. ist, ob dies genügt. Es wird vertreten[10], dass Verwalter iSd Anhang C allein unter der Voraussetzung den Anforderungen von lit b genügen, wenn sie in einem Verfahren nach lit a operieren, da ansonsten der sachliche Gehalt der Verordnung auf die Anhänge reduziert würde. Dies ist mit Blick auf die dogmatische Stringenz der EuInsV zu befürworten[11]. 6

b) *Ausgestaltung im Recht der EU-Mitgliedstaaten*

Art. 2 lit b des Definitionskataloges der EuInsVO bestimmt zum „Verwalter“ jede Person oder Stelle, deren Aufgabe es ist, die Masse zu verwalten oder zu verwerten oder die Geschäftstätigkeit des Schuldners zu überwachen. Die auf nationaler Ebene der Vertragsstaaten in Frage kommenden Personen und Stellen sind im Anhang C aufgelistet. Somit ist auch der Begriff des „Verwalters“ in einem weiten Sinn zu verstehen. Voraussetzung ist der vollständige oder teilweise Vermögensbeschlag des Schuldners. Übernimmt nach einzelstaatlichem Recht ein Gericht die Verwaltung des Schuldnervermögens, so ist es daher als „Verwalter“ in den Anhang C der Verordnung aufzunehmen[12]. Als „Verwalter“ sind dort bspw genannt: der Masse- oder Insolvenzverwalter (Deutschland, Österreich), der Kurator (Belgien, Italien), der Liquidator (Irland, Luxemburg, Portugal), der vorläufige Verwalter (Deutschland) und auch das Konkursgericht (Österreich). Die Befugnisse des „Verwalters“ folgen dem jeweiligen nationalen Insolvenzrecht des Eröffnungsstaates und unterscheiden sich je nach dem Grad der Entmachtung (Entzug der Verwaltungs- und Verfügungsbefugnis) des Schuldners. 7

---

9 *Virgos/Schmit* in *Stoll*, Nr. 53.
10 *Paulus* Art. 2 Rn 8.
11 Vgl auch *Pannen/Riedemann* Art. 2 Rn 9.
12 *Virgos/Schmit* in *Stoll*, Nr. 56.

2. Typen der Insolvenzverwalter nach der EuInsVO

8 Die EuInsVO kennt *vier typische Grundkonstellationen*, die die Stellung eines Insolvenzverwalters bestimmen[13]: Grundfall ist der eines *Verwalters des Hauptinsolvenzverfahrens*. Dieser Verwalter nimmt die im folgenden Paragraphen zu beschreibenden Aufgaben auf der Grundlage der europäischen Universalität des Hauptinsolvenzverfahrens wahr. Da die EuInsVO von der Möglichkeit verfahrensvorbereitender Sicherungsmaßnahmen mit europäisch-universeller Wirkung ausgeht, kennt sie daneben auch einen *vorläufigen Verwalter im Verfahren zur Einleitung eines Hauptinsolvenzverfahrens*. Wird ein Partikular- bzw Sekundärinsolvenzverfahren eröffnet, so tritt neben den Verwalter des Hauptinsolvenzverfahrens auch der *Verwalter des Sekundärinsolvenzverfahrens*. Für den Fall vorbereitender Anordnungen zur Eröffnung eines Sekundärinsolvenzverfahren kommt auch die Bestellung eines *vorläufigen Verwalters des Sekundärinsolvenzverfahrens* in Betracht.

3. Auswahl des Verwalters

a) Bedeutung

9 Unabhängig davon, ob ein Partikular-, Sekundär oder ein Hauptinsolvenzverfahren eingeleitet wird, nimmt der Verwalter eine zentrale Stellung ein[14]. Die Anordnung einer kooperativen Abstimmung der Verwalter untereinander, wie sie Art. 32 EuInsVO vorsieht, verlangt jedenfalls eine erhöhte Fachkompetenz[15]. So ist bspw bereits im geltenden deutschen Recht die Abstimmung von Zwangsverwaltern einer massezugehörigen Immobilie auf der einen mit dem im über das Vermögen des Eigentümers eröffneten Insolvenzverfahren eingesetzten Insolvenzverwalter auf der anderen Seite nicht selten problematisch.

b) Anwendbares Recht

10 Für das Verfahren zur Auswahl des Verwalters ist gem Art. 4 Abs. 1 bzw Art. 28 EuInsVO (Sekundärinsolvenzverfahren) das Recht des Eröffnungsstaates maßgeblich.

c) Maßstäbe

11 Nicht anders als für das deutsche oder österreichische Insolvenzrecht kann auch für grenzüberschreitende Insolvenzverfahren gesagt werden, dass die Auswahl entsprechend qualifizierter Verwalter von entscheidender Bedeutung für eine ordnungsgemäße Verfahrensabwicklung ist. So zutreffend dies auch klingt, so bleibt diese Feststellung doch zu allgemein, um aus ihr irgendwelche *Kriterien* ableiten zu können, die dem Insolvenzgericht bei der *Auswahl des Insolvenzverwalters* hilfreich wä-

---

13 Vgl hierzu *Herchen*, Das Übereinkommen über Insolvenzverfahren, 139.

14 Vgl für das internationale Insolvenzrecht *Potthast*, Probleme eines Europäischen Konkursübereinkommens, 108; *Summ*, Anerkennung, 45.

15 Vgl etwa *Pannen/Herchen*, Art. 32 EuInsVO Rn 41 ff.

ren. So bedarf es bspw zur Verwertung eines im Ausland befindlichen Kontenguthabens des Insolvenzschuldners für die Masse regelmäßig keiner anderen Fähigkeiten, als sie für einen Insolvenzverwalter ohnedies gefordert werden müssen. Soweit nationale Insolvenzrechte die Unabhängigkeit des Insolvenzverwalters auch von den Gläubigern fordern (vgl bspw § 56 InsO bzw § 80b öKO), ist zB der Angehörige einer international tätigen Sozietät nicht unbedingt zur Abwicklung eines grenzüberschreitenden Insolvenzverfahrens prädestiniert, da in derartigen Fällen nicht immer überschaubar sein wird, ob nicht Interessenkonflikte einer Beauftragung im Wege stehen. Dies gilt auch für die außerordentlich seltenen Fälle, in denen das insolvenzschuldnerische Unternehmen über Niederlassungen im Ausland iSv Art. 3 Abs. 2 iVm Art. 2 lit h EuInsVO verfügt. Die EuInsVO sieht für diese Fälle nicht den *„global player“* als Insolvenzverwalter vor, sondern die Mobilisierung des Sachverstandes im anderen Mitgliedstaat durch Einleitung von Sekundärinsolvenzverfahren.

4. Internationale Anerkennung

Der Verwalter des Hauptinsolvenzverfahrens erlangt europäische Anerkennung 12
im Geltungsbereich der EuInsVO aufgrund der Art. 16 bis 18 infolge der europäisch-universellen Wirkung des Hauptinsolvenzverfahrens (siehe dazu ausführlich unter § 4). Für den Verwalter des Sekundärinsolvenzverfahrens stellt sich nicht die Frage nach der internationalen Anerkennung, da seine Rechtsmacht auf die Verwaltung der territorialen Partikularmasse beschränkt ist (siehe dazu unter § 6).

5. Scheininsolvenzverwalter

Der von einem Insolvenzgericht eingesetzte Insolvenzverwalter nimmt freilich 13
nicht ohne weiteres dessen Status ein, wie der folgende Fall deutlich macht:

Das AG Düsseldorf hatte in Kenntnis der Eröffnung des Hauptinsolvenzverfahrens über den der High Court of Justice zu Leeds, England, etwa zwei Monate nach dem englischen Eröffnungsbeschluss den vom ihm vor dem Erlass des Eröffnungsbeschlusses in England bestellten vorläufigen Insolvenzverwalter zum Insolvenzverwalter bestellt und ein Hauptinsolvenzverfahren eröffnet und schloss in der Folgezeit Vergleiche, in denen er sich verpflichtet, die im Vergleich anerkannten Ansprüche als Masseforderung gem. § 55 Abs. 1 Nr. 2 InsO zu befriedigen. Über ein dreiviertel Jahr später wurde das inländische Insolvenzverfahren vom Rechtspfleger eingestellt und vom Insolvenzrichter ein Sekundärinsolvenzverfahren unter Bestellung des Vergleichsschuldners als Sekundärinsolvenzverwalter eröffnet. Aufgrund einer vollstreckbaren Ausfertigung des Vergleichs hat der Gläubiger einen Pfändungs- und Verweisungsbeschluss des AG Düsseldorf gegen den Schuldner bewirkt, der zunächst auf seine Erinnerung hin aufgehoben, durch sofortige Beschwerde des Gläubiger wiederhergestellt wurde. Der IX. Zivilsenat des BGH hat die Vollstreckungsmaßnahmen auf die Rechtsbeschwerde des Schuldners hin aufgehoben.

14 Die vorliegende Entscheidung[16] liegt für das deutsche Insolvenzverfahren nicht allein auf der Linie, die mit der Eurofood-Entscheidung durch den EuGH für das europäische internationale Insolvenzrecht vorgezeichnet worden ist. Sie beschränkt sich auch nicht auf die Auslegung des EGInsO und die allgemeinen verfahrensrechtlichen Wirkungen, die ein Verstoß des Insolvenzgerichts gegen den europäisch-insolvenzrechtlichen Prioritätsgrundsatz und das Prinzip des europäischen Vertrauens nach sich zieht. Denkt man die vorliegende Entscheidung weiter, wird deutlich, dass allen Spekulationen, die beispielsweise im Brochier-Fall in praxi durch das AG Nürnberg-Fürth[17] und in dem Nachgang zu seiner Entscheidung durch die Literatur darüber angestellt worden sind, ob bereits die Einsetzung eines vorläufigen Insolvenzverwalters nach § 21 Abs. 2 InsO dazu geeignet ist, nach deutschem Recht ein Hauptinsolvenzverfahren zu eröffnen, aufgrund jedenfalls der Ausführungsgesetze zum europäischen internationalen Insolvenzrecht durch Deutschland eine Absage zu erteilen ist.

15 Das vorinstanzlich entscheidende LG war davon ausgegangen, der Sekundärinsolvenzverwalter bleibe Partei kraft Amtes für die im Inland belegene Vermögensmasse. Die im Inland begründeten Masseverbindlichkeiten sei er dazu zu berichtigen verpflichtet. Die Masseverbindlichkeit, die in dem zunächst eröffneten Hauptinsolvenzverfahren begründet worden sei, wandele es sich nicht etwa zu einer Insolvenzforderung im Sekundärinsolvenzverfahren um, sondern bleibe als Masseforderung erhalten.

16 Dem ist der IX. Zivilsenat des BGH mit guten Gründen entgegengetreten. In der Tat ist der Ansatzpunkt § 750 Abs. 1 S. 1 ZPO, soweit es das inländische Zwangsvollstreckungsverfahren angeht, das seitens des Gläubigers gegen den Sekundärinsolvenzverwalter eingeleitet worden ist. Die Zwangsvollstreckung ist nämlich grundsätzlich nur gegen eine Person statthaft, die im Titel oder einer entsprechenden titelergänzenden Vollstreckungsklausel als Schuldner bezeichnet wird[18]. Die Ermittlung des Vollstreckungsschuldners hat gegebenenfalls als Auslegung des Titels zu erfolgen, wodurch die Identität des Titelschuldners der im Rubrum genannten Person zu ermitteln ist[19]. Der IX. Zivilsenat hält die Zwangsvollstreckung gegen den Schuldner aufgrund des vorliegenden Titels nach § 750 Abs. 1 ZPO für unzulässig, weil in dem Vergleich der Schuldner allein als Insolvenzverwalter bezeichnet wird. Der Schuldner hatte allerdings den Vergleich als Insolvenzverwalter des Hauptinsolvenzverfahrens über das Vermögen der schuldnerischen GmbH geschlossen und mit dieser Bezeichnung auch die Erinnerung gegen die Zwangsvollstreckungsmaßnahme eingelegt. Der IX. Zivilsenat hält daran fest, dass der Sekundärinsolvenzverwalter eine andere Rolle im Verfahren spielt als der Hauptinsolvenzverwalter – und daher auch dann, wenn nach Einstellung des zunächst fehlerhaft eröffneten Hauptinsolvenzverfahrens der dortige Verwalter spä-

---

16 BGH, Beschl v 29. 5. 2008 – IX ZB 102/07, ZIP 2008, 1338.
17 AG Nürnberg-Fürth B. v. 15. 8. 2006, ZIP 2007, 81 u. B. v. 5. 10. 2006, ZIP 2007, 83.
18 Vgl allein *Wieczorek/Schütze/Salzmann*, 3. Aufl., § 750 Rn 3.
19 BGH, Urt v 7. 12. 2005 – XII ZR 94/03, BGHZ 165, 223, 228.

ter zum Sekundärinsolvenzverwalter in einem Sekundärinsolvenzverfahren bestellt wird, eine Personenidentität nicht zu bejahen ist. Es kommt also nicht darauf an, dass dieselbe natürliche Person in die Rollen des Haupt- und später des Sekundärinsolvenzverwalters geschlüpft ist, sondern Person als Titelschuldner in der von § 750 Abs. 1 Nr. 1 ZPO gemeinten Art ist der Hauptinsolvenzverwalter oder der *Sekundärinsolvenzverwalter*. Damit hat es der IX. Zivilsenat des BGH aber nicht bewenden lassen:

Hier hat der rechtswirksamen Eröffnung eines inländischen Insolvenzverfahrens 17
als Hauptinsolvenzverfahren die vorherige Eröffnung des Hauptinsolvenzverfahrens in England entgegengestanden. Dem europäisch kodifizierten Prioritätsgrundsatz trägt Art. 102 § 3 Abs. 1 S. 1 EGInsO Rechnung, nach dem ein Eröffnungsantrag im Inland unzulässig ist. Wird dennoch das Verfahren eröffnet darf es nach Art. 102 § 3 Abs. 1 S. 2 EGInsO nicht fortgesetzt werden, sobald das deutsche Gericht Kenntnis von dem zeitlich früheren ausländischen Eröffnungsbeschluss erhält. Dann ist das Verfahren nach Art. 102 § 4 Abs. 1 S. 1 EGInsO von Amts wegen zugunsten der Gerichte des anderen Mitgliedsstaats der EU einzustellen. Die Einstellung des inländischen Insolvenzverfahrens ist gem. § 19a Nr. 1 RPflG dem Richter vorbehalten. Die in Düsseldorf durch den Rechtspfleger vorgenommene Einstellung war daher unwirksam. Dies ist aber für die Beurteilung des vorliegenden Falles ohne Bedeutung. Denn Art. 102 Art. 4 Abs. 2 S. 1 EGInsO bestimmt, dass Wirkungen des Insolvenzverfahrens, die vor dessen Einstellung bereits eingetreten und nicht auf die Dauer dieses Verfahrens beschränkt sind, auch dann bestehen bleiben, wenn sie Wirkungen eines in einem Mitgliedstaat der EU eröffneten Insolvenzverfahren widersprechen. Art. 102 § 4 Abs. 2 S. 1 EGInsO kommt aber nach Auffassung des IX. Zivilsenats dann nicht zur Anwendung, wenn das deutsche Insolvenzgericht ein Hauptinsolvenzverfahren in Kenntnis der im anderen EU-Mitgliedsstaat zeitlich früher erfolgten Eröffnung eines Hauptinsolvenzverfahrens– mithin unter bewussten und eklatanten Verstoß gegen das europäisch-insolvenzrechtliche Prioritätsprinzip – eröffnet hat.

Art. 102 § 4 Abs. 2 S. 1 EGInsO kommt danach nur zur Anwendung, wenn im In- 18
land irrtümlich ein Hauptinsolvenzverfahren eröffnet wurde[20]. Es ist bemerkenswert, dass der BGH eine strikte europa-rechtlich orientierte, zur einschränkenden Auslegung des Art. 102 § 4 Abs. 2 EGInsO tendierende Auffassung für geboten zu scheinen hält. Denn der offen rechtswidrig gegen den dem inländischen Gericht bekannten Eröffnungsbeschluss des Gerichts des EU-Mitgliedstaates kommen die Wirkungen des Art. 102 § 4 EGInsO nach Ansicht des BGH nicht zu. Dabei folgt der BGH ausdrücklich dem EuGH in dessen Eurofood-Entscheidung[21], der das Prioritätsprinzip als Ausdruck des Grundsatzes der EuInsVO erkannt hat, wonach es nur ein einziges Hauptinsolvenzverfahren im Geltungsbereich der EuInsVO geben kann. Den Interessen inländischer Massegläubiger wird dabei erst und allein dadurch Rechnung getragen, dass rechtmäßig gem. Art. 28 EuInsVO ein deutsches

---

20 Vgl allein *Pannen/Riedemann*, NZI 2004, 301, 303.
21 EuGH, ZIP 2006, 907, 910 Rn 52.

Sekundärinsolvenzverfahren eröffnet wird und damit nach Art. 28 EuInsVO deutsches Insolvenzrecht anzuwenden ist.

19 Damit gelangt der IX. Zivilsenat dazu, dass der durch das AG Düsseldorf zunächst in dem rechtswidrig eröffneten Hauptinsolvenzverfahren eingesetzte Rechtsanwalt dort nur Scheinverwalter war – da er wegen des europäisch-internationalen Prioritätsprinzips nicht wirksam hat bestellt werden können bzw. in dem rechtswidrigen Hauptinsolvenzverfahren nicht hat wirksam handeln können.

20 Das hindert den Verwalter freilich nicht, unter der zunächst rubrizierten Bezeichnung die Folgen geltend zu machen, die sich aus ihrer Nichtexistenz ergeben, wie in ständiger Judikatur des BGH[22] judiziert worden ist, damit die Partei die Frage ihrer Existenz selbst klären kann.

IV. Organe der Gläubiger

1. Einflussnahme der Gläubiger auf das Verfahren

21 Auch im Hinblick auf den Fragenkreis der Teilnahme und die Mitwirkung der Gläubiger am Insolvenzverfahren übt die EuInsVO eine dem Verhältnismäßigkeitsgrundsatz verpflichtete Zurückhaltung. Die Rechte der Mitgliedstaaten folgen sehr unterschiedlichen Konzepten, die von dem weitreichenden Einfluss der Gläubiger in den angelsächsischen, skandinavischen und deutschsprachigen Mitgliedstaaten bis hin zum etatistischen Konzept des französischen Insolvenzrechts reichen, das den Gläubigern nahezu keine Einflussmöglichkeiten einräumt[23].

2. Übersicht

22 Die Mitwirkung der (Insolvenz-)Gläubiger am Insolvenzverfahren folgt in Europa verschiedenen Modellen. Die Konkurs- und Insolvenzgesetze Österreichs und Deutschlands sehen vor, dass die Konkursgläubiger am Konkursverfahren beteiligt sind und in einer Gläubigerversammlung (§ 91 öKO, § 74 InsO) an der Beschlussfassung über die Abwicklung des Verfahrens (§ 91a öKO, § 156 InsO) teilnehmen. In Österreich sind Gläubigerschutzverbände mit Konkursvorrecht am Konkursverfahren beteiligt. In Deutschland sind auch die absonderungsberechtigten Gläubiger zur Teilnahme und Stimmabgabe in der Gläubigerversammlung berechtigt, was ihnen mit Blick auf die Entscheidung über die Frage der Liquidation oder Fortführung (§ 157 InsO) und über die Wahl des Verwalters (§ 57 InsO) eine starke Stellung einräumt. Als beratend-beaufsichtigendes Gremium dient der Gläubigeraus-

---

22 BGH, Urt v 11. 4. 1957 – VII ZR 280/56, BGHZ 24, 91, 94; BGH, Beschl v 13. 7. 1993 – III ZB 17/93, NJW 1993, 2943, 2944.

23 *Niggemann*, Insolvenzrecht, 9. In Österreich wird die Gläubigerschaft zwar einbezogen, allerdings die Entscheidungsbefugnis weitgehend beim Gericht belassen.

schuss (§§ 88f öKO, §§ 67ff. InsO). Vergleichbar damit ist in Italien das *comitato dei creditori* gem art 40, 41 leg fall strukturiert[24]. Das englische Insolvenzrecht[25] kennt demgegenüber eine Art von Gläubigerversammlung nur als Wahlgremium für das *creditor's committee*, dem Auskunftsrechte gegenüber dem *administrative receiver* zustehen (siehe unten). Eine starke Position nehmen daher die gesicherten Gläubiger ein.

Das französische Insolvenzverfahren kennt – derzeit – noch keine vergleichbaren 23
Organe einer Gläubigerselbstvertretung. Der sog Gläubigervertreter (*représentant des créanciers*) wird vom Insolvenzgericht ernannt (art 10 I L 85–98), genießt Anhörungsrechte und prüft die im Verfahren angemeldeten Forderungen. Eine Einflussnahme auf die Abwicklung des Verfahrens ist dementsprechend nicht vorgesehen. Ob dies den europäischen verfahrensrechtlichen Gewährleistungen entspricht und standhalten wird, kann hier dahingestellt bleiben.

24 *Ferrara/Borgioli*, Il fallimento, 5ta edit 11.1.
25 *Starnecker*, Englische Insolvenzverfahren, 182 et passim.

§ 4 Automatische europäische Anerkennung von Hauptinsolvenzverfahren

I. Funktionen und Reichweite der Anerkennung

1. Internationale Zuständigkeit des Gerichts

Instrument der Verwirklichung des Universalitätsprinzips ist die Anordnung der 1
internationalen Zuständigkeit für die Eröffnung eines sog. Hauptinsolvenzverfahrens, das universelle-europäische Wirkung zeitigt[1]. Art. 3 Abs. 1 bestimmt, dass für die Eröffnung des Insolvenzverfahrens die Gerichte des Mitgliedsstaates zuständig sind, in dessen Mittelpunkt der *Schuldner seine hauptsächlichen Interessen* (*center of a debtor's main interests*)hat[2]. Der Begriff des „Interesses" soll einen weiteren Anwendungsraum eröffnen; er ist weiter als in § 3 InsO angelegt[3]. Umfasst werden Handels-, gewerbliche und andere beruflich-wirtschaftliche Aktivitäten, aber auch allgemeine wirtschaftlich relevante Handlungen[4]. Gemeint sind daher die wirtschaftlichen Tätigkeiten[5]; der Begriff ist daher nicht auf gewerbliche oder berufliche Aktivitäten beschränkt[6]. Der Begriff des Mittelpunkts der hauptsächlichen Interessen wird zT als der Ort verstanden, an dem der Schuldner üblicherweise und für Dritte erkennbar der Verwaltung seiner Interessen nachgeht[7]. Mit diesem Anknüpfungspunkt soll dem spezifischen Risiko des Gläubigers Rechnung getragen werden, sich im Falle der Insolvenz des Schuldners auf das Recht des Ortes einzulassen, an dem der Schuldner für ihn erkennbar üblicherweise wirtschaftlich agiert[8]. Hierauf wird noch im folgenden § 5 näher einzugehen sein.

Andere Zuständigkeitsgründe (zB Belegenheit des Schuldnervermögens usw.) *sind* da- 2
mit *ausgeschlossen*[9]. Eine vergleichbare Regelung sieht Art. 17 subp 2 lit a UNCITRAL-ml vor[10]. Insbesondere alle Anknüpfungen der internationalen Zuständigkeit bei der Belegenheit von Vermögenswerten wären Parallelinsolvenzverfahren förder-

1 *Fritz/Bähr*, DZWIR 2001, 224.
2 M/F/I-*Fletcher* N. 3.10; *Morscher* EuInsVO, 2002, 20; *Lüke* ZZP 111 (1998) 275, 288; *Leible/Staudinger* KTS 2000, 355, 543; *Schumacher* ZIK 2002, 282, 183.
3 AA *Uhlenbruck* InsO Art. 3 EuInsVO Rn 1.
4 *Fritz/Bähr* (Fn 1) 224.
5 *Leipold* (Fn 5) 190; *Huber*, ZZP Bd 114, 133, 140.
6 *Virgos/Schmit* Nr. 75, 3. Abs.
7 *Fritz/Bähr*, in: Stoll (Fn 1) 224; *Buford/de Carl Adler/Brooks/Krieger* 79; D-K/D/Ch Art. 3 Rn 12.
8 *Virgos/Schmit* Nr. 75, 2. Abs.; D-K/D/Ch Art. 3 Rn 12aE.
9 *Leible/Staudinger* (Fn 2) 542.
10 UNCITRAL-guide Nr. 126.

lich[11], die wie im folgenden näher auszuführen sein wird, von der EuInsVO zwar nicht gänzlich ausgeschlossen, aber doch grundsätzlich nicht gewünscht werden. Abs. 1 *schließt* im Übrigen eine *Alternativzuständigkeit aus*[12]. Nur die Gerichte eines einzigen Staates sind für die Eröffnung eines Hauptinsolvenzverfahrens zuständig.

2. Satzungsgemäßer Sitz bei Gesellschaften

3 Gem. Art. 3 Abs. 1 S. 2 wird bei Gesellschaften und ihren Dispositionen bis zum *Beweis des Gegenteiles* vermutet, dass der Mittelpunkt ihres hauptsächlichen Interesses der Ort des satzungsmäßigen Sitzes ist[13].

4 Ob diese Regelung die Rechtsanwendung durch die Gerichte in der Tat nennenswert zu *entlasten* geeignet sein wird, trifft auf Zweifel, die sich aus den Erfahrungen mit der Anwendung der EuInsO bestätigen[14]. Denn die Anknüpfung beim satzungsgemäßen Sitz einer juristischen Person entbindet das Gericht von der – ex officio anzustellenden[15] – Prüfung, ob an dem damit bezeichneten Ort in der Tat der Mittelpunkt der wirtschaftlichen Interessen der Schuldnerin liegt. Befindet sich daher iSd Sitztheorie der effektive Verwaltungssitz[16] in einem anderen Staat als nach dem satzungsgemäßen Sitz der Gesellschaftsgründung, kommt es auf den effektiven Verwaltungssitz für die internationale Zuständigkeit zur Eröffnung eines universelle Wirkungen erlangenden Hauptinsolvenzverfahrens an[17]. Daher ist davon die Rede, der Rückgriff auf den satzungsgemäßen Sitz sei eine „Zweifels-“ bzw. eine „Vermutungsregel“[18]. Dies ist aber wenigstens missverständlich:

5 Das *Gericht* hat nämlich *nicht* nur den satzungsgemäßen Sitz zugrunde zu legen, sondern *stets von Amts wegen* zu prüfen, ob der Mittelpunkt der wirtschaftlichen Interessen von dem satzungsgemäßen Sitz abweicht[19]. Dagegen wäre es fehlerhaft und könnte ggf zu Amtshaftungsansprüchen zB ausländischer Gläubiger führen, wenn das Gericht bei der Prüfung der internationalen Zuständigkeit iSe „Vermutung“ bis zum Auftreten von Zweifeln die Beurteilung der internationalen Zuständigkeit auf den satzungsgemäßen Sitz stützen und es zB den Beteiligten überlassen würde, Tatsachen beizubringen, die dies widerlegen.

5 *Sitzverlegungen in der Krise* werden keiner besonderen Regelung unterworfen; die hieran geübte Kritik[20] erscheint aber nicht gerechtfertigt. Denn die bloße Sitzverlegung „hilft“ dem schuldnerischen Unternehmensträger nicht bei dem Versuch

---

11 *Lüer* 130.
12 D-K/D/Ch Art. 3 Rn 15.
13 *Lüke* (Fn 2) 288; M/F/I-*Moss/Smith* Art. 3 N. 8.39; D-K/D/Ch Art. 3 Rn 23.
14 *Huber* (Fn 5) 141.
15 *Gottwald*, Grenzüberschreitende Insolvenzverfahren, 20; *Huber* (Fn 5) 141.
16 Vgl *Gottwald* (Fn 15) 20.
17 D-K/D/Ch Art. 3 Rn 14; *Gottwald* (Fn 15) 19f.
18 *Huber* (Fn 5) 141; D-K/D/Ch Art. 3 Rn 14aE.
19 M/F/I-*Fletcher* N. 3.12; D-K/D/Ch Art. 3 Rn 24.
20 D-K/D/Ch Art. 3 Rn 17.

eines forum shoppings. Denn entweder verlagert sich im Sinne des Art. 3 Abs. 1 EuInsVO *tatsächlich* der Mittelpunkt der Interessen – dann kommt es aber ggf auf die Sitzverlegung nicht an. Dies wird aber schon deshalb nicht oft der Fall sein, weil eine Verlagerung des Mittelpunkts der Interessen iSe faktischen Verlagerung der wirtschaftlichen Tätigkeit den Einsatz erheblicher finanzieller Mittel erfordern wird – woran derartiges in einer Liquiditätskrise regelmäßig scheitern wird. Wird dagegen eine Sitzverlegung mit Satzungsinstrumentarien vollzogen, und „zieht" der Mittelpunkt der wirtschaftlichen Interessen nicht „nach", bleibt es bei der ohnedies geltenden Regelung des Art. 3 Abs. 1 EuInsVO und das forum shopping des schuldnerischen Unternehmensträgers ist ebenfalls leer gelaufen. Zum forum shopping nach Antragstellung vgl oben § 2 Rn 14ff. (Fall Susanne Straubitz-Schreiber).

Nach der Parmalat-Eurofood-Entscheidung des EuGH[21] wird der Beweis des Gegenteils gegen die Vermutung, das der satzungsgemäße Sitz den Mittelpunkt der hauptsächlichen Interessen des Schuldners darstellt, geführt, wenn der aus Sicht der Gläubiger erkennbare der Ort der Geschäftstätigkeit von dem satzungsgemäßen Sitz abweicht. Entscheidend kommt es daher auf den Einsatz von Mitarbeitern, objektiv vorhandene Einrichtungen und Produktionsmittel, Bankverbindungen, Buchhaltung und Kundenbeziehungen an[22]. Ob der Ort, an dem die maßgeblichen „Lenkungsentscheidungen" getroffen werden (headquarter functions) von dem satzungsgemäßen Sitz abweicht, ist demgegenüber nicht ausschlaggebend[23]. Etwas anderes gilt auch nicht für konzernmäßig verbundene Unternehmen. Denn der Verordnungsgesetzgeber hat es abgelehnt, einen Konzerngerichtsstand zu schaffen. Auch im Falle konzernmäßig verbundener Unternehmen ist daher für jedes Unternehmen gesondert der Ort der Geschäftstätigkeit (der Ort der werbenden Geschäftstätigkeit) zu prüfen[24]. 6

3. Natürliche Personen

Liegt ein satzungsgemäßer Sitz wie bei einer natürlichen Person bei Eröffnung des Verfahrens (vgl Art. 3 Abs. 1 EuInsVO) nicht vor, ist für die Bestimmung des Mittelpunktes der hauptsächlichen Interessen in erster Linie nach allgemeinen Regeln (Art. 2 EG-Verordnung Nr. 44/2001 über die gerichtliche Zuständigkeit und die Anerkennung von Entscheidungen in Zivil- und Handelssachen) der Wohnsitz der Person (*domicile*) maßgeblich[25]. Dieser „Regelfall" erleidet indes Durchbrechungen, soweit sich der Mittelpunkt der wirtschaftlichen Interessen eines Schuldners nicht an seinem Wohnsitz, sondern an einem anderen Ort befindet. Dann soll zB der Kanzlei – oder Bürositz maßgeblich sein[26]. So überzeugend dies vordergründig anmutet, ist das damit eingerichtete Regel-Ausnahmeverhältnis alles andere als unproblema- 7

---

21 EuGH, Rs C-341/04 (Eurofood IFSC Limited), Urt. v. 2. 5. 2006, ZIP 2006, 907, 911; DZWIR 2006, 329, 334.
22 EuGH (Fn 21); Pannen Art. 3 Rn 43; Konecny, in: Smid.
23 Eingehend hierzu Pannen Art. 3 Rn 35 ff. m umf Nachw der Judikatur bis Eurofood.
24 Zutr Pannen Art. 3 Rn 53, 54 ff.
25 *Taupitz* ZZP 111 (1998) 327, *Huber* (Fn 5) 140; vgl bereits *Leipold*, in: *Stoll* (Hrsg), Stellungnahmen und Gutachten zur Reform des deutschen Internationalen Insolvenzrechts, Tübingen 1992, 72, 75 ff.; M/F/I-*Moss/Smith* Art. 3 N. 8.41; D-K/D/Ch Art. 3 Rn 20.
26 *Taupitz* (Fn 25) 327; *Balz* ZIP 1996, 949.

tisch. So hat *Leipold*[27] am Beispiel eines in Riquewihr wohnenden und in Freiburg/Brsg. angestellten Ingenieur darauf hingewiesen, daß der Verweis auf „wirtschaftliche Interessen“ wenig weiterhilft[28]. Nur verwirrend ist es, bei „beruflich tätigen Personen“ auf den Tätigkeitsort, bei „natürlichen Personen“ „gewöhnlich“ auf den Wohnsitz abzustellen[29].

8 Im Rahmen einer Anpassung der nationalen Insolvenzrechte an die EuInsVO wird empfohlen[30], die Regelungen über die örtliche Zuständigkeit an den von Art. 3 Abs. 1 EuInsVO vorgesehenen Anknüpfungspunkt beim Ort der wirtschaftlichen Interessen anzugleichen.

II. Hauptinsolvenzverfahren und Partikularinsolvenzverfahren

1. Maßgeblichkeit des Insolvenzrechts des Eröffnungsstaates

9 Wird ein *Hauptinsolvenzverfahren* iSv Art. 3 Abs. 1 EuInsVO eröffnet, genießt der Hoheitsakt, mit dem dies geschieht, iSv Art. 16 EuInsVO internationale „Anerkennung“ in den anderen Mitgliedsstaaten mit der Wirkung, dass grundsätzlich der Konkursbeschlag auch in diesen anderen Mitgliedsstaaten Wirkung entfaltet[31]. Die EuInsVO begründet damit die inländische Beschlagswirkung des Auslandskonkurses, obwohl der Eröffnungsakt in einem anderen EU-Mitgliedstaat erlassen worden ist[32]. Es ist nicht übertrieben zu behaupten, dass mit der *Durchsetzung des Universalkonkurses* in den Mitgliedstaaten der EU bezüglich deren Verhältnis untereinander ein internationales Insolvenzverfahren auf die Ablösung der Territorialität durch eine universell-europäische Wirkung gerichtet ist.

10 Die universellen Wirkungen des Hauptinsolvenzverfahrens richten sich – wie Art. 4 EuInsVO festlegt, nach dem Recht des Staates der Verfahrenseröffnung, soweit nicht die EuInsVO ausdrücklich etwas anderes bestimmt oder gem. Art. 28 ein Sekundärinsolvenzverfahren iSv Art. 3 Abs. 2 und Art. 27 EuInsVO in einem anderen Mitgliedstaat eröffnet worden ist. MaW bestimmen Art. 16 Abs. 1 Satz 1 und Art. 17 Abs. 1 EuInsVO[33], dass im anderen Mitgliedstaat die Eröffnung eines Hauptinsolvenzverfahrens im eröffnenden Staat nicht allein Tatbestandswirkungen im Rahmen von Prozessen oder Verwaltungsverfahren entfaltet, also dort faktische Wirkungen zeitigt, wo es das Recht des anderen Mitgliedstaates vorsieht, sondern dass dieser Hoheitsakt unmittelbar rechtens wirkt und damit die Art und Weise

27 *Leipold* (Fn 5) 190.
28 *Virgos/Schmit* Nr. 74ff.
29 So aber *Virgos/Schmit* Nr. 75, 4. Abs; D-K/D/Ch Art. 3 Rn 22.
30 *Trunk*, Internationales Insolvenzrecht, 235f.
31 *Fritz/Bähr* (Fn 1) 221, 225; *Buchegger/Buchegger*, ZIK 2000, 149ff., 150.
32 *Leible/Staudinger*, KTS 2000, 561; *Reinhart*, Sanierungsverfahren im internationalen Insolvenzrecht, 1995, S. 282ff.
33 *Virgos/Schmit* in: Stoll, Vorschläge und Gutachten, 1997, Nr. 155.

der Rechtsausübung des Insolvenzschuldners, der Gläubiger und auch des Masseverwalters bestimmt.

Im „Erläuternden Bericht" zum EU-Übereinkommen haben *Virgos* und *Schmit*[34] das „Anerkennungsmodell" des Art. 16 EuInsVO zutreffend als Ausdehnung der Wirkungen des in einem anderen Vertragsstaat erlassenen Eröffnungsedikts auf den gesamten Geltungsbereich des Übereinkommens dargestellt[35]. Daraus folgt, dass das in einem anderen Mitgliedstaat eröffnete Verfahren im „automatisch anerkennenden" Mitgliedstaat nicht einem dort inländischen Verfahren rechtlich gleichgestellt wird, sondern dass in den anderen EU-Mitgliedstaaten die *materiellen Wirkungen anerkannt* werden, die das Verfahren im Eröffnungsstaat zeitigt[36]. Diese Ausdehnung auch auf die materiellen Wirkungen des eröffneten Hauptinsolvenzverfahrens „begünstigt", wie *Virgos* und *Schmit*[37] mit gutem Grund meinen, dessen Universalität, da die entscheidenden Wirkungen der Eröffnung eines Insolvenzverfahrens, wie etwa die Reichweite der Beschlagnahme des Schuldnervermögens oder jene der Insolvenzanfechtung, *grundsätzlich* unabhängig von der Belegenheit von Vermögensgegenständen nach dem Recht des das Hauptinsolvenzverfahren eröffnenden Staates zu beurteilen sind[38]. Die universelle europäische Wirkung eines nach Art. 3 Abs. 1 EuInsVO erlassenen Eröffnungsbeschlusses setzt sich insofern über abweichende Regelungen des autonomen Insolvenzrechts eines Mitgliedstaates hinweg, als dieses einem bestimmten Schuldner die Insolvenzverfahrensfähigkeit[39] aberkennt. Auch in denjenigen Mitgliedstaaten, die zB für natürliche Personen ohne Kaufmannseigenschaft keine Insolvenzverfahrensfähigkeit vorsehen, entfalten in anderen Mitgliedstaaten eröffnete Hauptinsolvenzverfahren gem. Art. 16 Abs. 1 Satz 2 EuInsVO (zB im deutschen, österreichischen oder italienischen) Eröffnungsbeschluss Wirkungen[40]; vgl weiter Art. 17 EuInsVO. Im österreichischen und deutschen Recht wird besonders die Beschlagswirkung des Eröffnungsaktes thematisiert; deren „Kehrseite" ist die Einschränkung der Rechtsausübung der Gläubiger durch die Eröffnung des Insolvenzverfahrens, das in Nordamerika *„automatic stay"* genannt wird[41]. Der *automatic stay* gehört folgerichtig zu den europäisch-universellen Wirkungen des Eröffnungsaktes. Die individuelle Rechtsverfolgung durch die Gläubiger ist nach Eröffnung des Insolvenzverfahrens über das Vermögen des Schuldners in allen Mitgliedstaaten ausgeschlossen bzw. nur nach Maßgabe des Art. 20 EuInsVO (Herausgabe des Erlangten an den Verwalter) möglich[42]. Damit werden aus- und inländische Gläubiger rechtlich angehalten, gegen den Schuldner inländischer Insolvenzver- 11

34 *Virgos/Schmit* in: Stoll, Vorschläge und Gutachten, 1997, Nr. 153.

35 *Wimmer* in: Frankfurter Kommentar, 4. Aufl 2006, Anhang I Rn 78; *Gottwald*, Grenzüberschreitende Insolvenzen, 1. Aufl 1997, S. 25: Theorien der eingeschränkten Wirkungserstreckung.

36 *Virgos/Schmit* in: Stoll, Vorschläge und Gutachten, 1997, Nr. 153 a E bezeichnen dies als „Modell der Ausdehnung".

37 *Virgos/Schmit* in: Stoll, Vorschläge und Gutachten, 1997, Nr. 154.

38 *Virgos/Schmit* in: Stoll, Vorschläge und Gutachten, 1997, Nr. 154 aE.

39 Zu dieser Kategorie eingehend *Henkel*, ZIP 2000, 2045, 2046 f.

40 *Balz*, ZZP 1996, 948, 951.

41 Zu den umfassenden Wirkungen des *automatic stay* vgl *Epstein/Nickles/White*, Bankruptcy, 1993, § 3.

42 *Leible/Staudinger*, KTS 2000, 561.

fahren durch Teilnahme am Konkurs vorzugehen; sie werden rechtlich daran gehindert, gegen den Schuldner zu vollstrecken[43]. Die Art. 32 u. 33 EG-Verordnung Nr. 41/2001 treten hinter die europäisch-universelle Wirkung des Eröffnungsaktes nach Art. 26 u Art. 17 EuInsVO zurück[44].

12 Die EuInsVO schließt mit Art. 4 Abs. 2 lit f einen Vorrang der Individualvollstreckung vor der Universalität des Konkurses, wie er in der Vergangenheit § 237 KO entnommen wurde, ausdrücklich aus. Auch „hochbewertete Inlandsinteressen"[45] werden danach auf die Teilnahme am (ausländischen) Hauptinsolvenzverfahren verwiesen[46]. Allerdings ist diese Vorschrift „teleologisch" zu reduzieren, wenn im Inland Sicherungsmaßnahmen nach Eröffnung des ausländischen Hauptinsolvenzverfahrens angebracht werden[47].

2. Automatische Anerkennung anstelle Exequaturentscheidungen

13 Eine Exequatur insolvenzgerichtlicher Entscheidung als ein Akt konstituierter Anerkennung der Entscheidung der Eröffnungsgerichte als Prüfungsentscheidung eines Gerichts eines anderen Mitgliedstaates hat vor diesem Hintergrund im Kontext grenzüberschreitender Insolvenzen nur dort eine Bedeutung, wo es darum geht, dass im Hauptinsolvenzverfahren Entscheidungen gefällt werden, die der Individualzwangsvollstreckung zugänglich sind (Art. 25 Abs. 2 EuInsVO)[48]. Art. 1 Abs. 2 lit b EG-Verordnung Nr. 41/2001 ist daher nach Maßgabe des Art. 25 Abs. 2 EuInsVO als *lex specialis* eingeschränkt auszulegen[49]. Im Übrigen bedarf es einer Exequaturentscheidung ausdrücklich nicht, wie Art. 25 Abs. 1 Satz 1 EuInsVO deutlich macht[50]. Dort heißt es, dass die zur Durchführung und zur Beendigung eines Insolvenzverfahrens ergangenen Entscheidungen eines Gerichts, dessen Eröffnungsentscheidung nach Art. 16 EuInsVO anerkannt wird, ohne weitere Förmlichkeiten anerkannt werden[51]. Dies gilt auch für einen von einem solchen Gericht bestätigten Ausgleich, oder vergleichbarer Formen der Beendigung eines solchen Insolvenzverfahrens. Hierzu zählen maW der – vollstreckbare – deutsche Insolvenzplan[52] (vgl § 257 InsO), der österreichische Ausgleich und Zwangsausgleich (vgl § 1 österr. AO). Nur in diesem Fall verweist die EuInsVO in der zitierten

---

43 *Fessner*, IPrax 1997; 6 f; *Lüke*, ZZP Bd 111 (1998) 312 ff.
44 *Leible/Staudinger*, KTS 2000, 561.
45 Zur Kritik *Leipold* in: *Stoll*, Vorschläge und Gutachten, 1997, S. 83.
46 Dies rechtfertigt den Ausschluss der Inlandszwangsvollstreckung, *Spellenberg* in: Stoll, Vorschläge und Gutachten, 1997, S. 197.
47 *Leipold* in: Stoll, Vorschläge und Gutachten, 1997, S. 200; *Flessner*, IPrax 1997, 6.
48 *Leible/Staudinger*, KTS 2000, 566.
49 *Leible/Staudinger*, KTS 2000, 566; *Trunk* in: Stoll, Vorschläge und Gutachten, 1997, S. 236 f.
50 *Virgos/Schmit* in: Stoll, Vorschläge und Gutachten, 1997, Nr. 189 ff.; *Wimmer* in: Frankfurter Kommentar, 4. Aufl 2006, Anhang I Rn 116 f.
51 *Huber*, ZZP 114 (2001) 146.
52 *Balz*, ZZP 1996, 952.

Vorschrift des Art. 25 Abs. 1 Satz 2 auf die Anerkennung im vereinfachten Verfahren nach den Art. 38ff. EG-Verordnung Nr. 41/2001[53].

3. Partikularinsolvenzverfahren

Nur im Eröffnungsstaat entfalten sog *Partikularinsolvenzverfahren* Wirkungen; ihre internationale Anerkennung bezieht sich allerdings darauf, dass sie die Beschlagswirkungen des Hauptinsolvenzverfahrens wirksam beschränken. Solange nicht in einem Mitgliedsstaat der EU ein Hauptinsolvenzverfahren mit der Ausschlusswirkung des Prioritätsprinzips[54] eröffnet wurde ist die Eröffnung eines Partikularinsolvenzverfahrens, dessen Wirkungen auf das Vermögen territorial beschränkt sind, das sich in dem Mitgliedstaat des eröffnenden Gerichts befindet, nur unter den engen Voraussetzungen des Art. 3 Abs. 4 EuInsVO zulässig. Art. 3 Abs. 4 lit a EuInsVO sieht dies für den Fall vor, dass die Rechtsvorschriften des Mitgliedstaates, in dem der Schuldner den Mittelpunkt seiner hauptsächlichen Interessen hat, die Eröffnung eines Hauptinsolvenzverfahrens nicht vorsehen, dies aber in dem anderen Mitgliedstaat, in dem die Eröffnung eines Partikularinsolvenzverfahrens beantragt wird, nach dem dort geltenden Recht möglich ist. 14

III. Strukturelle Grundlagen der Art. 16ff. EuInsVO[55]

Eine der hier mit Nachdruck vertretenen Thesen lautet, dass die besonderen Probleme grenzüberschreitender Insolvenzverfahren aus deren Gesamtvollstreckungscharakter[56] bzw im Fall von Reorganisations- und Sanierungsverfahren aus dem von diesen ausgehenden umfassenden Regiment über das insolvenzschuldnerische Vermögen resultieren. Wenn im Folgenden die Anerkennung der Insolvenzverfahren nach den Art. 16ff. EuInsVO erörtert wird, soll daher an dieser Stelle in Erinnerung gerufen werden, dass es nicht um die der *Individualzwangsvollstreckung* vorangehende Anerkennung eines Titels geht, der gleichsam punktuell das in einer bestimmten Frage (nämlich) im entschiedenen Streitgegenstand bzw. der etwa durch einen Mahnbescheid betroffenen Rechtsfrage maßgeblich ist. Der Hoheitsakt der Eröffnung eines Insolvenzverfahrens verändert vielmehr die Haftungslage zwischen dem Insolvenzschuldner auf der einen Seite und der Gesamtheit seiner Gläubiger auf der anderen Seite. 15

Wenn Art. 1 Abs. 1 EuInsVO von einem Gesamtverfahren spricht, welches die Insolvenz des Schuldners voraussetzt und den teilweisen bzw. vollständigen Beschlag gegen den Schuldner zur Folge hat (Art. 2 lit a EuInsVO), so ist damit die *Veränderung* 16

53 *Leible/Staudinger*, KTS 2000, 566.

54 Vgl *Virgos/Schmit* in: Stoll (Hrsg), Vorschläge und Gutachten, 1997, S. 32ff., Nr. 79.

55 Vgl eingehend *Potthast*, Probleme eines Europäischen Konkursübereinkommens, 1995, S. 64ff.; *Elliott*, Tolley's Insolvency Law and Practice vol 16, 2000, pp 224, 231, 232.

56 Vgl aber *Böttichers* Einwände, ZZP 86 [1973] 373ff.

der Haftungslage durch die Insolvenz und deren Statuierung durch den Eröffnungsakt des betreffenden Staates gemeint. Wenn Art. 16 Abs. 1 EuInsVO daher davon spricht, dass die Eröffnung eines Insolvenzverfahrens durch ein nach Art. 3 EuInsVO international zuständiges Gericht eines Mitgliedstaates in allen übrigen Mitgliedstaaten wirksam wird[57], so ist damit qualitativ etwas anderes gemeint, als wenn Art. 33 EG-Verordnung Nr. 41/2001 von einer *Anerkennung von Titeln* spricht. Art. 16 Abs. 1 Satz 1 EuInsVO bedeutet nämlich, dass ein materiell dem Bereich der nichtstreitigen Rechtspflege (mithin der materiellen Verwaltung) zugehöriger Hoheitsakt[58] durch den das Hauptinsolvenzverfahren in einen Mitgliedstaat eröffnet wird, in den übrigen Mitgliedstaaten Wirkungen entfaltet, *ohne* dass es eines Exequaturaktes bedarf[59] oder dass Gegenseitigkeit *(comity)* gefordert wäre[60]. Daher wird im Unterschied zum missverständlichen Wortlaut des Art. 16 Abs. 1 EuInsVO auch die internationale Zuständigkeit des eröffnenden Gerichts nicht durch ein anerkennendes Gericht nachgeprüft[61].

17 Auch hierin unterscheidet sich das Normwerk der EuInsVO nachdrücklich vom Gesetzgebungsvorschlag des UNCITRAL Model Law. Denn die Regelungen des Art. 17 p 3 und p 4 UNCITRAL Model Law sehen ausdrücklich ein Anerkennungsverfahren vor, dessen Ablauf allerdings beschleunigt und vereinfacht werden soll[62]. Die Einzelheiten überlässt das UNCITRAL Model Law der autonomen nationalstaatlichen Gesetzgebung[63].

IV. Anerkennungsvoraussetzungen

18 Notwendige „Anerkennungsvoraussetzung" des Eröffnungsbeschlusses ist, dass der Hoheitsakt im Eröffnungsstaat wirksam geworden ist[64]. Einer Unanfechtbarkeit der Eröffnungsakte bedarf es nicht[65]. Die „automatische" Anerkennung[66] hat grundsätzlich die Ausdehnung sämtlicher Wirkungen, die das Recht des Eröff-

---

57 *Spahlinger,* Sekundäre Insolvenzverfahren, 1998, S. 252.

58 Zur Reichweite vgl *Virgos/Schmit* in: Stoll, Vorschläge und Gutachten, 1997, Nr. 144.

59 *Virgos/Schmit* in: Stoll, Vorschläge und Gutachten, 1997, Nr. 83 („unmittelbare Anerkennung"); *Huber,* ZZP 114 (2001) 133, 145; *Potthast,* Probleme eines Europäischen Konkursübereinkommens, 1995, S. 68 f.

60 Krit gegen *Exequatur* und *comity* auch UNCITRAL-guide Nr. 16.

61 *Huber,* ZZP 114 (2001) 146.

62 UNCITRAL-guide Nr. 129.

63 UNCITRAL-guide Nr. 130.

64 *Virgos/Schmit* in: Stoll, Vorschläge und Gutachten, 1997, Nr. 145; *Leible/Staudinger,* KTS 2000, 533, 560.

65 *Virgos/Schmit* in: Stoll, Vorschläge und Gutachten, 1997, Nr. 147; *Lüke,* ZZP 111 (1998) 275, 288.

66 So ausdrücklich Satz 2 Grund Nr. 22; Grund Nr. 24; *Virgos/Schmit* in: Stoll, Vorschläge und Gutachten, 1997, Nr. 143 aE; *Wimmer* in: Frankfurter Kommentar, 4. Aufl 2006, Anhang I Rn 78 ff.; *Leible/Staudinger,* KTS 2000, 561: prozessuale Wirkung; *Fritz/Bähr,* DZWIR 2001, 221, 225; vgl auch *Großfeld,* ZIP 1981, 925, 929.

nungsstaates dem Hoheitsakt bescheinigt auf alle Mitgliedstaaten zur Folge. Dies stellt die Verwirklichung des Grundsatzes des *gegenseitigen Vertrauens*[67] dar[68].

V. Öffentliche Bekanntmachung

Die universelle Wirkung der Eröffnung des Hauptinsolvenzverfahrens ist davon unabhängig, ob eine öffentliche Bekanntmachung erfolgt ist[69]. Die öffentliche Bekanntmachung zerstört aber den guten Glauben eines Dritten, der vom Schuldner Massegegenstände zu erwerben oder an den Schuldner zu leisten versucht, vgl Art. 24 Abs. 1 EuInsVO[70]. Die Kosten der öffentlichen Bekanntmachung und der Eintragung im Register sind aus der Masse zu leisten, Art. 23 EuInsVO[71]. Der gute Glaube Dritter hängt sehr oft auch von der Eintragung von Insolvenzvermerken in den juristischen Registern ab. Art. 22 Abs. 1 EuInsVO gibt dem Verwalter eine diesbezügliche Antragsbefugnis auf Annahme der Eintragung[72]. Der im Hauptinsolvenzverfahren bestellte Verwalter hat die Befugnis, in jedem anderen Mitgliedstaat bei der dafür zuständigen Stelle einen Antrag[73] darauf zu stellen, dass der wesentliche Inhalt der Entscheidung über die Eröffnung des Hauptinsolvenzverfahrens und gegebenenfalls die seine Bestellung betreffende Entscheidung öffentlich bekannt gemacht werde. Für die Art und Weise der Bekanntmachung sind die Bestimmungen des jeweils anderen Mitgliedstaates, in dem die Bekanntmachung erfolgen soll, maßgeblich (Art. 21 Abs. 1 Satz 1 aE EuInsVO). Art. 21 Abs. 1 Satz 2 EuInsVO trifft eine Regelung über den Inhalt dieser öffentlichen Bekanntmachung. Danach ist die Person des im Hauptinsolvenzverfahren eingesetzten Verwalters in der Entscheidung anzugeben. Ferner ist ausdrücklich in die öffentliche Bekanntmachung aufzunehmen, ob sich die internationale Zuständigkeit des die Entscheidung erlassenden Gerichts aus Art. 3 Abs. 1 oder Abs. 2 EuInsVO ergibt. Die Regelung des Art. 21 Abs. 1 EuInsVO steht unter dem Vorbehalt, dass derjenige Mitgliedsstaat in dessen Gebiet der Schuldner eine Niederlassung besitzt, die obligatorische Bekanntmachung vorgesehen hat (Art. 21 Abs. 2 Satz 1 EuInsVO)[74]. Diese Veröffentlichung hat der Verwalter (anders als nach § 8 DÖKV nicht das eröffnende Insolvenzgericht) zu erwirken[75]. Ist dies der Fall, so trifft den im Hauptinsolvenzverfahren eingesetzten Verwalter die Pflicht, die nach den rechtlichen Regelungen über die obligatorische Bekanntma- 19

---

67 Zu den europäischen Rechtsgrundsätzen vgl *Fischer/Köck*, Europarecht, 3. Aufl 1997, S. 323 f.; *Virgos/Schmit* in: Stoll, Vorschläge und Gutachten, 1997, Nr. 147. Vgl zum Misstrauen gegen ausländische Entscheidungen bereits *Jitta*, La codification de droit de la faillite (1895) 135; *Thieme*, RabelsZ Bd. 37 (1973) 682, 696; *Gottwald*, ZZP 103 (1990) 257, 260 ff.

68 Satz 3 Grund Nr. 22.

69 *Leible/Staudinger*, KTS 2000, 564; *Potthast*, Probleme eines Europäischen Konkursübereinkommens, 1995, S. 124 ff.; *Summ*, Anerkennung ausländischer Konkurse in der Bundesrepublik Deutschland, S. 41 f, 92 f.

70 Grund Nr. 30.

71 *Leible/Staudinger*, KTS 2000, 565.

72 *Wimmer* in: Frankfurter Kommentar, 4. Aufl 2006, Anhang I Rn 108.

73 *Lüke*, ZZP 111 (1998) 289; *Leible/Staudinger*, KTS 2000, 565.

74 *Wimmer* in: Frankfurter Kommentar, 4. Aufl 2006, Anhang I Rn 106.

75 *Wimmer* in: Frankfurter Kommentar, 4. Aufl 2006, Anhang I Rn 107.

chung vorgesehenen Maßnahmen zu treffen. Art. 23 EuInsVO bestimmt, dass die Kosten der öffentlichen Bekanntmachung Verfahrenskosten sind. Sie sind maW als Masseverbindlichkeiten zu qualifizieren, die vorab aus der Masse zu begleichen sind (vgl § 53 InsO)[76].

VI. Antragspflichten

20 Die automatische europäische internationale Anerkennung von Hauptinsolvenzverfahren gem Art. 16 EuInsVO findet ihre Grenze gem Art. 26 EuInsVO allein in einem evidenten Verstoß des eröffnenden Gerichts gegen den Grundsatz des ordre public. Daraus folgt zwingend, dass insbesondere die im Inland bestehenden gesellschafts- und nebenstrafrechtlichen Eigenantragspflichten immer dann von einem Geschäftsführer insolventer Gesellschaften erfüllt werden, wenn sich der im Ausland gestellte Eröffnungsantrag nicht als unzulässig erweist. Der Antrag stellende Geschäftsführer trägt freilich das Risiko, einen unzulässigen Antrag gestellt zu haben, wenn das ausländische Gericht seine internationale Zuständigkeit zur Eröffnung eines Hauptinsolvenzverfahrens verneint hat. Bejaht dagegen das ausländische Gericht seine internationale Zuständigkeit und eröffnet es ein Hauptinsolvenzverfahren, dann wird damit der Zweck der inländischen Statuierung einer Eigenantragspflicht erfüllt: denn gem. Art. 1 Abs. 1 EuInsVO durch den Eröffnungsakt des ausländischen Gerichts wird ein vollständiger oder teilweiser Vermögensbeschlag über das schuldnerische Vermögen und die Einsetzung eines Verwalters iSv Art. 2 lit b EuInsVO iVm Anhang C verhängt[77].

21 **Fall**[78]**:** Die schuldnerische Gesellschaft war im HRG des AG Köln eingetragen. Sie ist eine operative Gesellschaft der X-Gruppe; ihre alleinige Gesellschafterin ist eine Holding-AG mit Sitz in Köln, während die Konzernobergesellschaft die C-Corporation mit Sitz in den USA ist. Die Konzernobergesellschaft hat am 10. 5. 2005 Antrag auf Gläubigerschutz nach chapter eleven des US-bankruptcy code gestellt. Am 15. 7. 2005 hat die Schuldnerin – vertreten durch ihre Organe – in England einen Antrag auf Eröffnung der Verwaltung nach Schedule B 1 of the English Insolvency Act 1986 gestellt, dem der High Court of Justice, Chancery Division, am selben Tag entsprach. Mit Antrag vom 18. 7. 2005 stellte die Schuldnerin beim AG Köln wegen drohender Zahlungsunfähigkeit ebenfalls Antrag auf Eröffnung des Insolvenzverfahrens über ihr Vermögen, wobei sie darauf hinwies, sie stelle den Antrag allein deshalb, um ihren Pflichten gem. § 64 GmbHG auch in Deutschland nachzukommen. Ihr Antrag sei weder direkt noch indirekt als Antrag auf Eröffnung eines Sekundärinsolvenzverfahrens nach Art. 27 ff. EuInsVO zu verstehen.

Bereits in einer wissenschaftlichen Veröffentlichung[79] hatten die Richter des AG Köln darauf hingewiesen, der Zweck des § 64 Abs. 1 GmbHG erfordere nicht zwingend den Antrag auf Eröffnung eines Insolvenzverfahrens über das Vermögen des Schuldners in Deutschland. Vielmehr werde der von dieser Vorschrift beabsichtig-

---

76 *Wimmer* in: Frankfurter Kommentar, 4. Aufl 2006, Anhang I Rn 113.

77 *Smid*, Deutsches und Europäisches Internationales Insolvenzrecht, 1. Aufl 2004, Art. 1 EuInsVO, Rn 13, 18, 19, 21 ff.

78 AG Köln v 10. 8. 2005 – 71 IN 416/05 – ZIP 2005, 1566.

79 *Vallender/Fuchs*, ZIP 2004, 829, 833.

te Gläubigerschutz durch die Eröffnung eines jeden Hauptinsolvenzverfahrens auch in einem anderen Mitgliedstaat der EU erfüllt. Diese wissenschaftliche Auffassung bildet die Grundlage des vorliegenden Beschlusses. Das AG Köln hat folgerichtig den Antrag auf Eröffnung eines Hauptinsolvenzverfahrens über das Vermögen der Schuldnerin nach Eröffnung des Hauptinsolvenzverfahrens über ihr Vermögen in England für unzulässig erklärt, wozu das Insolvenzgericht im Übrigen nunmehr nach § 3 Abs. 1 Satz 1 Art. 102 EGInsO gefordert wird. Diese Entscheidung ist zutreffend und verdient ungeteilte Zustimmung. Sie räumt mit Unklarheiten und Unsicherheiten im Hinblick auf die Bedeutung des im Ausland eröffneten Hauptinsolvenzverfahrens und die Reichweite des europäischen Rechts grenzüberschreitender Insolvenzen aus.

§ 5 Europäisch-internationale Zuständigkeit

I. Der Mittelpunkt des hauptsächlichen Interesses des Schuldners

1. Mittelpunkt des hauptsächlichen Interesses

Bereits bei der Diskussion der „automatischen" europäischen Anerkennung von Hoheitsakten[1], mit denen Insolvenzverfahren in den Mitgliedsstaaten eröffnet werden ist deutlich geworden, dass sich die internationale Zuständigkeit des eröffnenden Gerichts ausschließlich an Art. 3 Abs. 1 EuInsVO[2] unter Ausschluss[3] anderer Anknüpfungen orientiert. Wie oben angesprochen bestimmt Art. 3 Abs. 1 EuInsVO die internationale Zuständigkeit des Gerichts desjenigen – und allein desjenigen[4] – Staates als international zuständig, in dem der Mittelpunkt des hauptsächlichen Interesses des Schuldners liegt[5], was, wie oben gezeigt, über Anknüpfungen an berufliche oder gewerbliche Tatbestände hinausgeht, ohne dass die EuInsVO definiert, was unter dem Mittelpunkt des hauptsächlichen Interesses des Schuldners zu verstehen sei.[6] 1

Die Auslegung des Art. 3 Abs. 1 EuInsVO ist bis zur Eurofood-Entscheidung des EuGH[7] und über diese hinaus umstritten[8]; unstreitig ist allein, dass sie europäisch-autonom zu erfolgen hat[9] und ein Rückgriff auf das nationale Recht damit ausgeschlossen ist. Die Eckpunkte dieser europäisch-autonomen Auslegung hatten sich freilich schon vor der Eurofood-Entscheidung abgezeichnet. Sie wurden durch den Schutz der Gläubiger, die mit dem Schuldner kontrahiert hatten[10], gebildet, weshalb an nach außen feststellbare Tatbestandsmerkmale angeknüpft wird.[11] 2

---

1 Oben § 4 Rn 1 ff.

2 Hierzu: *Vogler*, Die internationale Zuständigkeit für Insolvenzverfahren, 87 ff.; *Probst*, Die internationale Zuständigkeit zur Eröffnung von Insolvenzverfahren im Europäischen Insolvenzrecht, 2008, bes. 98 ff.; *Schumacher*, ZIK 2002, 282; *Schack* IZVR 4. Aufl 2002, Rn 1058.

3 *Leible/Staudinger*, KTS 2000, 533, 542.

4 *Smid*, Deutsches und Europäisches Internationales Insolvenzrecht, 1. Aufl 2004, Art. 3 Rn 10.

5 *Smid*, Deutsches und Europäisches Internationales Insolvenzrecht, 1. Aufl 2004, Art. 3 Rn 9; *Fletcher* in: *Moss/Fletcher/Isaacs*, The EC Regulation on Insolvency Proceedings, 1. Aufl 2002, N. 3.10; *Morscher*, EuInsVO, 2002, S. 20; *Schumacher*, ZIK 2002, 282, 183; *Pannen* in: *Pannen*, EuInsVO, 1. Aufl 2007, Art. 3 Rn 9; *Paulus*, EuInsVO, 2. Aufl 2008, Art. 3 Rn 5.

6 Krit. *Konecny* in: *Smid*, Neue Fragen des deutschen und internationalen Insolvenzrechts, 2006, 106, 113.

7 EuGH v. 2. 5. 2006 – C-341/04, ZIP 2006, 907 (Eurofood IFSC limited).

8 Zur Übersicht über den durch die Judikatur des EuGH zT erledigten Streitstand *Pannen* in: *Pannen*, EuInsVO, 1. Aufl 2007, Art. 3 Rn 34 ff.

9 Statt aller EuGH – Eurofood (Fn 7).

10 *Virgos/Schmit* in: *Stoll*, Vorschläge und Gutachten, 1997, Nr. 75, 2. Abs.; *Duursma-Kepplinger* in *D/K/D/CH*, Europäische Insolvenzverordnung, 1. Aufl 2002, Art. 3 Rn 12 a. E.

11 *Konecny* (Fn 6) 115 f.

3 Im deutschen Recht erleichtert § 3 Abs. 1 Satz 2 InsO die Feststellung der örtlichen Zuständigkeit dadurch, dass die Vorschrift an tatsächliche Gegebenheiten anknüpft[12]. Es kommt auf den (allgemeinen) Gerichtsstand des Schuldners nicht an[13]. Voraussetzung ist irgendeine Form selbstständiger wirtschaftlicher Tätigkeit, also eines wirtschaftlichen Handelns des Schuldners[14] in eigenen Namen. Jede auf Erwerb zielende Unternehmung genügt[15]. Davon weicht Art. 3 Abs. 1 EuInsVO ab, der bestimmt, dass für die Eröffnung des Insolvenzverfahrens die Gerichte des Mitgliedstaates zuständig sind, in dem der Schuldner den Mittelpunkt seiner *hauptsächlichen Interessen* hat[16]. Der Begriff des „Interesses" soll einen weiteren Anwendungsbereich eröffnen. Umfasst werden Handels-, gewerbliche und andere beruflich-wirtschaftliche Aktivitäten[17]. Gemeint sind daher die wirtschaftlichen Interessen[18]. Die Anknüpfung beim satzungsgemäßen Sitz einer juristischen Person entbindet das Gericht von der – ex officio anzustellenden[19] – Prüfung, ob an dem damit bezeichneten Ort in der Tat der Mittelpunkt der wirtschaftlichen Interessen der Schuldnerin liegt. Befindet sich daher iSd Sitztheorie der effektive Verwaltungssitz[20] in einem anderen Staat als nach dem satzungsgemäßen Sitz der Gesellschaftsgründung, kommt es auf den effektiven Verwaltungssitz für die internationale Zuständigkeit zur Eröffnung eines universelle Wirkungen erlangenden Hauptinsolvenzverfahrens an[21]. Daher ist davon die Rede, der Rückgriff auf den satzungsgemäßen Sitz sei eine „Zweifels-" bzw eine „Vermutungsregel"[22]. Dies ist aber wenigstens missverständlich: Das Gericht hat nämlich nicht nur den satzungsgemäßen Sitz zugrunde zu legen, sondern stets von Amts wegen zu prüfen[23], ob der Mittelpunkt der wirtschaftlichen Interessen von dem satzungsgemäßen Sitz abweicht[24].

4 In der Vergangenheit war wegen der Unklarheiten des Begriffs des Mittelpunktes des hauptsächlichen Interesses eine Tendenz festzustellen, Hauptinsolvenzverfahren betreffend Tochtergesellschaften in den Staat der Mutter zu ziehen[25]. Neben englischen und italienischen Gerichten eröffnen auch deutsche Gerichte Insolvenz-

---

12 *Kirchhof* in: Heidelberger Kommentar-InsO, 4. Aufl 2006, § 3 Rn 6; *Skrotzki*, KTS 1960 71.
13 *Becker* in: Nerlich/Römermann, InsO, § 2 Rn 22.
14 *Kübler* in: Kübler/Prütting, Kommentar zur Insolvenzordnung, § 3 Rn 7.
15 *Kirchhof* in: Heidelberger Kommentar-InsO, 4. Aufl 2006, § 3 Rn 7.
16 *Lüke*, ZZP 111 (1998) 288; *Leible/Staudinger*, KTS 2000, 543.
17 *Fritz/Bähr*, DZWIR 2001, 224.
18 *Leipold* in: Stoll, Vorschläge und Gutachten, 1997, S. 190; *Huber*, ZZP Bd. 114, 140.
19 *Gottwald*, Grenzüberschreitende Insolvenzverfahren, 1. Aufl 1997, S. 20; *Huber* (Fn 18), S. 141.
20 Vgl. *Gottwald* (Fn 19), S. 20; *Schack* IZVR 4. Aufl 2006, Rn 1060.
21 *Duursma-Kepplinger* in: Duursma-Kepplinger/Duursma/Chalupsky, Europäische Insolvenzverordnung, 1. Aufl 2002, Art. 3 Rn 14; *Gottwald* (Fn 19), S. 19f.
22 *Huber* (Fn 18), S. 141; *Duursma-Kepplinger* in: Duursma-Kepplinger/Duursma/Chalupsky, Europäische Insolvenzverordnung, 1. Aufl 2002, Art. 3 Rn 14 aE.
23 *Smid*, Europäisches Internationales Insolvenzrecht, 1. Aufl 2002, Kap 2 Rn 34 mwN.
24 *Moss/Fletcher/Isaacs-Fletcher*, The EC Regulation on Insolvency Proceedings, 2002, N. 3.12; *Duursma-Kepplinger* in: Duursma-Kepplinger/Duursma/Chalupsky, Europäische Insolvenzverordnung, 1. Aufl 2002, Art. 3 Rn 24.
25 Vgl. jüngst wieder die englische Haltung im Fall Rover: Informationen dazu unter www.eir-database.com.

verfahren über ausländische, oft österreichische Gesellschaften[26]. *Konecny*[27] spricht in diesem Zusammenhang mit gutem Grund von *„Territorialkämpfen"*. Daher ist es zu begrüßen, dass der EuGH hierzu in seiner „Eurofood"-Entscheidung für mehr Klarheit gesorgt hat. Das Urteil des EuGH[28] war zur europäisch autonomen Auslegung sowohl des Begriffs des Mittelpunkts des hauptsächlichen Interesses als auch der Reichweite des ordre public Vorbehalts der europäisch automatischen Anerkennung von Insolvenzverfahren in anderen Mitgliedstaaten und schließlich des sog Prioritätenprinzips von der Wissenschaft nicht anders als der Insolvenzpraxis dringlich erwartet worden.

2. Ausnahmen von Art. 3 Abs. 1 EuInsVO

Der schließlich vom EuGH entschiedene Kompetenzkonflikt um die Eurofood-IFSC-Ltd[29]. ist für die Funktionsweise des Art. 3 EuInsVO aufschlussreich: Die Gesellschaft war vom Parmalat-Konzern als Finanzierungsgesellschaft mit Sitz in Dublin gegründet worden. Die Eurofood führe im Wesentlichen drei Finanzierungsmaßnahmen in Form von Anleihemissionen durch, die von der Bank of America betreut wurden. Diese Emissionsgeschäfte wurden von der Parmalat, mit Sitz in Parma, als Garantiegeberin begleitet. Der Sitz in Dublin befand sich in der Anwaltssozietät McCanFitzgerald. Geschäftsführer der Gesellschaft war ein Sozius der Kanzlei McCanFitzgerald sowie eine Angestellte der Bank of America. Die maßgebenden Entscheidungen über die Unternehmenspolitik wurden indes von Angestellten der Konzernmutter in Parma auf dem Wege von Telefonkonferenzen mit den Geschäftsführern in Dublin getroffen. Über das Vermögen der Parmalat wurde das Verfahren der amministrazione straordinaria am 24. 12. 2003 eröffnet. Am 27. 1. 2004 beantragte die Bank of America beim High Court Dublin für die Eurofood die Bestellung eines Liquidators, was am gleichen Tag unter Festsetzung einer Einlassungsfrist bis zum 23. 2. 2004 erfolgte. Das Ministerium für Industriepolitik hat am 9. 2. 2004 für die Eurofood-IFSC-Ltd. als Unternehmen der Parmalat-Gruppe nach italienischem Recht (Art. 3 Abs. 3 decreto legge Nr. 347/03) das Verfahren der amministrazone straordinaria eröffnet und den im Verfahren Parmalat bestellten Commissario Dot. Enrico Bondi ebenfalls zum Commissario bestellt. Auf den Bericht und Antrag des Commissario vom 12. 2. 2004 stellte das Tribunale di Parma als zuständiges Insolvenzgericht am 19. 2. 2004 fest, dass die Eurofood-IFSC-Ltd. insolvent sei. 5

---

26 Siehe AG München v 4. 5. 2004 – 1501 IE 1276/04 – ZIK 2004/136, 106 – ZIP 2004, 962 – ZInsO 2004, 691 Hettlage; AG Siegen v 1. 7. 2004 – 25 IN 154/04 – EWiR 2005, 175 (Mankowski) Zenith; AG Offenburg v 2. 8. 2004 – 2 IN 133/04 – ZIK 2004/228, 177 – EWiR 2005, 73 (Pannen/Riedemann) Hukla Werke. Zum – gescheiterten – Versuch eindeutig in Deutschland agierender Gesellschaften, in Österreich ein Hauptinsolvenzverfahren zu erwirken, s. LG Salzburg v 5. 8. 2004 – 44 S. 29/04w bzw 44 S. 30/04t – ZIK 2004/229, 177 PEV.

27 *Konecny* in: Smid (Hrsg.), Neue Fragen des deutschen und internationalen Insolvenzrechts, 2006, S. 106, 111 ff.

28 EuGH v 2. 5. 2006 – C-341/04 – ZIP 2006, 907 (Eurofood IFSC limited).

29 *Riera/Wagner*, Anm. zu Tribunale Civile di Parma, EWiR Art. 3 EuInsVO 4/04, S. 597 f.

6 Der Begriff des Mittelpunkts des hauptsächlichen Interesses ist nach Ansicht des EuGH europäisch autonom nach Maßgabe des 13. Begründungserwägung der Verordnung auszulegen in der dieser Ort dadurch zu bestimmen sei, dass nach der gewöhnlichen Verwaltung der Interessen des Schuldners gefragt wird, die für Dritte[30] feststellbar sind (Rn 32, 31[31]). Im Mittelpunkt steht daher die Objektivität der Feststellbarkeit des Mittelpunkts des hauptsächlichen Interesses im Interesse des Schutzes Dritter. Vorhersehbarkeit und Rechtssicherheit sind maW nach dem EuGH die zentralen Kriterien, die bei der Auslegung dieses Begriffs heranzuziehen sind (Rn 33). Daraus folgt zunächst, dass der Ort des satzungsgemäßen Sitzes den Mittelpunkt des hauptsächlichen Interesses einer Gesellschaft darstellt, da dies die objektive Verordnung der internationalen Zuständigkeit für die Eröffnung eines Hauptinsolvenzverfahrens nahe legt und für Dritte erkennbar macht (Rn 34). Dieses objektive Kriterium kann indes widerlegt werden, wofür der EuGH das Beispiel von Briefkastenfirmen nennt (Rn 34, 35). Geht aber die Gesellschaft im Sitzstaat einer eigenen Tätigkeit nach, genügt die bloße Kontrolle von einer Muttergesellschaft mit Sitz in einem anderen Mitgliedstaat nicht aus, um die in der Verordnung aufgestellte Vermutung zu entkräften (Rn 36).

3. Feststellbarkeit

6a Der High Court of Justice[31a] hat darauf erkannt, dass die Vermutung des Art. 3 Abs. 1 S. 2 EuInsVO, dass der Mittelpunkt der hauptsächlichen Interessen der Ort des satzungsmäßigen Sitzes ist, nur durch objektive und für Dritte feststellbare Elemente widerlegt werden kann. Für Dritte feststellbar ist, was allgemein zugänglich ist und was für Dritte im Rahmen des gewöhnlichen Geschäftsverkehrs mit der Gesellschaft erfahren werden kann. Denn für das Verständnis dessen, was die feststellbaren Elemente, die Dritten zugänglich sind, hält das Gericht das Problem der Wahrnehmung für entscheidend. Daher hat der zur Entscheidung berufene Richter in dem Fall des Zusammenbruchs von Sir Allen Stanfords Unternehmensgruppe (business empire), in dem die insolvenzschuldnerische SIB in die Register in Antigua und Barbuda eingetragen ist, zunächst einmal Antigua als den Ort des hauptsächlichen Interesses der Schuldnerin angesehen. Das Gericht führt dann aus, dass zwar die meisten der Direktoren der Gesellschaft in den USA und nicht in Antigua ihren Sitz hatten und dass die Nationalität der Direktoren eine Marketingbedeutung für Dritte hatte, die für diese auch erkennbar und zugänglich war. Die Verhandlungen des Managements fanden aber nach eigenen Bekundungen telefonisch statt. Daraus leitet das Gericht die Frage ab, dass es jedenfalls dritten Parteien nicht zugänglich war festzustellen, dass der Mittelpunkt des hauptsächlichen Interesses nicht in Antigua lag, wenn Verhandlungen telefonisch geführt wurden.

---

30 Vgl. eindrucksvoll *Konecny* in: Smid (Hrsg), Neue Fragen des deutschen und internationalen Insolvenzrechts, 2006, S. 106, 115 ff.

31 Die Randnummern beziehen sich auf die in der Entscheidung des EuGH. Vgl. auch AG Mönchengladbach, B. v. 27. 4. 2004 – 19 IN 54/04, ZIP 2004, 1064; Tribunale de Commerce de Nanterre, Urt. v. 15. 2. 2006 – PCL 2006 J00174 (EMTEC); Tribunal de commerce Paris, 2. 8. 2006 – 2006 047554 Dalloz 2006, 2329.

31a High Court of Justice, Urt. v. 3. 7. 2009 – <2009> EWHC 1441(Ch D) case Nos. 13338 and 13959 of 2009, ZIP 2009, 1776.

II. Die Prioritätsregel

Art. 3 EuInsVO enthält keine Regelung für den Fall, dass die Gerichte oder die für die Eröffnung des Insolvenzverfahrens zuständigen Behörden zweier Mitgliedstaaten unabhängig voneinander ihre internationale Zuständigkeit zur Eröffnung eines Hauptinsolvenzverfahrens iSv Art. 3 Abs. 1 EuInsVO bejahen, weil sie die Voraussetzung der internationalen Zuständigkeit abweichend voneinander beurteilen. In diesem Zusammenhang wird darauf hingewiesen, dass es auf die zeitliche Reihenfolge der Verfahrenseröffnung im Sinne eines Prioritätsprinzips ankommt, da das zeitlich früher eröffnete Verfahren universelle Wirkung des Konkurses und des Beschlages beansprucht. Nach Art. 16 Abs. 1 EuInsVO ist die Eröffnung eines Insolvenzverfahrens durch das nach Art. 3 EuInsVO zuständige Gericht eines Mitgliedstaates in einem anderen Mitgliedstaat *ipso iure* anzuerkennen. Das Gericht eines anderen Mitgliedstaates ist daher nicht zu einer dahingehenden Prüfung befugt, ob das zeitlich früher eröffnende Gericht seine internationale Zuständigkeit in zutreffender Weise bejaht hat. Es greift insofern der Grundsatz des gegenseitigen Vertrauens, auf den die Motive der EuInsVO hinweisen[32]. Mit dem die Verfahrenseröffnung aussprechenden Hoheitsakt wird – legt man die Motive des Rates zu Grunde – die Entscheidung des zuerst eröffnenden Gerichts in den anderen Mitgliedstaaten anerkannt, ohne dass die Entscheidung des Eröffnungsgerichts ihrerseits einer Überprüfung zu unterziehen wäre[33]. Das zeitlich später als das Hauptinsolvenzverfahren eröffnete Verfahren nimmt damit die Funktion eines *Sekundärinsolvenzverfahrens* bei Bestehen einer Niederlassung ein und kann keine universelle Wirkung über das Territorium das dieses zweite Verfahren eröffnenden Mitgliedstaates hinaus beanspruchen. 7

Dies wird auch vom EuGH aus der 22. Begründungserwägung der Verordnung im Wege einer europäisch autonome Auslegung des Art. 16 Abs. EuInsVO dahingehend abgeleitet, dort sei die sog *Prioritätsregel*[34] angesiedelt, nach der das in einem Mitgliedstaat eröffnete Hauptinsolvenzverfahren in allen übrigen Mitgliedstaaten anerkannt wird, sobald es im Staat der Verfahrenseröffnung wirksam ist. Grund hierfür ist der Grundsatz des gegenseitigen Vertrauens (Rn 39). Problematisch ist, ob unter Eröffnung eines Insolvenzverfahrens auch die Bestellung eines vorläufigen Verwalters zu verstehen ist (Rn 45 ff.). Mit Blick auf die unterschiedliche Dauer, die nach dem jeweiligen nationalen Recht eines Mitgliedstaates das Eröffnungsverfahren in Anspruch nehmen kann (Rn 51), kommt der EuGH zu der Ansicht, bereits die Bestellung eines vorläufigen Verwalters wie eine professional liquidators Eurofood-Fall könne eine Insolvenzverfahren in Gang setzen. Voraussetzung sei, dass ein Gesamtvermögensbeschlag oder Bestellung eines in Anhang C genannten Verwalters verwirklicht werde (Rn 58). 8

---

32 Grund Nr. 6. Vgl. Handelsgericht Charleroi v. 16. 7. 2002 SARL Bati-France, R.D.C. 2004/8, 811 (zit. n. Pannen S. 158).

33 *Virgos/Schmit* in: Stoll, Vorschläge und Gutachten, 1997, Nr. 79.

34 *Smid*, Deutsches und Europäisches Internationales Insolvenzrecht, 1. Aufl 2004, Art. 3 Rn 19.

9 Da ein förmliches Exequaturverfahren nicht vorgesehen ist[35] und nach der Vorstellung des „Grundsatzes des gegenseitigen Vertrauens" nicht greift[36], entfaltet bei widersprechenden Eröffnungsbeschlüssen der Gerichte verschiedener Mitgliedsstaaten zunächst der *zeitlich früher erlassene Beschluss* universelle Beschlagswirkungen, ein weiterer, in einem anderen Mitgliedstaat erlassener Beschluss[37] ist demgegenüber schwebend unwirksam, da er sich nun immer auf eine freie Masse beziehen kann[38]. Es greift, bezogen auf den Zeitpunkt des Erlasses des Eröffnungsbeschlusses, das Prioritätsprinzip iSv Art. 2 lit e EuInsVO[39]. Daher kommt es – anders als bisher nach Art. 28 EuGVÜ – nicht auf den Zeitpunkt der „Anrufung" des Gerichts (zB auf jenen der Antragstellung) an.

10 Das Prioritätsprinzip ist entgegen einer in der Literatur[40] geäußerten Befürchtung nicht „voraussetzungslos" und gegenüber der Struktur der EuGVVO gar systemwidrig. Das Gegenteil ist richtig[41]. Es folgt nicht einfach aus dem Grundsatz europäischen Vertrauens; dieser europarechtliche Grundsatz kann seine Wirkung vielmehr nur auf der Strukturentscheidung des Gesetzgebers in den Art. 16 ff. EuInsVO entfalten. Die Grundlage dafür, dass das europäische Recht Eröffnungsdekrete von anderen Judikaten unterscheidet, liegt in der Besonderheit von Eröffnungsbeschlüssen. Sie stellen administrative Hoheitsakte[42] zur Einleitung von Gesamtverfahren iSv Art. 1 Abs. 1 EuInsVO[43] dar. Aufgrund der EuInsVO steht in den Mitgliedstaaten der EU fest, dass die Beschlagnahme des Schuldnervermögens durch Einleitung eines Gesamtverfahrens europäisch-universell erfolgt, *ohne* dass es einer (förmlichen) Anerkennung bedarf – sie ist schlichtweg nicht vorgesehen: Das Eröffnungsdekret wirkt daher ipso iure in allen Mitgliedstaaten, weil das Gesetz vorsieht, das die Einleitung des Insolvenzverfahrens in einem Mitgliedstaat als genügend zur Verwirklichung der Gläubigergleichbehandlung in allen anderen Mitgliedstaaten angesehen wird[44]. Dagegen geht es bei der Anerkennung eines Urteils in einem Zwei-Parteien-Prozess darum, ob ein einzelner Gläubi-

---

35 *Lüke*, ZZP 111 (1998) 289.

36 Grund Nr. 22; *Leible/Staudinger*, KTS 2000, 545.

37 *Potthast*, Probleme eines Europäischen Konkursübereinkommens, 1995, S. 95 ff.

38 So zutreffend *Lüke*, ZZP 111 (1998) 290; *Leible/Staudinger*, KTS 2000, 545.

39 *Fritz/Bähr*, DZWIR 2001, 224.

40 *Mankowski*, EWiR Art. 3 EuInsVO 3/03, 767, 768.

41 *Smid*, Deutsches und Europäisches Internationales Insolvenzrecht, 1. Aufl 2002, Art. 3 Rn 19.

42 *Smid*, Deutsches und Europäisches Internationales Insolvenzrecht, 1. Aufl 2002, Art. 3 Rn 19.

43 Die EuInsVO versteht unter „Gesamtverfahren" (collective insolvency proceedings – *Fletcher-Moss/Smith* in: Moss/Fletcher/Isaacs, The EC Regulation on Insolvency Proceedings, 1. Aufl 2002, Art. 1 N. 8.04; Morscher, EuInsVO, 2002, S. 18), dass alle betroffenen Gläubiger die Befriedigung ihrer Forderungen nur über das Insolvenzverfahren durchsetzen können, da individuelle Rechtsverfolgungsgsmaßnahmen ausgeschlossen sind (*Virgos/Schmit* in: Stoll, Vorschläge und Gutachten, 1997, Nr. 49; *Fletcher-Moss/Smith* in: Moss/Fletcher/Isaacs, The EC Regulation on Insolvency Proceedings, 1. Aufl 2002, Art. 1 N. 8.04 Pt. 1.). Es ist darauf hinzuweisen. dass die Anwendbarkeit der EuInsVO nicht schon dadurch gegeben ist, dass das betreffende Verfahren generell diese Voraussetzungen erfüllt. Eine weitere Bedingung dafür, dass ein Insolvenzverfahren von der EuInsVO erfasst wird, ist nach Art. 2 lit a und c, dass das Verfahren von dem betreffenden Staat ausdrücklich in die Liste der erfassten Verfahren in den Anhängen aufgenommen wurde, die Bestandteil der EuInsVO sind (*Reinhart* in: MünchKomm-InsO, 1. Aufl 2001, Art. 1 Rn 1, 2.). Der Begriff des Gesamtverfahrens ist für sich genommen wenig aussagekräftig. Mit ihm sollen sehr unterschiedliche insolvenzrechtlich relevante Verfahren in Europa erfasst werden (*Duursma-Kepplinger* in: Duursma-Kepplinger/Duursma/Chalupsky, Europäische Insolvenzverordnung, 1. Aufl 2002, Art. 1 Rn 10, 11; *Virgos/Schmit* in: Stoll, Vorschläge und Gutachten, 1997, Nr. 49 lit b.). Der Ausdruck des Gesamtverfahrens verweist auf zwei Gesichtspunkte, die für insolvenzrechtliche Verfahren maßgeblich sind, nämlich den universellen gegen den Schuldner gerichteten Vermögensbeschlag auf der einen Seite – der allerdings in Art. 1 Abs. 1 EuInsVO gesondert angeführt wird und daher mit dem Begriff des Gesamtverfahrens nicht eigens gemeint wird – und die Bündelung der Rechtsverfolgung der Gläubiger gegen den Schuldner. Erst diese Bündelung erlaubt es, allseitige Wirkungen des konkurslichen Regimes gegen alle Gläubiger durchzusetzen.

44 *Smid*, Deutsches und Europäisches Internationales Insolvenzrecht, 1. Aufl 2004, Art. 16 Rn 4.

ger aus dem von ihm im Ausland erlangten Titel die Vollstreckung im Inland betreiben kann. Nach Art. 16 Abs. 1 EuInsVO wird die Eröffnung des Insolvenzverfahren durch das nach Art. 3 EuInsVO zuständiges Gericht eines Mitgliedsstaates ipso iure in allen anderen Mitgliedsstaaten anerkannt. Das Zweitgericht eines anderen Mitgliedsstaat darf daher nicht prüfen, ob das erste Gericht seine internationale Zuständigkeit zutreffenderweise bejaht hat. Es greift insofern der Grundsatz gegenseitigen Vertrauens, worauf die Motive der EuInsVO hinweisen[45]. Mit dem die Verfahrenseröffnung aussprechenden Hoheitsakt wird, legt man die Motive des Rates zugrunde, die Entscheidung des zuerst eröffnenden Gerichts in den anderen Mitgliedsstaaten anerkannt, ohne dass die Entscheidung des Eröffnungsgerichts ihrerseits einer Überprüfung zu unterziehen wäre[46]. Das zeitlich später als das Hauptinsolvenzverfahren eröffnete Verfahren nimmt damit die Funktion eines Sekundärinsolvenzverfahrens ein und kann keine universelle Wirkung über das Territorium das dieses zweite Verfahren eröffnenden Mitgliedsstaates hinaus beanspruchen. Das Eingreifen des Prioritätsprinzips provoziert sowohl auf der Seite des Eigenantrag stellenden Schuldners als auch auf derjenigen des Gläubigers ein forum shopping[47]. Eine ausdrückliche Regelung sieht § 3 Art. 102 EGInsO vor, auf den unten (§ 43 Rn 10ff.) näher einzugehen sein wird: Die Vorschrift ordnet an, dass die deutschen Gerichte ein Hauptinsolvenzverfahren über das zur Insolvenzmasse gehörende Vermögen weder einleiten noch ein später eröffnetes Verfahren fortsetzen dürfen, wenn das Gericht eines anderen Mitgliedstaats der Europäischen Union ein Hauptinsolvenzverfahren eröffnet hat, solange dieses Insolvenzverfahren anhängig ist, § 3 Abs. 1 Art. 102 EGInsO.

Die EuInsVO geht davon aus, dass Eröffnungsdekrete als allgemein wirksame Hoheitsakte nicht durch Hoheitsträger anderer Mitgliedstaaten konterkariert werden; dies ist eine wichtige Funktion der Art. 16ff. EuInsVO. Entgegen Befürchtungen im Schrifttum[48] „steht“ das Prioritätsprinzip daher „in“ der EuInsVO – wie der EuGH in der Parmalat-Entscheidung zutreffend ausgeführt hat. Denn nur in Bezug auf den zeitlich früheren Beschluss, mit dem ein Hauptverfahren iSv Art. 3 Abs. 1 EuInsVO eröffnet wird, kann die Einschränkung der Anerkennung Wegen Verletzung des ordre public des die Anerkennung verweigernden Mitgliedstaates gem Art. 26 EuInsVO Sinn haben. 11

Liegt – wie dies bei einer natürlichen Person der Fall ist – bei Eröffnung des Verfahrens (vgl Art. 2 EuInsVO) kein satzungsgemäßer Sitz vor, so ist für die Bestimmung des Mittelpunktes der hauptsächlichen Interessen nach allgemeinen Regeln (Art. 2 EG-Verordnung Nr. 44/2001) in erster Linie der Wohnsitz der Person maßgeblich[49]. Dieser „Regelfall“ wird allerdings durchbrochen, wenn sich der Mittelpunkt der wirtschaftlichen Interessen eines Schuldners nicht an seinem Wohnsitz, sondern an einem anderen Ort befindet. Dann soll zB der Kanzlei- oder Bürositz maßgeblich sein[50]. 12

So überzeugend dies vordergründig anmutet, ist das damit eingerichtete Regel-Ausnahmeverhältnis alles andere als unproblematisch. So hat *Leipold*[51] am Beispiel 13

---

45 Grund Nr. 6; *Fletcher-Moss/Smith* in: Moss/Fletcher/Isaacs, The EC Regulation on Insolvency Proceedings, 1. Aufl 2002, Art. 3 N. 8.47, 8.48.

46 *Virgos/Schmit* in: Stoll, Vorschläge und Gutachten, 1997, Nr. 79.

47 *Huber*, ZZP Bd. 114, 140, 143f.

48 *Mankowski*, EWiR Art. 3 EuInsVO3/03, 767, 768.

49 *Taupitz*, ZZP 111 (1998) 327; *Huber*, ZZP 114, 140; vgl bereits *Leipold* in: Stoll, Vorschläge und Gutachten, 1997, S. 72, 75ff.

50 *Taupitz*, ZZP 111 (1998) 327; Balz, ZIP 1996, 949.

51 *Leipold* in: Stoll, Vorschläge und Gutachten, 1997, S. 190.

eines in Riquewihr wohnenden und in Freiburg/Brsg. angestellten Ingenieurs darauf hingewiesen, dass der Verweis auf „wirtschaftliche Interessen“ wenig weiterhilft. Verwirrend ist es, bei „beruflich tätigen Personen“ auf den Tätigkeitsort und bei „natürlichen Personen“ auf den „gewöhnlichen“ Wohnsitz abzustellen[52].

III. Ordre public

14 Der einzige Grund, dem im EU-Ausland eröffneten Hauptinsolvenzverfahren dadurch die „Anerkennung“ zu versagen, dass ihm keine Wirksamkeit im Inland zuerkannt wird, ist nach Art. 26 EuInsVO ein Verstoß gegen den *ordre public*[53]. Diese Begrenzung entspricht dem Standard des internationalen Insolvenzrechts, vgl Art. 6 UNCITRAL-ml[54]. Die *ordre public*-Klausel soll nur *ausnahmsweise* greifen[55]. Das ergibt sich schon daraus, dass sich der *ordre public* aus dem Recht des einzelnen Mitgliedstaates ableitet[56]. Gerade das ist aber problematisch, denn wie insbesondere *Virgos* und *Schmit* darstellen, können sich die Mitgliedstaaten nicht auf die *ordre public*-Klausel berufen, um das europäische Recht grenzüberschreitender Insolvenzen „auszuhöhlen“[57]. Damit wird keine Verkürzung der Rechtsstellung inländischer Rechtsträger verwirklicht, denn die kollisionsrechtlichen Regelungen, insbesondere die der Art. 5, 7 EuInsVO tragen dem *ordre public* Rechnung[58].

15 Üblicherweise unterscheidet man einen kollisionsrechtlichen *ordre public*, der bei der Frage der Anwendbarkeit des materiellen Rechts zu beachten ist, von einem verfahrensrechtlichen *ordre public*, bei dem es um die Anerkennung von ausländischen Entscheidungen im Inland geht[59]. Art. 26 EuInsVO normiert ausschließlich den *verfahrensrechtlichen ordre public*. Den Sachproblemen des kollisionsrechtlichen *ordre public* wird schon dadurch Rechnung getragen, dass die Art. 5 ff. EuInsVO kollisionsrechtliche Ausnahmen von Art. 4 EuInsVO normieren. Da aber Art. 4 EuInsVO vorsieht, dass die Gerichte wegen der Geltung der *lex fori concursus* regelmäßig ausländisches Verfahrensrecht anzuwenden haben und der kollisionsrechtliche *ordre public* sich auf das Problem der Anerkennung der ausländischen Entscheidung und somit auf ausländisches Recht bezieht[60], stellt sich bspw. in Deutschland die Frage, ob Art. 26 EuInsVO die Vorschrift des Art. 6 EGBGB berührt[61].

---

52 So aber Virgos/Schmit in: Stoll, Vorschläge und Gutachten, 1997, Nr. 75, 4. Abs.; Nach Vogler, ZIK 2001/290, geht bei Selbständigen und Freiberuflern der Ort der Geschäftstätigkeit dem Wohnort vor, während sich bei unselbständig Erwerbstätigen eine Dominanz des Wohnortes ergibt. Dagegen vgl aber Leipold in: FS Ishikawa, 2001, S. 221 ff.

53 *Huber*, ZZP 114 (2001) 146; *Reinhard*, Sanierungsverfahren im internationalen Insolvenzrecht, 1995, S. 228 ff.

54 UNCITRAL-ml Nr. 86–88.

55 *Virgos/Schmit* in: Stoll, Vorschläge und Gutachten, 1997, Nr. 204; *Wimmer* in: Frankfurter Kommentar, 4. Aufl 2006, Anhang I Rn 79, spricht von „Extremfällen“, vgl auch ders, aaO, Rn 125 ff.

56 *Virgos/Schmit* in: Stoll, Vorschläge und Gutachten, 1997, Nr. 205.

57 *Virgos/Schmit* in: Stoll, Vorschläge und Gutachten, 1997, Nr. 205 a. E.

58 *Spahlinger*, Sekundäre Insolvenzverfahren, 1998, S. 278.

59 *Spellenberg* in: Stoll, Vorschläge und Gutachten, 1997, S. 183, 184; *Reinhart*, Sanierungsverfahren im internationalen Insolvenzrecht, 1995, S. 229.

60 *Spellenberg* in: Stoll, Vorschläge und Gutachten, 1997, S. 185.

61 *Spellenberg* in: Stoll, Vorschläge und Gutachten, 1997, S. 186.

Nach alledem bedarf es einer Erklärung, was die EuInsVO damit ausdrücken will, wenn sie in ihrem Art. 26 EuInsVO statuiert, dass sich jeder Mitgliedstaat weigern kann, ein in einem anderen Mitgliedstaat eröffnetes Hauptinsolvenzverfahren anzuerkennen oder eine in einem solchen Verfahren ergangene Entscheidung zu vollstrecken[62], soweit die Anerkennung oder Vollstreckung zu einem Ergebnis führt, das mit dem *ordre public* sich weigernde Mitgliedsstaaten offensichtlich unvereinbar ist[63], was auf eine restriktive Handhabung verweist[64]. Dabei ruft nicht allein der Vorbehalt des *ordre public* Fragen hervor, sondern auch die Frage, was es bedeutet, wenn der betroffene Mitgliedstaat sich „weigern" kann, eine Entscheidung iSv Art. 2 lit e EuInsVO „anzuerkennen". Soweit es um die Exequatur der Individualzwangsvollstreckung zugänglicher, im Rahmen des Hauptinsolvenzverfahrens getroffener Entscheidungen iSv Art. 25 Abs. 2 EuInsVO geht, ist dies freilich nicht problematisch. Denn insoweit ist klar, dass sich die „Weigerung" des anderen Mitgliedstaates darauf bezieht, dass die Exequatur einer solchen – dem *ordre public* widerstreitenden – Entscheidung versagt wird. 16

Ein Problem ruft die Frage der Behandlung der „Weigerung" in den Fällen des Art. 25 Abs. 1 Satz 1 EuInsVO hervor. Diese Weigerung kann sich auf die Frage beziehen, ob dem Verwalter, der im Hauptinsolvenzverfahren eingesetzt worden ist, die Befugnisse nach Art. 18 EuInsVO[65] in konkreten Gerichts- oder Verwaltungsverfahren „anerkannt" werden[66] oder ihm diese Anerkennung „verweigert" wird und auch auf die Frage, ob bei einem Verstoß des Hauptinsolvenzverfahrens gegen den *ordre public* des Mitgliedstaates eine Eintragung in öffentliche Register wie bspw. im Grundbuch, Handelsregister (in Österreich Firmenbuch) oder andere öffentliche Register im verweigernden Mitgliedstaat nach Art. 21 Abs. 1 EuInsVO vorgenommen wird. Inhaltliche Einwendungen können gegen die Entscheidung, der die Anerkennung verweigert wird, auf Grund von Art. 26 EuInsVO nicht entgegengehalten werden. Daher kann die fehlende Insolvenzverfahrensfähigkeit eines Schuldners nicht gerügt werden[67] (vgl Art. 16 Abs. 2 EuInsVO). Ebenso wenig kann gerügt werden, ein in Anhang A aufgeführtes Sanierungsverfahren stelle einen Gläubiger schlechter als die Liquidation des Schuldnervermögens[68]. Die Aufnahme von Reorganisationsverfahren in den Anhang A hat daher zur Folge, dass europarechtlich von Verordnungs wegen unterstellt wird, dass diese Verfahren den Anforderungen an ein faires Insolvenzverfahren genügen. 17

Die Anerkennungsverweigerung bietet daher nicht die Möglichkeit einer *révision au fond*[69]. Bejaht das Gericht des Eröffnungsbeschlusses seine internationale Zuständigkeit zu Unrecht oder nimmt es rechtsirrig das Nichtvorliegen von Eröffnungsvoraussetzungen an, wird mit dem darauf beruhenden Verfahrensfehler zwar eine Rechtsverletzung verwirklicht, jedoch der *ordre public* der anderen Mitgliedstaaten 18

---

62 *Leible/Staudinger*, KTS 2000, 567 sprechen von einem Fremdkörper, der dem Grundsatz gegenseitiger Achtung widerspricht; vgl BGH v 24. 2. 1999 – IX ZB 2/98 – BGHZ 140, 395 mit Anm. v *Roth*, JZ 1999, 419.

63 Satz 3 des Grundes 22; *Fritz/Bähr*, DZWIR 2001, 226.

64 *Völker*, Zur Dogmatik des ordre public, 1998, passim.

65 *Virgos/Schmit* in: Stoll, Vorschläge und Gutachten, 1997, Nr. 158 ff.

66 Vgl auch UNCITRAL-guide Nr. 28.

67 *Virgos/Schmit* in: Stoll, Vorschläge und Gutachten, 1997, Nr. 148.

68 *Balz*, ZZP 1996, 953; *Huber*, ZZP 114 (2001) 146; *Reinhart*, Sanierungsverfahren im internationalen Insolvenzrecht, 1995, S. 221 ff.

69 *Virgos/Schmit* in: Stoll, Vorschläge und Gutachten, 1997, Nr. 202 (N 1); ihnen folgend *Leible/Staudinger*, KTS 2000, 568.

nicht verletzt[70]. Der davon betroffene Verfahrensbeteiligte wird im Zweifelsfall auf den Instanzenzug in dem auf Grund des fremden Eröffnungsbeschlusses im Anerkennungsstaat eingeleiteten Verfahren verwiesen[71].

19 Voraussetzung für das Eingreifen des *ordre public* nach allgemeinen Grundsätzen ist nach alledem, dass zur zu prüfenden Entscheidung eine genügende Inlandsbeziehung besteht. Dies ist regelmäßig der Fall, wenn der Insolvenzschuldner oder Gläubiger den Sitz im Inland hat. Probleme können sich ergeben, wenn ausschließlich insolvenzschuldnerisches Vermögen im Inland belegen ist und sich die Frage der Anerkennung eines in einem anderen Mitgliedstaat eröffneten Hauptinsolvenzverfahrens stellt. Denn in diesem Fall stellt sich nicht die dem *ordre public* zugrunde liegende Frage des Schutzes inländischer Verfahrensbeteiligter, sondern allein die der Durchsetzung der Universalität des im anderen Mitgliedstaat eröffneten Insolvenzverfahrens.

20 Die Eröffnung eines Gesamtvollstreckungsverfahrens über das Vermögen eines Insolvenzschuldners stellt einen tief greifenden Einschnitt in seine Statusrechte dar, der nach den unterschiedlichen Regelungen der jeweiligen Rechte auch zur Grundlage von erheblichen Eingriffen in die persönliche Freiheit des Insolvenzschuldners (im Fall juristischer Personen der sie vertretenden gesellschaftsrechtlichen Organe bzw bei Personenhandelsgesellschaften der vertretungsbefugten Gesellschafter) führen kann[72]. So sieht eine Reihe von Insolvenzrechten vor, dass die genannten Personen im eröffneten Insolvenzverfahren zur Zusammenarbeit mit dem Insolvenzverwalter verpflichtet sind und dass diese Mitwirkungspflichten gegebenenfalls mit Zwangsmaßnahmen durchgesetzt werden können, die bis hin zur Beugehaft reichen können. Oftmals wird ebenfalls vorgesehen, dass in den Post-, Telefon- und sonstigen Kommunikationsfluss der insolvenzschuldnerischen Personen eingegriffen werden kann[73], sobald das Insolvenzverfahren über ihr Vermögen eröffnet worden ist. In Deutschland ist dies sogar unter bestimmten Voraussetzungen nach Antragsstellung auf Grund insolvenzgerichtlicher vorläufiger Anordnung möglich. Es würde der ursprünglichen Aufgabe eines jeden Staates widerstreiten, die Freiheit seiner Bürger zu verteidigen, würde der Staat durch die Anerkennung von Hoheitsakten eines andern Staates zur Vollstreckung solcher Entscheidungen verpflichtet, die eine Einschränkung der persönlichen Freiheit oder des Postgeheimnisses zur Folge hätten. Daher trifft Art. 25 Abs. 3 EuInsVO eine Ausnahme von der Anerkennung und Exequatur insolvenzgerichtlicher Entscheidungen in Hauptinsolvenzverfahren eines anderen Mitgliedstaaten, soweit diese Freiheitseinschränkungen

---

70 *Virgos/Schmit* in: Stoll, Vorschläge und Gutachten, 1997, Nr. 202 (N 2); *Lüke*, ZZP Bd. 111 (1998) 287; *Wimmer* in: Frankfurter Kommentar, 4. Aufl 2006, Anhang I Rn 127; *Spellenberg* in: Stoll, Vorschläge und Gutachten, 1997, S. 189f.

71 *Leible/Staudinger*, KTS 2000, 568.

72 *Virgos/Schmit* in: Stoll, Vorschläge und Gutachten, 1997, Nr. 193; *Leipold* in: Stoll, Vorschläge und Gutachten, 1997, 195; Gem § 150 Abs. 5 öKO ist eine Vereinbarung des Gemeinschuldners oder anderer Personen mit einem Gläubiger, wodurch diesem vor Abschluss des Zwangsausgleiches oder in der Zeit zwischen dem Abschluss und der Rechtskraft des Bestätigungsbeschlusses besondere Vorteile eingeräumt werden, ungültig und kann, unbeschadet weitergehender Ersatzansprüche, innerhalb von drei Jahren zurückgefordert werden.

73 *Wimmer* in: Frankfurter Kommentar, 4. Aufl 2006, Anhang I Rn 123; *Huber*, ZZP 114, 149; *Potthast*, Probleme eines Europäischen Konkursübereinkommens, 1995, S. 118.

dort angeordnet werden[74]. Andere Mitgliedstaaten sind nach der zitierten Vorschrift nicht verpflichtet, eine derartige Entscheidung nach Art. 25 Abs. 1 EuInsVO anzuerkennen und zu vollstrecken.

Generalanwalt *Jacobs* hat in seinem Plädoyer im Parmalat-Fall mit der durchweg hL ausgeführt, dass die Regel des Art. 26 EuInsVO auf einen eng begrenzt zu verstehenden Ausnahmefall zu reduzieren sei (Nr. 131). Die dem EuGH vorgelegte Frage richtete sich darauf zu prüfen, ob das Eröffnungsdekret des Gerichts eines Mitgliedsstaates auch dann bindend sei, wenn nach der Ansicht des Gerichts eines anderen Mitgliedsstaates das Recht eines Betroffenen auf Gehör nicht gewährt worden sei. *Jacobs* (Nrn 134, 147) verneinte dies (Nr. 150), betonte freilich, dass die Anforderungen an die Beteiligung nach dem Charakter des Insolvenzeröffnungs- als Eilverfahren zu bemessen sind (Nr. 150). Die Nichtgewährung von Gehör in Form wenigstens der Unterrichtung der Betroffenen von gerichtlichen Entscheidungen stellt nach *Jacobs'* Meinung jedenfalls eine *manifeste* Verletzung von Verfahrensrechten dar (Nr. 131), die zur Verweigerung der Anerkennung der auf dieser Grundlage getroffenen Entscheidung zu führen vermag. Das ist nicht frei von Risiken, da *Jacobs* damit in weiten Bereichen die Rechtsansicht des nationalen Gerichts genügen lassen will (Nr. 145). 21

Die Eurofood-Entscheidung des EuGH betont in diesem Zusammenhang, dass es weiterhin Unterschiede in den nationalen Insolvenzrechten auf dem Feld der Beteiligung der Gläubiger am Insolvenzverfahren – insbesondere der Art ihrer Unterrichtung – geben wird. Solange überhaupt den Gläubigern die Möglichkeit einer Unterrichtung vom Verfahren gegeben wird, sind jedenfalls aus Gründen europäischen Rechts extensive Mitteilungs-, Akteneinsichts- oder gar Aktenübersendungsinstrumentarien nicht zwingend zu schaffen, damit das jeweilige Verfahren dem durch Art. 26 EuInsVO garantierten europäischen ordre public[75] entspricht. Zugleich wird damit deutlich, dass im Allgemeinen das europäische Vertrauen, das dem Prioritätsprinzip zugrunde liegt, sich auf die Rechtsordnung des anderen Staates und deren Regelungen des Insolvenzrechts selbst erstreckt. Der EuGH bestätigt, dass insofern ein Verstoß gegen den ordre public als Grund der Versagung der europäisch-automatischen Anerkennung der in anderen Mitgliedstaaten eröffneten Insolvenzverfahren nur in Fällen evidenter und nachhaltiger Verstöße die Mechanismen der EuInsVO suspendieren. Der EuGH hat sich besonders auf die Wendung in Art. 25 Abs. 1 Unterabsatz 2 EuInsVO „auch wenn diese Entscheidungen von einem anderen Gericht getroffen werden" gestützt. Im Unterschied zum Votum des Generalanwalts[75a] erblickt der EuGH darin nicht einen Hinweis auf die bloß relative Ausschließlichkeit der Zuständigkeit des Insolvenzgerichts, sondern eine Regelungsgrenze der EuInsVO, die, wie der EuGH Art. 3 EuInsVO entnimmt, die Zuständigkeitsbestimmung dem Recht des Eröffnungsstaats überlässt, allerdings unter Ausschluss der internationalen Zuständigkeitsregeln.[75b] 22

Mit der Eurofood-Entscheidung des EuGH ist jedenfalls deutlich, dass eine europäische Konzerninsolvenz am Sitz der Muttergesellschaft nur in dem atypischen Fall in Betracht kommt, in dem der Anknüpfungspunkt der internationalen Zuständig- 23

---

74 *Leible/Staudinger*, KTS 2000, 566.
75 Vgl. so auch *Smid*, Deutsches und Europäisches Internationales Insolvenzrecht, Art. 26 Rn 5, 7.
75a Nummer 67 der Schlussanträge.
75b Zum Ganzen eingehend *Buchegger* in: *Smid*, Fragen des Deutschen und Internationalen Insolvenzrechts, 2009 (in Vorbereitung).

keit am satzungsgemäßen Sitz der Tochtergesellschaft nicht in Betracht kommt. Der typische Fall, in dem eine Insolvenz in einem anderen Mitgliedstaat der EU-Wirkung erlangt und in diesem *weiteren Sinn* „grenzüberschreitend" ist, wird weniger durch Fülle von Niederlassungen gekennzeichnet, die ein schuldnerisches Unternehmen in anderen Mitgliedstaaten unterhält, als vielmehr durch Auswirkungen der Insolvenz auf solche Unternehmensträger in anderen Mitgliedstaaten, die mit dem fallierten Unternehmensträger „konzernmäßig" durch Innehabung von Gesellschaftsanteilen und die Ausübung von Leitungsmacht verbunden sind. Die Art. 33 und 35 EuInsVO lassen sich in ihrem Sinn erst dann vollständig erfassen, wenn man das immer noch in der Diktion vom „Schuldner" vorherrschende Bild der Insolvenz natürlicher Personen verlässt und sich der Unternehmensinsolvenz zuwendet. Die auf Aussetzung der zerschlagenen Verwertung und Einleitung eines Reorganisations- und Sanierungsverfahrens gerichteten Antragsbefugnisse des Verwalters des Hauptinsolvenzverfahrens in Sekundärinsolvenzverfahren haben nämlich gerade ihren Sinn in den typischen Fällen, in denen eine Gesellschaft, über die das Hauptinsolvenzverfahren iSv Art. 3 Abs. 1 EuInsVO eröffnet worden ist, nicht allein Vermögen im anderen Mitgliedstaat unterhält, sondern der Geschäftsbetrieb der dortigen Niederlassung zB zur Sicherung des Absatzmarktes der Produkte des Unternehmens in den anderen Mitgliedstaaten dient. Die Verwertung des Vermögens im Rahmen des Hauptinsolvenzverfahrens wird dann regelmäßig erheblichen Schwierigkeiten ausgesetzt sein, wenn nicht sogar scheitern, wenn es dem Verwalter nicht möglich ist, eine übertragende Sanierung im Hauptinsolvenzverfahren durchzuführen, was in aller Regel voraussetzt, dass die logistischen Voraussetzungen des Absatzes der Produkte des Unternehmens sichergestellt werden. Hierzu dient insbesondere die Bewahrung dieser Wege in den anderen Mitgliedstaaten der EU.

IV. Sachliche Voraussetzungen eines Hauptinsolvenzverfahrens gem Art. 3 Abs. 1 EuInsVO

1. Provisional liquidator

24 Ein weiteres Problem hatte sich im Rahmen des Eurofood-Falles aufgetan. Dort hatte das Gericht in Irland zunächst einen provisional liquidator bestellt, was die Frage nahe legte, ob damit bereits ein Hauptinsolvenzverfahren eröffnet sei. Der irische Judge Kelly hatte in seinem Judgement[76] darauf aufmerksam gemacht, die Rückwirkung des Eröffnungsbeschlusses nach irischem Recht sei für eine kontinentale europäische Betrachtungsweise unter Umständen befremdlich. Judge Kelly schreibt wörtlich „this provision of Irish insolvency law mirrors assembly provision in the law of England and Wales. Such a provision may appear peculiar … but it has long been a part of the law of this date and its nearest neighbour and was known to the drafters of the regulation".

76 High Court Dublin v 23. 3. 2004 – 33/04 – ZIP 2004, 1223.

IV. Sachliche Voraussetzungen eines Hauptinsolvenzverfahrens

Nicht allein für die autonome Auslegung der EuInsVO, sondern auch für das *deutsche Recht* ergeben sich aus der Entscheidung dieser Frage durch den EuGH eine Reihe von interessanten Erwägungen. War noch vor der Entscheidung des EuGH darüber spekuliert worden, ob gegebenenfalls der vorläufige Verwalter mit Verfügungsmacht (§ 22 Abs. 1 InsO) eine Stellung einnehmen könne, die das angelsächsische Recht mit Zustimmung des EuGH dem irischen provisional liquidator zuschreibt, sind derartige Überlegungen nunmehr obsolet: Denn der EuGH macht deutlich, dass es für die Beurteilung eines Verfahrens nicht allein auf die Person des Verwalters ankommt. Zwar ist der vorläufige Verwalter – und damit alle Formen des vorläufigen Verwalters nach §§ 21, 22 InsO – in Anhang C zur EuInsVO genannt und erfüllt damit die Anforderungen, die an einen Insolvenzverwalter iSv Art. 1 Abs. 1 EuInsVO zu stellen sind. Der vorliegende Beschluss macht aber deutlich, dass dies für sich genommen noch nicht ausreicht, um ein Verfahren als eröffnetes Hauptinsolvenzverfahren zu qualifizieren. Denn neben der Bestellung eines Verwalters iSv des Anhangs C zur EuInsVO muss, damit von der Eröffnung eines Insolvenzverfahrens auszugehen ist, ein Gesamtvermögensbeschlag ermöglicht werden. Der EuGH geht davon aus, dass dies im Falle des irischen Verfahrens unter Bestellung des provisional liquidators der Fall ist. Diesem provisional liquidator vergleichbar ist mithin der nach § 56 InsO vom Insolvenzgericht eingesetzte Insolvenzverwalter zu vergleichen – der ebenfalls solange „provisorisch" sein Amt versieht, bis die Entscheidung der Gläubigerversammlung nach § 57 InsO ihn endgültig in seinem Amt bestätigt, wie das BVerfG in seiner „Verwalterabwahlentscheidung" deutlich gemacht hat. Auch die Übertragung von Verfügungsbefugnissen auf den vorläufigen Verwalter genügt den Anforderungen nicht, die an die Eröffnung eines Insolvenzverfahrens in dem vom EuGH angesprochenen Sinne zu richten sind. Zwar wird das Vermögen des Schuldners zur Sicherung der Vermögenslage beschlagnahmt. Dies erfolgt aber nicht im Sinne einer haftungsrechtlichen Zuweisung an die Gläubiger. Diese setzt erst den nach § 27 InsO zu erlassenen Hoheitsakt voraus, an den allein statusrechtliche Wirkungen geknüpft sind. Dies wird durch die Regelungen des Eröffnungsverfahrens nur unvollkommen deutlich, spiegelt sich hier aber in den Vorschriften wider, die die Begrenzung der Rechtsmacht des „starken" vorläufigen Verwalters zum Gegenstand haben. Dieser darf eine Vermögensverwertung nicht vornehmen, und noch nicht einmal ohne die Zustimmung des Insolvenzgerichts einholen zur Sicherung der Vermögenslage etwaige Betriebsstilllegungsmaßnahmen vornehmen. Im Übrigen macht der systematische Zusammenhang zwischen Eröffnungsverfahren und dem schließlich eröffneten Insolvenzverfahren deutlich, dass ein haftungsrechtlicher Gesamtbeschlag des Vermögens durch das Eröffnungsverfahren nicht greift. Denn die konkursliche Beschlagnahme des Vermögens knüpft § 35 InsO an den Eröffnungsbeschluss an. Und erst aufgrund der Konstituierung des schuldnerischen Vermögens zur haftungsrechtlich auf die Gläubiger bezogene Insolvenzmasse würden die entsprechenden Befugnisse der Organe der Gläubigerselbstversammlung ausgelöst (§§ 156, 157, 160 InsO), aufgrund deren Beschlüsse die Verwaltungs- und Verwertungstätigkeit des Insolvenzverwalters raumgreifen kann. Das deutsche Recht darf dies im Übrigen auch gar nicht anders sehen. Denn das in Deutschland das lange Eröffnungsverfahren im Erlass des Eröffnungsbeschlusses vorangeschickt wird, hat seinen Grund allein in der Finanzierung des späteren Insolvenzverfahrens durch das vor Eröffnungsbeschluss zu zahlende Insolvenzgeld: Das Insolvenzgeld kann und wird aber nur gezahlt, um den Ausfall von Arbeitsnehmern mit rückständigen Lohn und Gehalt zu kompensieren, der sich insolvenzrechtlich betrachtet als Ausfall der Arbeitnehmer mit Insolvenzforderungen darstellt. Da Insolvenzgeld die Ausfälle wegen rückständiger Lohn- und Gehaltsforderungen in den letzten drei Monaten vor Erlass des Eröffnungsbeschlusses abdeckt, wäre das ebenso filigrane wie heute funktionstüchtige System der Masseanreicherung durch Insolvenzgeldzahlungen ad absurdum geführt, würde Insolvenzgeld auf Lohn- und Gehaltszahlungen geleistet, die aus der Masse zu finanzieren wären. Dies wäre jedenfalls dann der Fall, wenn es sich bei dem Eröffnungsverfahren bereits um ein eröffnetes Insolvenzverfahren im Sinne europäischer Standards handeln würde. Es bedarf hier keiner Erwähnung, dass dann im Übrigen die Insolvenzgeldzahlung in noch stärkerem Maße beihilferechtlichen Bedenken ausgesetzt wäre, als dies bereits heute der Fall ist. Die Finanzierung der Masseanreicherung durch Insolvenzgeld und die dadurch bedingten langen deutschen Eröffnungsverfahren können also nicht zu eröffneten Insolvenzverfahren uminterpretiert werden, um zeitlich zwischen der in Deutschland erlassenen Anordnung nach § 21 InsO 25 und dem schließlich erlassenen Eröffnungsbeschluss vorgenommenen ausländischen Eröffnungsbeschlüssen den prioritätsrechtlichen Wind aus den Segeln zu nehmen. Dass im Übrigen der EuGH für aktivierbare Maßstäbe an die Feststellung des Mittelpunktes des hauptsächlichen Interesses angelegt wissen will, mindert die Chancen bzw Gefahren nicht, die von der Konkurrenz deutscher und ausländischer Insolvenzrechtssysteme für die deutsche Praxis ausgehen. Solange das ausländische Gericht – sei es ein griechisches, estisches oder slowakisches oder ein englisches Gericht – davon ausgeht, der Mittelpunkt des wirtschaftlichen Interesses begründe seine internationale Zuständigkeit und dabei das Vorliegen von verobjektivierbaren Kriterien nach Maßgabe der vorliegenden Entscheidung des EuGH bejaht, ändert die Judikatur des EuGH nichts an den bisher aufgeworfenen Problemen.

26 Wie *Bela Knof* und *Sebastian Mock*[77] ausdrücklich festgestellt haben, hat der EuGH zu der von Generalanwalt Jacobs vertretenen Auffassung, Rückwirkungsfiktionen seien im nationalen Recht, wie sie der irische Supreme Court behauptet hat, auch im europäischen Insolvenzrecht für die Bestimmung des Zeitpunkts der Verfahrenseröffnung beachtlich. *Knof* und *Mock* meinen, die Auffassung dieser Autorität sei nunmehr unwidersprochen durch den EuGH in der Welt. Beide Autoren[78] übersehen diesen Zusammenhang, wenn sie ausführen, jedenfalls im Falle der Bestellung eines vorläufigen starken Insolvenzverwalters sei davon auszugehen, dass damit bereits ein Insolvenzverfahren iSd europäischen Regelungen eröffnet sei. Diese Auffassung führt das deutsche Recht in Selbstwidersprüche, die schließlich die gegenwärtigen Formen der Insolvenzabwicklung nachhaltig in Frage stellen müssen. Im Übrigen ist in diesem Zusammenhang im wesentlichen daran zu erinnern, dass sich die Reichweite der sichernden Beschlagnahme des schuldnerischen Vermögens nach §§ 21, 22 Abs. 1 InsO auf der einen Seite und der durch Eröffnungsbeschluss nach §§ 27, 35 InsO auf der anderen Seite nachträglich unterscheidet. Wie der Gesetzeswortlaut in seiner zutreffenden Auslegung durch den BGH[79] und seine Bestätigung durch die restriktiven Reformbemühungen des Gesetzgebers deutlich macht, zählt ein großer Teil der im eröffneten Insolvenzverfahren beschlagnahmten Soll-Masse im Eröffnungsverfahren nicht zu dem der Verwaltungs- und Verfügungsbefugnis des vorläufigen Verwalters unterworfenen Gegenstände. Während nämlich nach der Insolvenzrechtsform das sich im Besitz des Schuldners befindliche Absonderungsgut der konkurslichen Beschlagnahme unterworfen und der Verwaltungs- und Verfügungsbefugnis des Verwalters unterstellt wird (arg. § 166 InsO[80], ist dies im Eröffnungsverfahren keineswegs der Fall[81]. Denn das Absonderungsgut ist in dieser Phase der Insolvenz des Schuldners der Verwaltungs- und Verwertungsbefugnis des vorläufigen Verwalters durchaus noch nicht unterworfen. Unter Geltung der InsO ist das Absonderungsgut aber zur Soll-Masse zu rechnen, für die der Insolvenzverwalter zuständig ist[82]. Es ist ihm nicht erlaubt, hierüber zu verfügen; vielmehr muss er sich hierzu mit den Sicherungsnehmern einigen.

2. Sicherungsanordnungen nach §§ 21, 22 InsO

27 Das OLG Innsbruck[83] hat darauf erkannt, dass ein „deutsches vorläufiges Insolvenzverfahren“ jedenfalls dann iSv von Art. 1, Art. 16 EuInsVO als Hauptinsolvenzverfahren anzusehen ist, das Priorität vor später erlassenen Verfahrenseröff-

---

77 *Knof/Mock*, ZIP 2006, 911, 912.
78 *Knof/Mock* (Fn 77) 912.
79 BGH v 20. 2. 2003 – IX ZR 81/02 – DZWIR 2003, 332.
80 Vgl. *Smid*, Kreditsicherheiten in der Insolvenz des Sicherungsgebers, 1. Aufl 2003, § 2 Rn 4 ff.
81 *Smid*, WM 2004, 2373 ff.
82 Zu den prozessualen Folgen *Smid*, Kreditsicherheiten (Fn 80) § 11 Rn 28 ff.
83 OLG Innsbruck, Beschl v 8. 7. 2008 – 1R176/08d, ZIP 2008, 1647.

nungsdekreten der Gerichte anderer Mitgliedstaaten der EU genießt, wenn ein allgemeines Verfügungsverbot nach § 21 Abs. 2 Nr. 2 Var 2 InsO erlassen worden ist. Hatte der führende österreichische Insolvenzrechtler noch im Jahr 2006 ausdrücklich darauf verwiesen, über die Eurofood-Entscheidung des EuGH[84] in der der professional adminstrator bzw der professional liquidator des irischen und englisch-walisischen Rechts ein Hauptinsolvenzverfahren auslöse, im Übrigen „völlige Unklarheit" über die Reichweite dieses Erkenntnisses des EuGH herrsche[85], ist das OLG Innsbruck über diese Bedenken hinweggegangen.

Der innsbrucker Entscheidung lag folgender Sachverhalt zugrunde, der hier zusammengefasst wiedergegeben wird: 28

Die deutsche G-Gesellschaft ist 100%ige Tochter einer in Österreich ansässigen D-Holding. Am 20.5. 2008 beantragten Arbeitnehmer die Eröffnung des Insolvenzverfahrens über das Vermögen G beim AG Freiburg, wo die schuldnerische Gesellschaft ein Produktionswerk unterhält. Durch das AG Freiburg wurden unter Anordnung eines allgemeinen Verfügungsverbotes nach § 21 Abs. 2 Nr. 2 InsO ein vorläufiger Insolvenzverwalter bestellt. In Kenntnis dieser Entscheidung eröffnete das LG Innsbruck als Konkursgericht das Hauptinsolvenzverfahren über das Vermögen der G nach Art. 3 Abs. 1 EuInsVO und bestellte den in dem über das Vermögen der Holding als Muttergesellschaft bestellten Masseverwalter das Konkursverfahren. Das Konkursgericht in Österreich sah die Vermutung des Art. 3 Abs. 1 EuInsVO als widerlegt an. Der österreichische Masseverwalter beantragte daraufhin beim AG Düsseldorf, dessen Zuständigkeit sich aus der Existenz eines weiteren Produktionswerkes der Schuldnerin in Düsseldorf ableitete, die Eröffnung eines Sekundärinsolvenzverfahrens über das Vermögen der G. Diesen Antrag wies das AG Düsseldorf wegen vorrangiger Zuständigkeit des AG Freiburg zurück. Durch das AG Freiburg wurde am 1.7.2008 das Hauptinsolvenzverfahren über das Vermögen der Schuldnerin eröffnet. Der deutsche Insolvenzverwalter legte sodann ebenso wie zwei Gläubigerinnen gegen die Eröffnung des Hauptverfahrens in Österreich durch das LG Innsbruck Rechtsmittel des Rekurses ein.

Der Kern der vorliegenden Entscheidung liegt in der Bejahung der europäisch- 29
universell anzuerkennenden Priorität der Sicherungsanordnung des AG Freiburg. Für das Rekursgericht hat sich dann die Waagschale zugunsten der Priorität des AG Freiburg deshalb geneigt, weil es den vorläufigen Insolvenzverwalter unter die nach Art. 1 Abs. 1 EuInsVO als Verwalter zu qualifizierenden Personen durch Anhang C EuInsVO iVm Art. 2 EuInsVO aufgelistet gefunden hat[86]. Das *Insolvenzverfahren* falle unter die Gesamtverfahren des Art. 1 Abs. 1 EuInsVO, weil es in Anhang A der EuInsVO erfasst sei. Es mag hier ausdrücklich unerörtert bleiben, ob das OLG Innsbruck sich hier phonetisch dadurch hat hinters Licht führen lassen, dass in Deutschland im Rahmen der vorläufigen Insolvenzverwaltung scheinbar ein Insolvenzverfahren eingeleitet wird. Dies ist aber nun ausdrücklich nicht der Fall. Denn das Insolvenzverfahren wird auf ein Eröffnungsverfahren hin eingeleitet. Der BGH unterscheidet bekanntlich strikt zwischen dem Verfahren der Prüfung des Eröff-

---

84 EuGH, Rs C-341/04 (Eurofood IFSC limited), Urt. v. 2.5.2006, ZIP 2006, 907 = DZWIR 2006, 329.

85 *Herchen* (NZI 2006, 435 ff.) meint sogar: „Wer zuerst kommt, mahlt zuerst" in Bezug auf die vorläufige Insolvenzverwaltung; *Konecny*, ZIK 2006/185, 149 dort 4.3.3.

86 Hierauf wird auch in der Kommentarliteratur abgestellt: wie hier skeptisch gegen diesen Ansatz *Pannen/Pannen*, EuInsVO, Art. 2 Rn 9.

nungsantrags[87], dem dann mit vorläufigen Anordnungen des Insolvenzgerichts folgenden Eröffnungsverfahren[88], in dem die Voraussetzungen einer tatsächlich erfolgenden Eröffnung eines Insolvenzverfahrens durch Erlass eines Eröffnungsbeschlusses überhaupt geprüft werden und dem Insolvenzverfahren selbst[89].

3. Insolvenzgeld

30 Allerdings: Gerade in der Eurofood-Entscheidung hat der EuGH[90] den professional liquidator nach irischem Recht indes als Verwalter in einem über das Vermögen der Schuldnerin eröffneten Hauptinsolvenzverfahren angesehen. Der Grund dafür lag in dem Bekenntnis der irischen Gerichte dazu, dass es in den Insolvenzrechtsordnungen rund um die irische See seit jeher anerkannt sei, dass der professional liquidator bzw der professional administrator bereits Aufgaben eines Verwalters wahrnähme bzw dass eine spätere endgültige Eröffnung des Insolvenzverfahrens gleichsam auf die Zeit zurückwirke, die von der Einsetzung des professional liquidators an verstrichen sei. Dies hat bekanntlich im Rahmen der Brochier-Entscheidung AG Nürnberg-Fürth[91] und der durch sie ausgelösten Diskussion zum Teil Hoffnungen genährt: denn es ist in Erwägung gezogen worden, dass die Anerkennung der geschilderten Wirkungsweise des irischen Rechts durch den EuGH möglicherweise nachteilige Folgen mildern könne, die sich für das deutsche Recht daraus ergeben, dass sich in den vergangenen 35 Jahren mit der Nutzung des früheren Konkursausfallgeldes bzw des heutigen Insolvenzgeldes allein aus wirtschaftlichen Gründen der besseren Finanzierung des zu eröffnenden Insolvenzverfahrens durch Schaffung von Masse unter Wahrnehmung einer Finanzierung durch die Bundesagentur für Arbeit (Arg. § 55 Abs. 2 InsO) im Hinblick auf einen Wettlauf der Insolvenzrechtssysteme ergeben könnten. In diesem Zusammenhang ist u. a. von *Knof/Mock*[92] gemutmaßt worden, wenigstens der deutsche „starke" vorläufige Insolvenzverwalter mit Verwaltungs- und Verfügungsbefugnis könne doch eine Person sein, deren Existenz so etwas wie die Eröffnung eines Hauptinsolvenzverfahrens begründen könne oder doch wenigstens dessen Handlungen Wirkungen zeitigten, die nach endgültiger Eröffnung des Insolvenzverfahrens von einer Rückwirkung erfasst würden. Hierfür ist dann auch auf § 55 Abs. 2 InsO verwiesen worden, der gerade eine solche Rückwirkung vorzusehen scheint. Diese Ansicht hat aus nachvollziehbaren pragmatischen, wenn auch die Systematik unseres geltenden Verfahrensrechts eher außer Acht lassenden Erwägungen Zuspruch erfahren[93].

---

87 Vgl. dazu BGH, Beschl v 12. 12. 2002 – IX ZB 426/02, NJW 2003, 1187.

88 Wegweisend BGH, Urt v 18. 7. 2002 – IX 195/01, DZWIR 2002, 470 = ZIP 2002, 1625 = BGHZ 151, 353; eingehend hierzu *Smid*, DZWIR 2002, 444 ff.

89 Vgl. nur BGH, Beschl v 27. 3. 2008 – IX ZB 144/07, ZIP 2008, 1034 f.; Beschl v 8. 11. 2007 – IX ZB 201/03, ZInsO 2007, 1275.

90 EuGH (Fn 84).

91 EuGH (Fn 84).

92 *Knof/Mock*, Anm zu EuGH (Fn 1), ZIP 2006, 911, 912.

93 *Pannen/Pannen*, EuInsVO, Art. 3 Rn 92; *Graf-Schlicker/Kebekus/Sabel*, EuInsVO, Art. 3 Rn 8; *Herchen*, NZI 2006, 435, 437; *Mankowski*, BB 2006, 1753, 1758 vertreten sogar die noch weitergehende

Damit befindet sich die deutsche Insolvenzpraxis in einem Dilemma. Die Vorfinanzierung der Betriebsfortführung (zur Ausproduktion, zur Vorbereitung einer übertragenden Sanierung) ermöglicht in einer erheblichen Zahl von Unternehmensinsolvenzen deren sinnvolle Durchführung. Da das Insolvenzgeld aber nur für den Zeitraum *vor* Verfahrenseröffnung gewährt wird, verzögert sich der Erlass des Eröffnungsbeschlusses entsprechend – was zu „Wettbewerbsnachteilen" des deutschen auf dem Markt konkurrierender europäischer Insolvenzrechte führt. 31

Nun ist dieses „Zeitargument" aber deshalb nicht wirklich verständlich. Denn wird der Erlass des deutschen Eröffnungsbeschlusses wegen der Dauer des Eröffnungsverfahrens durch einen im europäischen Ausland erlassenen, im Inland universell wirksamen Eröffnungsdekret „überholt", bleibt die Möglichkeit des Schutzes der inländischen Gläubiger durch Eröffnung eines Sekundärinsolvenzverfahrens bestehen[94]. Dem scheinen freilich Bedenken entgegenzustehen, die dem Vernehmen nach im Falle „Brochier" zu dem „Wettlauf" um den zeitlichen Vorrang der Eröffnungsmaßnahmen und deren rechtliche Qualifikation geführt haben. Diese Bedenken beruhen auf der Eigenschaft des Sekundärinsolvenzverfahrens als liquidierenden Verfahrens (Art. 27 EuInsVO)[95], mit der nach Ansicht der Bundesagentur für Arbeit die Gewährung von Insolvenzgeld nicht vereinbar sein soll. Das aber ist nicht überzeugend. Denn auch in einem liquidierenden Verfahren stehen dem deutschen Insolvenzverwalter die Instrumentarien einer übertragenden Sanierung – bei der es sich um eine Form der Vermögensverwertung handelt[96] – zu Gebote, so dass auch in diesem Verfahren die von den §§ 188ff. SGB-III geforderte Bewahrung von Arbeitsplätzen[97] gewährleistet werden kann. 32

Dieser Befund entspricht im Übrigen auch der Struktur der EuInsVO: Die EuInsVO kennt vier typische Grundkonstellationen, die die Stellung eines Insolvenzverwalters bestimmen[98]: Grundfall ist der eines Verwalters des Hauptinsolvenzverfahrens. Dieser Verwalter nimmt die ihm durch das nationale Insolvenzgericht zugewiesenen Aufgaben und Befugnisse gem Art. 16 auf der Grundlage der europäischen Universalität des Hauptinsolvenzverfahrens wahr. Da die EuInsVO von der Möglichkeit verfahrensvorbereitender Sicherungsmaßnahmen mit europäisch-universeller Wirkung ausgeht, kennt sie daneben einen vorläufigen Verwalter im Verfahren der Einleitung eines Hauptinsolvenzverfahrens. Wird ein Partikular- bzw Sekundärinsolvenzverfahren eröffnet, tritt neben den Verwalter des Hauptinsolvenzverfahrens der Verwalter des Sekundärinsolvenzverfahrens. Für den Fall der den Erlass des 33

Ansicht, dass bereits die Bestellung eines „schwachen" vorläufigen Insolvenzverwalters die Eröffnung eines Hauptinsolvenzverfahrens begründen könne.

94 D-K/D-CH/D-K, EuInsVO, Art. 27 Rn 8f.

95 Vgl. dazu *Smid*, DZWIR 2006, 325, 329; zum Liquidationsverfahren *Herchen*, EuInsVO Art. 27 Rn 83.

96 Vgl. *Smid*, DZWIR 2007, 485, 515; *Smid*, Praxishandbuch Insolvenzrecht, 5. Aufl 2007, § 24 Rn 4; *Smid/Rattunde*, Der Insolvenzplan, 2. Aufl 2005, 1.6.

97 *Smid*, DZWIR 2007, 485, 515; *Smid*, Praxishandbuch Insolvenzrecht, 5. Aufl 2007, § 4 Rn 108; *Berscheid*, DZWIR 2000, 133ff.

98 Vgl. hierzu *Herchen*, Das Übereinkommen über Insolvenzverfahren der Mitgliedstaaten der EU, Würzburg 2000, 139.

Dekrets, mit dem das Sekundärinsolvenzverfahren eröffnet wird, vorbereitender Anordnungen kommt auch die Bestellung eines vorläufigen Verwalters des Sekundärinsolvenzverfahrens in Betracht[99].

34 In seiner Eurofood-Entscheidung hatte der EuGH[100] bekanntlich darüber zu erkennen, ob die Einsetzung eines *provisional liquidators* nach irischem Recht bereits die Anforderungen erfüllt, die von Art. 3 Abs. 1 EuInsvO an die Eröffnung eines Hauptinsolvenzverfahrens gestellt werden. Das hat im deutschspachigen Raum eine nachdrückliche Diskussion darüber ausgelöst, ob auch das Eröffnungsverfahren bei Vorliegen vorläufiger Anordnungen des Insolvenzgerichts nach den §§ 21ff. InsO als Hauptinsolvenzverfahren iSv Art. 3 Abs. 1 EuInsVO anzuerkennen sei[101]. Der EuGH hat dies nicht entschieden; er hat allein die Einleitung eines Insolvenzverfahrens unter Einsetzung eines provisionel liquidators nach irischem Recht als hinreichende Bedingung für die Eröffnung eines Hauptinsolvenzverfahrens angesehen. Dabei hat der EuGH sich freilich nicht etwa auf eine europäisch-autonome Auslegung des Art. 3 Abs. 1 EuInsVO und des Art. 1 Abs. 1 EuInsVO gestützt, woraus gegebenenfalls abgeleitet werden könnte, auch jedwede vorläufigen Anordnungen eines Insolvenzgerichts im Geltungsbereich der EuInsVO sei geeignet, ein Hauptinsolvenzverfahren auszulösen, wenn die Rechtsfolgen dieser vorläufigen Anordnungen Wirkungen nach sich ziehen, die in Art. 1 Abs. 1 EuInsVO beschrieben werden. Vielmehr hat der EuGH in seiner Eurofood-Entscheidung auf Art. 4 Abs. 2 Abs. 1, Abs. 2 EuInsVO gestützt. Danach gilt für das Insolvenzverfahren und seine Wirkungen das Recht des Staates der Verfahrenseröffnung (Art. 4 Abs. 1 EuInsVO); namentlich gilt dies für die Voraussetzungen, unter denen ein Verfahren eröffnet wird (Art. 4 Abs. 2 EuInsVO). Die Art der Argumentation des EuGH ist zT auf Ablehnung[102] gestoßen.

4. Legaldefinition des Verwalters

35 Die Kritiker[103] des EuGH gehen freilich mit dem EuGH[104] aus, dass die EuInsVO europäisch-autonom auszulegen sei, ziehen aus diesem methodischen Dispositiv aber einen grundsätzlich anderen Schluss, als er in der Eurofood-Entscheidung zum Tragen kommt. Die Kritik rückt die *Person*, genauer: die *verfahrensrechtliche Rolle* des vorläufigen Verwalters nach deutschem Recht (§ 21 Abs. 2 S. 1 Nr. 2 InsO) in den Mittelpunkt ihrer Aufmerksamkeit – was durch den Ansatz der Eurofood-Entscheidung beim provisional liquidator nahezuliegen scheint.

36 Die Auffassung, die den rechtsdogmatischen Ansatz des EuGH kritisiert und aus seiner Entscheidung darauf schliessen will, dass es sich beim „Eröffnungsverfah-

---

99 *Smid*, Praxishandbuch Insolvenzrecht, 5. Aufl 2007, § 41, Rz 46.
100 EuGH (Fn 84).
101 *Herchen* NZI 2006, 435, 437; *Mankowski* BB 2006, 1753, 1756/1757.
102 *Mankowski* (Fn 101).
103 Skeptisch zur praktischen Bedeutung: *Mankowski* (Fn 101) 1755 ff.
104 EuGH (Fn 84).

ren" nach deutschem Recht um ein Hauptinsolvenzverfahren handelt, blendet Art. 4 EuInsVO aus. Sie geht von Art. 3 Abs. 1 EuInsVO vor dem Hintergrund des Art. 1 Abs. 1 EuInsVO aus. Dort scheinen sich allgemeine Elemente zu finden, aus denen darauf geschlossen werden kann, dass die Anordnung der „vorläufigen Insolvenzverwaltung" nach § 21 Abs. 2 S. 2 Nr. 2 InsO zwar im Kontext des deutschen Insolvenzrechts nicht als Eröffnungsbeschluss zu deuten ist – da dessen Erlass die Anforderungen des § 27 InsO erfüllen muss. Der vorläufige Verwalter gem § 21 Abs. 2 S. 2 Nr. 2 InsO scheint aber ein „Verwalter" zu sein, wie ihn Art. 1 Abs. 1 EuInsVO voraussetzt, damit ein Verfahren (überhaupt) als Insolvenzverfahren qualifiziert werden kann. Denn Art. 2 lit b EuInsVO trifft die Legaldefinition, dass Verwalter" diejenige Person ist, die dazu berufen ist, die Masse zu verwalten, zu verwerten oder die Geschäftstätigkeit des Schuldners zu verwerten. Art. 2 lit b EuInsVO verweist dabei auf den Anhang C zur EuInsVO, wo der vorläufige Verwalter deutschen Rechts ausdrücklich als Verwalter nach Art. 2 lit b EuInsVO angeführt wird.

Da Anhang C zur EuInsVO den deutschen vorläufigen Verwalter – im übrigen eben- 37
so wie den irischen (anders übrigens als den provisional liquidator nach britischem Recht!) – als „Verwalter" ansieht scheinen die Befürworter der Qualifikation des deutschen Eröffnungsverfahrens als Hauptinsolvenzverfahren für ihre Ansicht ins Feld führen zu können, dass Art. 1 Abs. 1 EuInsVO neben der Entmachtung des Schuldners durch Verwalterbestellung den teilweisen Beschlag des schuldnerischen Vermögens für die Annahme eines Insolvenzverfahrens genügen lässt. Das Kriterium des Art. 1 Abs. 1 EuInsVO, das Insolvenzverfahren iSd EuInsVO setze die Insolvenz des Schuldners voraus, bleibt insoweit ausgeblendet – was aber schon damit einhergeht, dass dieses Kriterium wiederum europäisch-autonom sehr weit zu verstehen ist. Denn ob der Schuldner in der Tat „materiell" insolvent ist wird zB nach österreichischem Recht im Falle des Eigenantrages nicht geprüft[105] und ist im deutschen Recht bei dem auf drohende Zahlungsunfähigkeit nach § 18 InsO gestützten Eigenantrag ebenfalls nicht vorausgesetzt[106]. Damit scheinen alle Elemente versammelt, die vordergründig erforderlich sind, um das deutsche Eröffnungsverfahren „europäisch-autonom" als Hauptinsolvenzverfahren gem Art. 3 Abs. 1 EuInsVO zu qualifizieren.

In diesem Zusammenhang werden freilich von den Vertretern dieser Auffassung zT 38
Differenzierungen vorgeschlagen. So wird zwischen dem vorläufigen Zustimmungsverwalter, dem vorläufigen Verwalter mit konkret bestimmten Einzelermächtigungen und dem vorläufigen Verwalter gem § 22 Abs. 1 InsO unterschieden; wenigstens im Falle der Einsetzung des letzteren soll wegen der ihm zustehenden umfassenden Rechtsmacht von der Eröffnung eines Hauptinsolvenzverfahrens im europäischen Sinne auszugehen sein. Man mag nämlich füglich darüber streiten, ob der Zustimmungsverwalter gem § 21 Abs. 2 S. 2 Nr. 2, 2. Var InsO das schuldnerische Vermögen „verwaltet, da dies höchst mittelbar wäre: Denn er erteilt oder verweigert allein Verwaltungsmaßnahmen des Schuldners seine Zustimmung. Für

105 *Kodek*, Handbuch Privatkonkurs, 2002, Rn 109.
106 *Smid*, Praxishandbuch Insolvenzrecht, 5. Aufl. 2007 Rn 3.66f.

den besonders hierzu ermächtigten vorläufigen Verwalter (§ 21 Abs. 2 S. 2 Nr. 2 InsO) oder den vorläufigen Verwalter nach § 22 Abs. 1 InsO gelten diese Bedenken nicht. Und es scheint sogar so zu sein, dass der vorläufige Verwalter sogar in bestimmten Fällen zur *Verwertung* der Insolvenzmasse berechtigt ist, da § 21 S. 2 Abs. 2 Nr. 5 InsO in der seit dem 1. 7. 2007 geltenden Fassung die Möglichkeit eröffnet, dass der vorläufige Verwalter sicherungszedierte Forderungen aufgrund besonderer Ermächtigung des Insolvenzgerichts einzieht.

39 Die Protagonisten dieser Auffassung übersehen bei alledem durchaus nicht das Problem, dass sich für ihre Ansicht aus dem Kontext des deutschen Insolvenzrechts erhebliche Schwierigkeiten ergeben. Aber es erscheint ihnen gleichgültig, dass nach deutschem Recht eine Vermögensbeschlagnahme unter Einsetzung eines Verwalters nur vorläufig erfolgt, da der EuGH selbst davon ausgeht, dass „Rückwirkungsfiktionen" europäisch anzuerkennen seien[107]. Nun könnte man behaupten, auch im deutschen Recht sei eine derartige „Rückwirkungsfiktion" wenn auch nicht ausdrücklich anerkannt, so doch aus § 55 Abs. 2 InsO zu folgern. Der Erlaß eines Eröffnungsbeschlusses gem § 27 InsO bewirkt nämlich, dass, soweit der vorläufige Verwalter hierzu ermächtigt war, die von ihm begründeten Verbindlichkeiten vorab aus der Masse zu begleichen sind[108] – was nichts anderes als eine Rückwirkung des Eröffnungsbeschlusses auf die Verwaltungsmaßnahmen des vorläufigen Verwalters darstellt.

40 Vor diesem Hintergrund scheint es zunächst nicht unplausibel, dass von der referierten Auffassung aus alledem gefolgert wird, dass das deutsche Recht selbst von Wirkungen der Anordnung der vorläufigen Verwaltung ausgeht, die die Anforderungen erfüllen, die von Art. 1 Abs. 1 EuInsVO an ein Insolvenzverfahren gestellt werden. Dass sich im positiv gesetzten Recht hierzu nicht ausdrücklich etwas findet, erscheint dabei unschädlich, zumal in der Judikatur[109] bisweilen zudem davon ausgegangen wird, dass die Lage im deutschen Recht sich nicht von der etwa im irischen Recht unterscheidet.

41 Demgegenüber verfängt es nicht, auf die gegenüber den Befugnissen des Verwalters im eröffneten Verfahren eingeschränkten Befugnissen des vorläufigen Insolvenzverwalters – namentlich im Zusammenhang der Verwertung von Sachen, an denen Absonderungsrechte bestehen, zu verweisen. Denn damit werden nur Besonderheiten des deutschen Rechts angesprochen, die vor dem Hintergrund der einmal festgestellten Verwaltungsbefugnis des vorläufigen Verwalters nach § 22 Abs. 1 und Abs. 2 InsO nach den Prämissen der hier skizzierten Auffassung nicht ausschlaggebend sind.

42 Zutreffend ist, dass die EuInsVO auch wegen der Bestimmung der Anforderung an die Eröffnung eines Insolvenzverfahrens einer europäisch-autonomen Auslegung

---

107 EuGH (Fn 84).

108 OLG Innsbruck (Fn 83).

109 Im Fall Brochier: AG Nürnberg, B. v. 15. 8. 2006, ZIP 2007, 81; B. v. 1. 10. 2006, ZIP 2007, 83; High Court of Justice London 8. 12. 2006, NZI 2007, 187.

bedarf. Knüpft man – wie die vorstehend referierte im deutschsprachigen Raum vorherrschende – Lehre bei Art. 3 Abs. 1 und Art. 1 Abs. 1 EuInsVO an bleibt die Argumentation eigentümlich „begrifflich – da sie bei der Frage nach Vorwirkungen von Sicherungsmaßnahmen im Vorfeld der Eröffnung des „eigentlichen" Insolvenzverfahrens stehen bleiben muss. Der EuGH hat demgegenüber über den von ihm vertretenen Ansatz einer autonomen Auslegung über Art. 4 Abs. 1 EuInsVO unmittelbar auf das nationale Insolvenzrecht verwiesen und damit die Möglichkeit einer autonomen Auslegung der EuInsVO in der Frage nach den Anforderungen an die Eröffnung eines Hauptinsolvenzverfahrens im Grunde beseite geschoben.

Will man die Frage nach den Anforderungen, die europäisch-autonom an ein insolvenzgerichtliches Dekret zu stellen sind, beantworten, muss man sich die methodischen Voraussetzungen vor Augen führen, unter denen es geboten und gerechtfertigt sein kann, Unterscheidungen zwischen den nationalen Insolvenzrechten der Mitgliedsstaaten in dieser Frage zu treffen. Auch für das europäische Recht gilt methodische der Grundsatz des Gebotes der Gleichbehandlung wesentlich gleicher Sachverhalte. Ob ein bestimmtes gerichtliches Dekret in einem Mitgliedsstaat, in dem die EuInsVO ein Insolvenzverfahren ebenso eröffnet wie ein Dekret eines Insolvenzgerichts eines anderen Mitgliedsstaates ist eine Frage nach der Gleichbehandlung wesentlich gleicher oder der Ungleichbehandlung wesentlich ungleicher Sachverhalte. Die auftretenden Auslegungsprobleme sind daher nicht zuletzt methodischer Natur. Dass im angelsächsischen Raum die Frage danach, ob ein gerichtliches Dekret den Anforderungen genügt, die von Art. 1 Abs. 1 und Art. 3 Abs. 1 EuInsVO an die Eröffnung eines (Haupt-)Insolvenzverfahrens gestellt werden, mit dem Verweis auf das Selbstverständnis des englischen oder irischen Insolvenzrechts beantwortet wird, hängt nicht zuletzt damit zusammen, dass das angelsächsische Rechtsverständnis Gleichbehandlung durch einen Abgleichung von Vorentscheidungen absichert. Durch diese methodische Orientierung lässt es jedenfalls innerhalb des Sinnzusammenhangs des irischen Insolvenzrechts als richtig erscheinen, darauf zu verweisen, dass der provisional liquidator und der provisional administrator nach den Übungen des irischen und des englischen Insolvenzrechts seit jeher von vornherein bereits in einem Insolvenzverfahren eingesetzt würden – das unter den Voraussetzungen des Art. 3 Abs. 1 EuInsVO ein Hauptinsolvenzverfahren sei. 43

Ob dagegen der Hinweis auf § 55 Abs. 2 InsO genügt, um im deutschen Recht aus einem vorläufigen Verfahren ein vorwirkendes Hauptinsolvenzverfahren zu machen, ist eher zweifelhaft, weil dies den methodischen Prämissen einer an systematischer Auslegung und Teleologie orientierten deutschen Rechtswissenschaft nicht gerecht wird: Denn § 55 Abs. 2 InsO wirkt nicht etwa dergestalt auf das Eröffnungsverfahren zurück, dass wegen der Haftung der durch den Eröffnungsbeschluss konstituierten Insolvenzmasse (arg. §§ 27, 35 Abs. 1 InsO[110] für Verbindlichkeiten, die der nach § 22 Abs. 1 InsO ermächtigte vorläufige Verwalter begründet hat, das In- 44

110 Zur Konstituierung der Insolvenzmasse als allgemeine Wirkung der Verfahrenseröffnung vgl *Smid*, Praxishandbuch Insolvenzrecht, 5. Aufl. 2007, § 7 Rn 2ff., Rn 4ff.

solvenzverfahren bereits mit einer vorläufigen Anordnung eröffnet würde, die doch die Voraussetzungen der Eröffnung des Verfahrens erst klären und vorbereiten soll.

45 Nun wird auch in der englischsprachigen Literatur konzediert, dass die Auslegung der EuInsVO sich an europäischen Standards zu orientieren hat. Ob dagegen der Hinweis auf § 55 Abs. 2 InsO genügt, um im deutschen Recht aus einem vorläufigen Verfahren ein vorwirkendes Hauptinsolvenzverfahren zu machen, ist eher zweifelhaft, weil dies den methodischen Prämissen einer an systematischer Auslegung und Teleologie orientierten deutschen Rechtswissenschaft nicht gerecht wird. Bislang in der Diskussion ebenso wie in der Judikatur des EuGH ist freilich als Ausgangspunkt einer systematischen Auslegung die EuInsVO in erstaunlicher Weise ausgeblendet worden. Die EuInsVO selbst unterscheidet nämlich zwischen eröffneten Insolvenzverfahren und Sicherungsanordnungen, die vor Verfahrenseröffnung getroffen worden sind. Art. 38 EuInsVO – der bezeichnender Weise auf deutsche Initiative hin mit Blick auf die Besonderheiten des deutschen Eröffnungsverfahrens in die EuInsVO aufgenommen worden ist – bestimmt, dass ein vorläufiger Verwalter befugt ist, zur Sicherung und Erhaltung des Schuldnervermögens, das sich in einem anderen Mitgliedstaat befindet, jede Maßnahme zu beantragen, die nach dem Recht dieses Staates für die Zeit zwischen dem Antrag auf Eröffnung eines Liquidationsverfahrens und dessen Eröffnung vorgesehen ist, wenn er von dem nach Artikel 3 Abs. 1 EuInsVO zuständigen Gericht eines Mitgliedstaats zur Sicherung des Schuldnervermögens bestellt worden ist. Diese Vorschrift hätte keinen Anwendungsbereich, wenn die Bestellung eines vorläufigen Verwalters bereits in jedem Fall die Eröffnung eines Hauptinsolvenzverfahrens nach sich ziehen würde.

4. Einzelfälle

46 Dies wird zunächst daran deutlich, dass sich die Art der Argumentation des AG Nürnberg im Fall Brochier mühelos umkehren lässt – und in der Praxis deutscher Insolvenzgerichte tatsächlich in umgekehrter Weise behandelt wird: Die Reichweite der Schwierigkeiten sind nämlich bereits vor dem Fall Brochier in einer Entscheidung des AG Hamburg[111] zu Tage getreten. Dort hatte das AG Hamburg ein Hauptinsolvenzverfahren eröffnet, nachdem auf Fremdantrag hin ein Insolvenzgericht in Prag einen vorläufigen Verwalter eingesetzt hatte. Der vorläufige Verwalter nach tschechischem Konkursrecht ist dem vorläufigen Verwalter vergleichbar, den das deutsche Konkursrecht kannte und der als Insolvenzverwalter fortbesteht, der vom Insolvenzgericht ernannt worden ist und über dessen Amtsfortdauer die Gläubiger im Berichtstermin noch zu entscheiden haben. Denn dieser Verwalter ist insofern „vorläufig“, als er im Wesentlichen die Masse durch Inbesitznahme sichert und zu substantiellen Verwertungsmaßnahmen im Verhältnis zu den Gläubigern noch nicht befugt ist (arg. § 157, § 159 InsO). Das AG Hamburg hatte seinerzeit ohne

---

111 Aircraft: AG Hamburg, B. v. 16. 3. 2005, Az. 67b IN 92/05 (unveröffentlicht); LG Hamburg, B. v. 18. 8. 2005 – 326 T 34/05, ZIP 2005, 1697; *Herchen* ZIP 2005, 1401, 1405 f.

Rücksicht auf die Struktur des tschechischen Konkursrechts auf den vorläufigen Masseverwalter tschechischen Rechts die §§ 21ff. InsO angewendet, was unangemessen ist.

47 Ein Gläubiger hatte am 11. 2. 2005 beim Stadtgericht Prag die Eröffnung des Hauptinsolvenzverfahrens über das Vermögen des Schuldners beantragt, dem rechtliches Gehört gewährt wurde, woraufhin am 8. 3. 2005 vom Stadtgericht Prag ein vorläufiger Insolvenzverwalter bestellt worden war. Zuvor hatte am 2. 3. 2005 der Schuldner beim AG Hamburg die Eröffnung des Insolvenzverfahrens unter Berufung darauf beantragt. Der Schuldner trug vor in Hamburg den Mittelpunkt seiner wirtschaftlichen Interessen iSv Art. 3 Abs. 1 EuInsVO zu haben. Überwiegend halte er sich in Hamburg und nur 100 Tage in der Tschechischen Republik auf. Das AG Hamburg eröffnete daraufhin das Hauptinsolvenzverfahren am 16. 3. 2005, was der Schuldner dem Stadtgericht Prag am 30. 3. 2005 mitteilte. Das Landgericht Hamburg hat den amtsgerichtlichen Eröffnungsbeschluss gehalten.

48 In dem vom Landgericht Hamburg zitierten Beschluss wird unter zutreffender Berufung auf das tschechische Konkurs- und subsidiär eingreifende Zivilverfahrensrecht darauf erkannt, dass mit der Einsetzung des vorläufigen Verwalters bzw zuvor bereits mit der Antragstellung ein Verfahren eröffnet werde. Im Abdruck der Entscheidung wird kursiv interpoliert eine Erläuterung, dass das tschechische Gericht „Eröffnung" als „Einleitung des Verfahrens" interpretiere. Gewiss ist die Entscheidung des Stadtgerichts Prag interessant; interessanter sind aber die Umstände, unter denen es zu dem hier dokumentierten Konflikt gekommen ist. Interessant ist auch das Missverständnis des deutschen Gerichts. Nicht nur die Babylonier waren bei ihrem bekannten Turmbau von einem Sprachengewirr befallen, nicht anders scheint es insbesondere nach der „Osterweiterung" mit den Staaten und dem Rechtsverkehr in der EU zu sein. Härter noch. Selbst dort wo uns Dokumente in deutscher Sprache vorliegen, werden diese nicht immer verstanden, weil es bei der Interpretation immer heißt, dass man sich von seinen deutschen Vorurteilen freimachen sollte. Dies aber ist wohl insbesondere im Rahmen der nun zu treffenden Entscheidungen durch das AG Hamburg, das der Beschwerde nicht abgeholfen hat und dem nunmehr zuständigen LG Hamburg zu berücksichtigen. Das AG Hamburg hat wohl gemeint, solange nur ein Antrag in Prag gestellt und ein vorläufiger Verwalter eingesetzt worden sei, sei ein Hauptinsolvenzverfahren als eröffnetes Verfahren, das einem nach § 27 InsO vergleichbar sei, noch nicht gegeben. Damit verkennt das AG Hamburg die Grundregeln des tschechischen Rechts vollständig, wie das Stadtgericht Prag in der vorliegenden Entscheidung vollständig plausibel dartut. Das AG Hamburg scheint sich bei seiner Entscheidung davon leiten gelassen zu haben, dass zwar wenn schon nicht das deutsche Recht, so doch dessen Grundstrukturen überall sonst auf der Welt und insbesondere natürlich in der tschechischen Republik vorherrschen. Dies nun ist aber nicht der Fall. Und es ist auch nicht zu erwarten, dass die tschechischen Juristen meinen, dass am deutschen Insolvenzrechtswesen ihr Konkursrecht genesen sollte. Bei der Auslegung der Art. 3 Abs. 1 EuInsVO sowie des Art. 102 EGInsO § 2, § 3 hat das deutsche Gericht daher zunächst einmal nicht von einem semantisch deutschen Vorverständnis auszugehen, sondern unter Berücksichtigung der europäisch autonomen Auslegung europäischer Vorschriften die Spezifika des ausländischen Rechts zu ergründen. Dies ist hier unterblieben, da der hamburger Richter die

Weitergabe des hamburger Beschlusses leider unterlassen hat – die sich indirekt aus der vorliegenden Feststellungsentscheidung des Stadtgerichts Prag ergibt. Nach deutschem Ausführungsrecht der EuInsVO wären daher andere Fragen zu stellen. Nach § 3 Art. 102 EGInsO[112] hat das Gericht nämlich zu ermitteln, ob im Ausland ein Insolvenzverfahren gegebenenfalls als Hauptinsolvenzverfahren eröffnet worden ist. Dann ist das inländische Verfahren bekanntlich einzustellen[113] oder als Sekundärinsolvenzverfahren fortzuführen, wenn die hierfür erforderlichen Anträge vorliegen. Das deutsche Ausführungsrecht zur EuInsVO setzt – wie vorliegende Entscheidung zeigt – daher die Kenntnis des ausländischen Rechts (der positiv-rechtlichen Vorschriften und der an sie geknüpften Wirkungen) voraus; diese kann nicht dadurch „ersetzt" werden, dass das deutsche Insolvenzgericht schlechthin deutsches Recht „unterstellt". Ist dem deutschen Insolvenzgericht das ausländische Recht nicht positiv bekannt (die hamburger Entscheidung täuscht über diese Frage hinweg), muss das Gericht *Beweis erheben*[114]. Dies geschieht durch Einholung eines Sachverständigengutachtens. Sowohl Amts- als auch Landgericht haben in der vorliegenden Entscheidung diese Anforderungen nicht erfüllt. Ärgerlicher noch: In der hamburger Entscheidung wird zwar ohne Angabe von einschlägigen Vorschriften darüber spekuliert, die EuInsVO unterscheide zwischen Antrag und Eröffnung des Insolvenzverfahrens – was vom Stadtgericht Prag ja nicht in abrede gestellt wird. Es fehlt aber jeder Hinweis auf Anhang C der EuInsVO in der Fassung der Verordnung (EG) 603/2005[115], in der Anhang C. Dort wird nämlich die Person der Verwalter iSv Art. 2 lit b EuInsVO auch für das tschechische Recht mit der durch den Generalanwalt *Jacobs* (oben I) ausgeführten Weise geregelt. Die Verordnung (EG) 603/2005 ist in Deutschland unmittelbar geltendes Recht, das von den hamburger Gerichten anzuwenden gewesen wäre[116].

49 In Anhang C finden sich folgende Begriffe:
- Správce podsty
- Predbzny správce
- Vyrovnaci správce
- Zvlástni správce
- Zástupce správce

Wörtlich übersetzt bedeutet dies:
- Masseverwalter (Konkursverwalter)
- vorläufiger Verwalter
- Vergleichsverwalter,
- Sonderverwalter,
- Vertreter des Verwalters[117].

---

112 *Smid*, Deutsches und Europäisches Internationales Insolvenzrecht, 2004, § 3 Art. 102 EGInsO Rn 2.

113 *Smid* (Fn 112) § 3 Art. 102 EGInsO Rn 3.

114 Vgl allein *Rosenberg/Schwab/Gottwald*, Zivilprozeßrecht, 2004, § 110 Rn 14.

115 Verordnung (EG) 603/2005 des Rates v 12. 4. 2005 ABl L 100/1 v 20. 4. 2005.

116 Dies verkennt auch *Herchen* ZIP 2005, 1401 ff.

117 Hierfür und für weitere Auskünfte über den heutigen Stand des tschechischen Insolvenzrechts schulde ich Herrn Dr. Bohata, Institut für Ostrecht, München, Referat für Tschechisches und slowakisches Recht, großen Dank!

In der Tat stellt die Bestellung eines vorläufigen Verwalters den spätesten im Rahmen des EU-Rechts über grenzüberschreitende Insolvenzverfahren anzuerkennenden Zeitpunkt für die Eröffnung eines Insolvenzverfahrens dar. Vorläufiger Verwalter in den Rechten Tschechiens aber auch der Slowakei ist nicht etwa ein Verwalter, der in einem Eröffnungsverfahren als Sachverständiger oder als Aufsichtsperson bestellt worden ist[118]. Sondern vorläufiger Konkursverwalter ist der erste im eröffneten Konkursverfahren eingesetzte Verwalter. In den fraglichen Rechten Tschechiens aber auch der Slowakei kennt das Gesetz zwar die Möglichkeit eines Eröffnungsverfahrens. Dies ist beispielsweise auch im österreichischen Konkursrecht möglich. Die Gerichte machen aber hiervon keinen Gebrauch, da Verfahren sogleich eröffnet zu werden pflegen. Für den Fall des Eintritts der Masseunzulänglichkeit stehen dem vorläufigen Verwalter Instrumentarien zur Verfügung, die es ihm erlauben beim Konkursgericht eine Verfahrenseinstellung zu erwirken. Der vorläufige Verwalter darf nur *nach* Eröffnung des Insolvenzverfahrens und vor Erklärung des Konkurses (einer Feststellung der materiellen Insolvenz des Schuldners) durch das Gericht bestellt werden. Er soll den Umfang der Konkursmasse feststellen, falls dies nach Lage des Falles sinnvoll erscheint. Wird durch das Gericht der Konkurs erklärt, so wird aus dem vorläufigen Verwalter ein Masseverwalter. Das tschechische Gesetz unterscheidet begrifflich nicht zwischen einem Vor- und Hauptverfahren. 50

Im angelsächsischen Insolvenzrecht wird nun die Rolle des provisional liquidator durch Sicherungsaufgaben beschrieben. „The primary reason for appointing a provisional liquidator is normally to ensure the preservation of the company's assets pending the hearing of the winding up petition. A provisional liquidator will have such powers as the court may direct; these powers are usually more limited than the powers of a liquidator. Und A provisional liquidation is the Court appointment of a liquidator to a company in the period between the filing of the application to wind up the company and the Court hearing the application, pursuant to section 231 of the Companies Act 1965 („the Act") and Rule 35 of the Companies (Winding Up) Rules 1972 („the Rules"). The appointment is provisional because the company may not be wound up at that hearing, or another official liquidator may be appointed. The effect of the appointment of a provisional liquidator is that the powers of the board of directors immediately cease, and the powers of managing the company vests in the provisional liquidator. A sudden *ex parte* (i.e. without any notice being given to the other party) appointment of a provisional liquidator over a company allows the provisional liquidator to show up at the doorstep of the company's office, the Order of appointment in hand, and proceed to lock up the office and seize control of all documents, assets and property of the company. Depending on the circumstances, the terms of the *ex parte* Order may even allow the provisional liquidator (and his representatives) to enter the homes of the directors or any other 51

118 So schreiben *Munckova/Thurner/Buckova*, Tschechisches Insolvenzrecht Wien 1996, 36 ausdrücklich, Sicherungsmaßnahmen, die denen nach dem deutschen Insolvenzrecht oder gar nur denen nach österreichischem Konkursrecht vorgesehen seien, halte das tschechische Insolvenzrecht nicht bereit.

place to seize company documents, if there are grounds to believe that these company documents have been secreted away. The business of the company may well be paralysed as the provisional liquidator may or may not continue with the running of the company. Additionally, there may be irreversible damage to the goodwill and reputation of the company.The *ex parte* appointment is normally based on the justification that the assets and affairs of the respondent company are in jeopardy. Such appointment is made to ensure that the assets and property of the respondent are under the control of the provisional liquidator until the determination of the winding up petition. Hence, any notice given to the respondent might result in a dissipation of the assets before the provisional liquidator is appointed. The *ex parte* appointment is normally based on the justification that the assets and affairs of the respondent company are in jeopardy. The *ex parte* appointment of the provisional liquidator lasts until the disposal of the winding up petition and even then there is no automatic right to an *inter partes* hearing. Hence it is crucial for the respondent company to quickly apply to set aside this *ex parte* appointment or the company will continue to be paralysed.

52 Darauf kommt es aber für die Qualifikation des deutschen Eröffnungsverfahrens nicht an. Denn für die Entscheidung des EuGH in Sachen Eurofood war entscheidend, dass das oberste irische Gericht – für den EuGH verbindlich – das irische Insolvenzrecht in einer Weise ausgelegt hat, nach der mit der Einsetzung eines provisional administrators ein Hauptinsolvenzverfahren eröffnet wird. Damit stand aber der Inhalt des vom EuGH zu Recht nach Art. 4 EuInsVO für maßgeblich erachtete autonomen nationalen Insolvenzrechts fest, ohne dass es insoweit näherer dogmatischer Einzeluntersuchungen bedurft hätte.

53 Für das deutsche Insolvenzrecht folgt daraus indes, dass wir nur unter der Voraussetzung die einstweilige Anordnung, mit der das Eröffnungsverfahren eingeleitet wird, als Eröffnung eines Hauptinsolvenzverfahrens qualifizieren dürfen, wenn und soweit das deutsche Recht davon ausgeht, dass zwischen Eröffnungs- und Hauptinsolvenzverfahren kein Unterschied besteht. Das aber wird von niemandem vertreten.

V. Judikatur des BGH: Die Anordnung von Sicherungsmaßnahmen „heilt“ nicht die zeitlich spätere Eröffnung eines Hauptinsolvenzverfahrens

54 Der BGH hält sich in seiner oben (§ 3 Rn 13 ff.) zitierten Entscheidung[119] zum Scheininsolvenzverwalter in einem unter Verstoß gegen das Prioritätsprinzip der EuInsVO rechtswidrig eröffneten Hauptinsolvenzverfahren nicht erst mit spekulativen Überlegungen zu einer „Rückwirkung“ des Eröffnungsbeschlusses gar nicht erst auf. Er bleibt vielmehr mit guten Gründen bei der Unterscheidung von Hauptinsolvenzverfahren und dem Eröffnungsverfahren, in dem ja schließlich erst festzustellen ist, ob

119 BGH, Beschl v 29. 5. 2008 – IX ZB 102/07, ZIP 2008, 1338.

die Statuswirkungen der Eröffnung eines Insolvenzverfahrens ausgelöst werden dürfen oder nicht. Ganz abgesehen davon, dass gerade das Insolvenzgeld, das gleichsam den geheimen Grund für das eigenartig langwierige deutsche Eröffnungsverfahren bildet, wegen vor Eröffnung des Insolvenzverfahrens ausstehender Lohn- und Gehaltsforderungen greift, also dann systematisch kaum noch nachvollziehbar wäre, wenn bereits die Bestellung eines vorläufigen Verwalters gleichsam Eröffnungswirkungen nach sich ziehen würde, hat der BGH sich derart verstiegenen Spekulationen verschlossen. Richtigerweise orientiert sich der IX. Zivilsenat daher an zwei Eckpfeilern, innerhalb derer sich seine Argumentation bewegt. Zum einen schließt es an seine gesamte Judikatur zur Dogmatik des Eröffnungsverfahrens und der Vorläufigkeit der dort wahrzunehmenden Sicherungsaufgaben an, dass der BGH sich jedweder Rückwirkungsmetaphysik verschließt; und dies wird ihm um so leichter gemacht, als das geltende deutsche Ausführungsrecht zur EuInsVO sich europarechtskonform allein an dem statusändernden Eröffnungsbeschluss orientiert.

§ 6 Sekundärinsolvenzverfahren

I. Einleitung des Sekundärinsolvenzverfahrens

1. Partikularmasse

a) *Konstitution einer im Staate des Sekundärinsolvenzverfahrens belegenen Masse*

In den vorangegangenen Ausführungen sind jene Fragen erörtert worden, die sich aus der *ipso iure*-Anerkennung der universellen Wirkungen des Hauptinsolvenzverfahrens und insb der Stellung des dort eingesetzten Insolvenzverwalters ergeben. Dabei ist bereits an verschiedenen Stellen auf die Strukturen des Sekundärinsolvenzverfahrens eingegangen worden, die nunmehr in ihren Einzelheiten zu erörtern sind. Als Sekundärinsolvenzverfahren kann ausschließlich ein Insolvenzverfahren iSv Art. 2 lit c iVm lit a eröffnet werden, dass *zur Liquidation des Schuldnervermögens* führt[1]. Um welche Verfahren es sich dabei handelt, ergibt sich aus Anhang B zur EuInsVO[2]. Im Gegensatz dazu lässt Art. 175 des schweizerischen IPRG zu, dass ein Partikularkonkurs auch zum Zweck der Sanierung des Schuldners im Wege eines dort sog Nachlassverfahrens eröffnet wird[3]. Gleiches gilt für das Recht der USA[4]. Grundlegendes Merkmal des partikular-territorial wirkenden[5] Sekundärinsolvenzverfahrens ist die Konstitution einer auf dem Gebiet des eröffnenden Mitgliedstaates belegenen Masse (Art. 27 S. 3)[6]. 1

Die Eigenverwaltung darf auch in einem liquidierenden Sekundärinsolvenzverfahren angeordnet werden[7]. 2

Die Reichweite der Entscheidung des AG Kölns für die Auslegung des innerstaatlichen Rechts der Eigenverwaltung wird erst hinreichend deutlich, wenn man die Struktur des Sekundärinsolvenzverfahrens Revue passieren lässt, für das die Anordnung der Eigenverwaltung vom AG Köln für zulässig erachtet worden ist. Als Sekundärinsolvenzverfahren kann ausschließlich ein Insolvenzverfahren iSv Art. 2 lit. c iVm lit. a EuInsVO eröffnet werden, dass zur Liquidation des Schuldnervermögens führt. Um welche Verfahren es sich dabei handelt, ergibt sich aus Anhang B zur EuIns- 3

---

1 FK-*Wimmer*, Anhang I Rn 128 ff. Zu den Problemen der Sanierung im Sekundärinsolvenzverfahren vgl. insbes. *Lieder*, Grenzüberschreitende Unternehmenssanierung im Lichte der EuInsVO, 2007, 77 ff.

2 *Spahlinger*, Sekundärinsolvenzverfahren, 254; vgl zur Problematik *Reinhard*, Sanierungsverfahren im internationalen Insolvenzrecht, 255 ff.

3 *Reinhard*, Sanierungsverfahren im internationalen Insolvenzrecht, 259 ff.

4 *Reinhard*, Sanierungsverfahren im internationalen Insolvenzrecht, 267 ff.

5 Vgl *Huber*, ZZP Bd 114 (2001) 133, 141 f.

6 *Virgos/Schmit* in *Stoll*, Nr. 224.

7 Automold: AG Köln, B v 23. 1. 2004 – 71 IN 1/04, DZWIR 2004, 434.

VO. Diese Grundstruktur des Sekundärinsolvenzverfahrens scheint die Anordnung der Eigenverwaltung des Schuldners nicht in Frage zu stellen. Denn die weit überwiegende Meinung[8] geht davon aus, dass auch in einem liquidierenden Insolvenzverfahren die Eigenverwaltung des Schuldners angeordnet werden kann, wenn deren Voraussetzungen nach § 270 InsO im übrigen vorliegen. Im deutschen Recht hatte der Reformgesetzgeber der InsO denn auch die Anordnung der Eigenverwaltung bewusst von der Vorlage eines Reorganisationsplans gelöst[9]. Hierauf muss an dieser Stelle aber nicht näher eingegangen werden[10]. Denn selbst wenn man die Ansicht teilt, dass die Eigenverwaltung des Schuldners das Angebot wenigstens eines Liquidationsplanes an die Gläubiger voraussetzt wird für die Frage der Zulässigkeit der Anordnung der Eigenverwaltung im Sekundärinsolvenzverfahren doch deutlich, dass die Struktur des Sekundärinsolvenzverfahrens der Wahrnehmung der Masseverwaltungsaufgaben durch einen debtor in possession nicht entgegensteht. Die Bedenken gegen die Zulässigkeit der Eigenverwaltung in einem in Deutschland eröffneten Sekundärinsolvenzverfahren rühren aus dessen Struktur, namentlich der spezifischen Kooperationsaufgabe des Verwalters im Sekundärinsolvenzverfahren her. Kernstück der Regelungen über das Sekundärinsolvenzverfahren ist Art. 31 EuInsVO. Die Anordnung der Eigenverwaltung des Schuldners scheint die von den Kooperationsregeln der Art. 31 ff. EuInsVO erheblich in Frage zu stellen. Denn von dem eigenverwaltenden Schuldner wird erwartet, dass er in Bezug auf die Masseverwaltung diejenigen Pflichten erfüllt, die einen *Verwalter* treffen würden. Dass spricht aber aus drei Gründen nicht gegen die Anordnung der Eigenverwaltung im in Deutschland eröffneten Sekundärinsolvenzverfahren. Zum einen ist es denkbar, dass auch in einem anderen Mitgliedsstaat der EU eröffneten *Hauptinsolvenzverfahren* ein eigenverwaltender Schuldner zur Verwaltung der Insolvenzmasse eingesetzt wird. Daher ist es denkbar, dass sowohl in Haupt- als auch im Sekundärinsolvenzverfahren sich debtors in possession gegenüberstehen. Zum anderen: Unabhängig davon, ob ein Partikular- oder ein Hauptinsolvenzverfahren eingeleitet wird, nimmt der Verwalter eine zentrale Stellung ein[11]. Mit der Anordnung kooperativer Abstimmung der Verwalter untereinander, wie sie Art. 32 EuInsVO regelt, steigert sich die Bedeutung der Fachkompetenz nur noch. So ist z.B. bereits im geltenden deutschen Recht die Abstimmung von Zwangsverwaltern einer massezugehörigen Immobilie auf der einen mit dem im über das Vermögen des Eigentümers eröffneten Insolvenzverfahren eingesetzten Insolvenzverwalter auf der anderen Seite nicht selten problematisch. Für das Verfahren der Auswahl des Verwalters ist nach Art. 4 Abs. 1 EuInsVO bzw. Art. 28 EuInsVO das Recht des Eröffnungsstaates anwendbar. Die das besondere Verhältnis zwischen Haupt- und Sekundärinsolvenzverfahren auszeichnenden Kooperationspflichten betreffen nicht den eigenverwaltenden Schuldner. Denn *wer* als Verwalter iSd Art. 31 EuInsVO und damit als Adressat der Kooperationspflichten anzusehen ist, ergibt sich nach der Legaldefiniton des Art. 2 lit. b) EuInsVO aus den in Anhang C der Verordnung genannten Amtsträgern. Für Verfahren, in denen eine Form der Eigenverwaltung angeordnet werden kann, sind genannt z.B. für das österreichische Ausgleichsverfahren der Ausgleichsverwalter, das deutsche Verfahren der Eigenverwaltung der Sachwalter oder für das italienische Verfahren der ammistrazione controllata[12] der commissario. M.a.W. ist die besondere Fachkompetenz, die zur Erfüllung von Kooperationspflichten gefordert ist, von professionellen Verwaltern erfüllt. Schließlich ist darauf aufmerksam zu machen, dass für

---

8 *Spahlinger*, Sekundärinsolvenzverfahren, 254; vgl zur Problematik *Reinhard*, Sanierungsverfahren im internationalen Insolvenzrecht, 255 ff.

9 Kritisch dagegen *Wehdeking*, Die Masseverwaltung des insolventen Schuldners, 2005, Rn 3.1. ff.

10 *Wehdeking* (Fn 9) weist in ihrer Untersuchung nach, dass Maßstab der Zulässigkeit der Eigenverwaltung die Durchführung eines Verfahrens ist, in dem der Schuldner nicht „weiterwurstelt", sondern nach einem für die Gläubiger nachvollziehbaren Konzept die Sanierung oder Liquidation des Vermögens durchführt – was einen Insolvenzplan voraussetzt.

11 Vgl. für das internationale Insolvenzrecht *Potthast*, Probleme eines Europäischen Konkursübereinkommens, 1995, 108; *Summ*, Anerkennung ausländischer Konkurse in der Bundesrepublik Deutschland, 1992, 45.

12 Zu der Qualifikation der ammistrazione controllata als Verfahren der Eigenverwaltung *Wehdeking* (Fn 9).

den Fall, dass der Verwalter des Hauptinsolvenzverfahrens die Besorgnis hat, die Anordnung der Eigenverwaltung im Sekundärinsolvenzverfahren könne die Erfüllung von Kooperationspflichten erschweren oder vereiteln, er dies gegebenenfalls mit einer Schutzschrift oder für den Fall, dass er den Antrag stellt (Art. 29 lit. a EuInsVO), mit seinem Eröffnungsantrag die gegen die Anordnung der Eigenverwaltung sprechenden Nachteile (vgl. § 272 Abs. 2 Nr. 2 und 3 InsO) vortragen.

Der zulässig eröffnete Partikularkonkurs[13] wird nicht anders als das Hauptinsolvenzverfahren „international anerkannt", wiewohl es an einer ausdrücklichen Vorschrift der EuInsVO fehlt[14]. Das Partikularinsolvenzverfahren beschränkt nämlich international wirksam die Masse des Hauptinsolvenzverfahrens. Die Konstituierung einer Sondermasse des Partikularinsolvenzverfahrens gegenüber der des Hauptinsolvenzverfahrens dient der Gewährleistung des Vorranges der Gläubiger, die ihren Sitz im Gebiet des das Partikularinsolvenzverfahren eröffnenden Staates haben[15] bzw dort ihre Forderungen anmelden (vgl Art. 39 EuInsVO). Umgekehrt wird international wirksam durch die Konstituierung der Partikularmasse im Sekundärinsolvenzverfahren ein *Nachrang* des universelle Geltung beanspruchenden Hauptinsolvenzverfahrens begründet[16], genauer *sub specie* der Partikularmasse ein Nachrang der Forderungen hergestellt, die im Hauptinsolvenzverfahren angemeldet sind. 4

Durch die Einleitung eines Sekundärinsolvenzverfahrens kann daher verhindert werden, dass die im Gebiet des Eröffnungsstaates belegene Partikularmasse zur Finanzierung der durch das Hauptinsolvenzverfahren hervorgerufenen Masseverbindlichkeiten herangezogen wird[17]. 5

b) *Bestehen einer „Niederlassung" als Voraussetzung*

Zwingende Voraussetzung für die internationale Zuständigkeit des Gerichtes für die Eröffnung des Sekundärinsolvenzverfahrens ist nach Art. 3 Abs. 2 EuInsVO eine der Aufstellungen des Art. 2 lit h EuInsVO genügende „Niederlassung" in seinem Territorium (Eröffnungsvoraussetzung), vgl oben § 2[18]. Das angerufene Gericht prüft daher, ob der Insolvenzschuldner auf seinem Gebiet eine Niederlassung iSv Art. 2 lit h EuInsVO unterhält, um die Voraussetzungen seiner internationalen Zuständigkeit festzustellen[19]. Die nach lokalem Recht geforderten Eröffnungsvoraussetzungen müssen hingegen nicht erfüllt sein[20]. Liegt nämlich *keine Niederlassung*[21] 6

---

13 *Thieme* in *Stoll*, 212, 219 f.
14 Diese fordert *Thieme* in *Stoll*, 220; es jedoch ist zweifelhaft, ob wirklich gute Gründe dafür sprechen.
15 *Thieme* in *Stoll*, 221 f.
16 *Bloching*, Pluralität und Partikularinsolvenz, 139.
17 *Bloching*, Pluralität und Partikularinsolvenz, 211 f.
18 *Gottwald*, Insolvenzhandbuch, § 131 Rn 17; *Spahlinger*, Sekundärinsolvenzverfahren, 322; eingehend *Adam*, Zuständigkeitsfragen bei der Insolvenz internationaler Unternehmensverbindungen, 2006, 39 ff.
19 *Virgos/Schmit*, Nr. 213, 219.
20 *Virgos/Schmit*, Nr. 213, 3. Abs.
21 Bei Schuldenregulierungsverfahren, also bei Konkursverfahren von Nichtunternehmern, liegt mangels einer Niederlassung regelmässig kein Raum für die Eröffnung von Sekundärinsolvenzver-

vor, entfaltet doch gleichwohl das *Hauptinsolvenzverfahren* gegen das im Territorium des anderen Staates belegene Schuldnervermögen *volle Beschlagswirkungen* auch dann, wenn in dem anderen Staat ein Insolvenzverfahren über das Vermögen des Schuldners nicht eröffnet werden könnte[22].

7 Voraussetzung für das Vorliegen einer Niederlassung nach Art. 3 Abs. 2 ist jedoch nicht, dass diese zur Gewinnerzielung dient[23]. Es genügt, dass eine wirtschaftliche Aktivität von gewisser Dauerhaftigkeit mit einem Mindestmaß an Organisation entfaltet wird[24].

8 In den zur Eröffnung eines Hauptinsolvenzverfahrens der in Innsbruck operierenden und im innsbrucker Firmenbuch eingetragenen Hettlage KG durch das AG – Insolvenzgericht – München[25] ergangenen Entscheidungen des innsbrucker Konkursgerichts[26] ist als Niederlassung auch das sowohl registerrechtlich als auch operativ in dem Mitgliedsstaat liegende Unternehmen behandelt worden, über das durch einen anderen Mitgliedsstaat ein Hauptinsolvenzverfahren eröffnet worden ist. Das ist richtig. Denn damit wird verschiedenen Problemen in angemessener Weise Rechnung getragen. Zum einen wird darauf reagiert, dass die Eröffnung des Hauptinsolvenzverfahrens wegen des Grundsatzes des europäischen Vertrauens und dem Ausschluss der revision au fond im „eigentlich" zur Eröffnung eines Hauptinsolvenzverfahrens berufenen Mitgliedsstaat nach dem Prioritätsprinzip nicht in Frage gestellt werden kann. Zum anderen wird den Interessen des schuldnerischen Unternehmens sowie denen der lokalen Gläubiger durch eine solche weite Auslegung des Niederlassungsbegriffs Rechnung getragen[27].

c) *Örtliche Zuständigkeit*

9 Art. 3 Abs. 2 regelt nur die internationale Zuständigkeit des angerufenen Gerichts, nicht dagegen seine örtliche Zuständigkeit im Staat des Sekundärinsolvenzverfahrens. In diesem Zusammenhang greifen die nationalen Regelungen ein; in Österreich § 63 Abs. 1u Abs. 2 öKO, in Deutschland § 3 InsO, der an den Sitz des Schuldners anknüpft[28].

---

fahren vor. Zum Problem der natürlichen Personen der Fall Brynervall v. Johannson, Schwed. Berufungsgericht v. 2. 10. 2002 (zit. n. Pannen S. 160).

22 *Virgos/Schmit* in *Stoll*, Nr. 219, 2. Abs.

23 *Lüke*, ZZP 111 (1998) 275, 299.

24 *Huber*, ZZP Bd 114 (2001) 142. Fraglich daher bei „Briefkasten"niederlassungen, vgl den Fall Computer Trade International SPRL, Handelsgericht Tongeren 20. 2. 2003 (zit. n. Pannen S. 165).

25 AG München, B. v. 4. 5. 2004 – 1501 IE 1276/04, ZIP 2004, 962.

26 Landesgericht Innsbruck, B. v. 11. 5. 2004 – 9 S 15/04, ZIP 2004, 1721. A. A.: High Court of Justice Chancery Division London (Telia v. Hillcourt) B.C.C. 856 Ch D (zit. n. Pannen S. 160).

27 *Konecny*, in: Smid (Hrsg.), Neue Fragen des deutschen und internationalen Insolvenzrechts, 2006, 106, 115 ff.

28 *Trunk* in *Stoll*, 237. § 3 dInsO wird durch Art. 1 des im Entwurfstadium befindlichen Gesetzes zur Neufassung des Art. 102 EGInsO modifiziert.

2. Insolvenzrechtliche Voraussetzungen für die Eröffnung eines Sekundärinsolvenzverfahrens

In § 3 ist bereits darauf hingewiesen worden, dass es für die Eröffnung eines Sekundärinsolvenzverfahren in einem gegenüber dem im Hauptinsolvenzverfahren eröffnenden anderen Mitgliedstaat nicht darauf ankommt, ob der Insolvenzschuldner dort materiell insolvent ist (Art. 27 EuInsVO)[29]. So wurde bereits darauf hingewiesen, dass die universelle europäische Wirkung des Hoheitsaktes, mit dem das Hauptverfahren eröffnet wird, für eine gesonderte „Feststellung" der Insolvenz des Schuldners im Mitgliedstaat, in dem die Eröffnung des Sekundärinsolvenzantrages beantragt worden ist, keinen Raum mehr lässt[30]. 10

Allerdings wird in Deutschland der BGH[31] dafür zitiert, dass zur Feststellung der Voraussetzungen der Zahlungseinstellungen eines weltweit tätigen Unternehmens lediglich auf das Zahlungsverhalten der Niederlassung im (deutschen) Inland abzustellen sei[32]. Diese Entscheidung betrifft die an dieser Stelle interessierende Frage nach den verfahrensrechtlichen Voraussetzungen der Einleitung eines Sekundärinsolvenzverfahrens nicht, da sie allein das Problem behandelt, unter welchen Voraussetzung gläubigerbenachteiligende Handlungen einer Insolvenzanfechtung unterliegen – worauf unten (§ 9) näher einzugehen sein wird. 11

Die Feststellung des Vorliegens eines Eröffnungsgrundes durch den das Hauptinsolvenzverfahren eröffnenden Akt ist nicht auf dessen „Tatbestandswirkung" zurückzuführen, sondern auf den auf der EuInsVO als positivem Recht beruhenden[33] und europäisch-universell wirkenden Beschlagsakt. Der vorliegende *Eröffnungsbeschluss schließt*, weil er das gesamte Vermögen des Schuldners erfasst (§§ 1, 2), *konkurrierende Eröffnungsakte schlechthin aus*. Die Zulassung eines partikular-territorial beschränkt wirkenden, das Hauptinsolvenzverfahren insoweit einschränkenden Sekundärinsolvenzverfahren „durchbricht" daher nicht die gegen den Schuldner gerichtete Statusänderung durch das Hauptinsolvenzverfahren, sondern leitet sich aus diesem her. Für den Fall dass ein Sekundärinsolvenzverfahren nicht beantragt wird, stellt sich daher das universell wirkende Haupt- als Einheitsverfahren dar[34]. Das „isoliert" – also zeitlich vor dem Hauptinsolvenzverfahren – eingeleitete Partikularinsolvenzverfahren gem Art. 3 Abs. 4 EuInsVO bedarf nach der *lex fori concursus* demgegenüber der Prüfung von Eröffnungsgründen[35]. Diese Verfahren werden gem Art. 36 EuInsVO *ipso iure* in Sekundärinsolvenzverfahren umgewandelt, wenn ein Hauptinsolvenzverfahren eröffnet wird[36]. Das für die Eröffnung des Sekundärinsolvenzverfahrens international zuständige Gericht (Art. 3 Abs. 2 EuInsVO) muss 12

29 Anders aber Art. 11 UNCITRAL-ml, vgl UNCITRAL-guide Nr. 99.
30 *Balz*, ZIP 1996, 948, 953; *Mankowski*, ZIP 1995, 165 ff.; *Schollmeyer*, IPrax 1995, 150 ff.
31 BGH Urt v 11. 7. 1991, IX ZR 230/90, ZIP 1991, 1014.
32 FK-*Wimmer*, Anhang I Rn 133.
33 Vgl *Kleinfeller*, Z f Int, Priv u Öff R, 528 ff.
34 *Spahlinger*, Sekundärinsolvenzverfahren, 301; *Lüke*, ZZP Bd 111 (1998) 302.
35 *Hanisch* in *Stoll*, 202, 211.
36 *Keppelmüller*, Österreichisches internationales Konkursrecht, Rn 422.

daher das nach dem nationalen Insolvenzrecht dieses anderen Mitgliedstaates maßgebliche Recht der Eröffnungsgründe nicht besonders prüfen.

13 Die Art. 4, 28 EuInsVO wählen als Anknüpfungspunkt der Rechtsgeltung die territoriale Reichweite der Wirkungen des jeweiligen Eröffnungsdekrets, die im Falle eines Partikularkonkurses auf das jeweilige „Inland" beschränkt. Dieser Begriff entbehrt freilich hinreichender Trennschärfe[37]. Art. 28 EuInsVO ordnet daher an, dass (auch verfahrensrechtlich) auf das Sekundärinsolvenzverfahren die Vorschriften des Mitgliedsstaates Anwendung finden, in dessen Gebiet das Sekundärinsolvenzverfahren eröffnet worden ist[38]. Nach Art. 28 EuInsVO folgt für das Sekundärinsolvenzverfahren mit der in Art. 4 Abs. 1 EuInsVO statuierten „Grundregel"[39], der zufolge auf das Sekundärinsolvenzverfahren die *lex fori concursus* anzuwenden ist[40]. Im Verhältnis von Sekundärinsolvenzverfahren zum Hauptinsolvenzverfahren lässt sich dies so ausdrücken, dass das Statut der Partikularinsolvenz jenes der Hauptinsolvenz verdrängt[41], was natürlich Abgrenzungsprobleme hervorruft[42].

a) Gutglaubensschutz

14 Vor der Eröffnung eines inländischen Hauptinsolvenzverfahrens mit universeller Wirkung genießt der Drittschuldner einer inländischen Forderung auch dann Gutglaubensschutz, wenn im Ausland ein Partikularinsolvenzverfahren über das Vermögen des Insolvenzschuldners als seinem Gläubiger eröffnet worden ist[43]. Ist dagegen die Forderung im Staat des *Partikularinsolvenzverfahrens* belegen, so zerstört die Eröffnung des Partikularinsolvenzverfahrens den guten Glauben[44].

3. Befugnis zur Stellung eines Eröffnungsantrages (Art. 29)

a) Antragsrecht des Verwalters des Hauptinsolvenzverfahrens

15 Für das Sekundärinsolvenzverfahren bestehen besondere Antragsrechte[45], wobei bereits (oben § 3) auf das Antragsrecht des Verwalters hingewiesen worden ist, der im Hauptinsolvenzverfahren eingesetzt worden ist (Art. 29 lit a EuInsVO)[46]. Neben dem im Hauptinsolvenzverfahren eingesetzten Verwalter steht im Hinblick auf die

---

37 *Bloching*, Pluralität und Partikularinsolvenz, 145.
38 *Lüke*, ZZP Bd 111 (1998) 302; *Leible/Staudinger*, KTS 2000, 569; *Gottwald*, Grenzüberschreitende Insolvenzen, 26.
39 *Leible/Staudinger*, KTS 2000, 569.
40 *Keppelmüller*, Österreichisches internationales Konkursrecht, Rn 423; *Gottwald*, (Fn 18) § 131 Rn 22; vgl auch *Thieme*, (Fn 15) 212, 218 f; *Hanisch* in *Stoll*, 216.
41 *Bloching*, Pluralität und Partikularinsolvenz, 139 mwN.
42 *Bloching*, Pluralität und Partikularinsolvenz, 143 ff.
43 *Thieme* in *Stoll*, 223.
44 *Thieme* in *Stoll*, 224.
45 *Leible/Staudinger*, KTS 2000, 568; *Keppelmüller*, Österreichisches internationales Konkursrecht, Rn 423; *Spahlinger*, Sekundärinsolvenzverfahren, 325 f.
46 *Virgos/Schmit* in *Stoll*, Nr. 226; *Herchen*, Das Übereinkommen über Insolvenzverfahren, 149 ff.; eingehend hierzu im Übrigen *Thieme*, in *Stoll*, 229 f.

Eröffnung eines Sekundärinsolvenzverfahrens gem Art. 29 lit b EuInsVO aber auch jeder anderen Person oder Stelle das Antragsrecht zu, sofern das Recht des Mitgliedstaates dies vorsieht, in dessen Gebiet das Sekundärinsolvenzverfahren eröffnet werden soll. Der im Hauptinsolvenzverfahren eingesetzte Verwalter stellt mit dem Antrag auf Eröffnung des Sekundärinsolvenzverfahrens hinsichtlich des in dem anderen Mitgliedstaat belegenen Vermögens des Insolvenzschuldners nach den bisherigen Überlegungen gleichsam einen Eigenantrag. Dies ist unabhängig von der im Einzelnen durch das nationale Insolvenzrecht des das Hauptinsolvenzverfahren eröffnenden Staates zu bestimmenden Rechtsmacht. Das macht deutlich, dass es insoweit „nicht auf das Vorliegen von Eröffnungsgründen ankommt", somit auf deren Vortrag und so auch auf die Glaubhaftmachung verzichtet werden kann. Dies ordnet Art. 29 lit b und va Art. 27 S. 1 EuInsVO auch für Fremdanträge an.

b) *Gläubiger oder antragsbefugte „Stellen"*

Neben dem Verwalter des Hauptinsolvenzverfahrens haben gem Art. 29 lit b zunächst auch diejenigen „Gläubiger oder Stellen" ein Antragsrecht, denen dies nach dem Recht des Mitgliedstaates zusteht, in dessen Gebiet ein Sekundärinsolvenzverfahren eröffnet werden soll[47]. Dabei ist zu beachten, dass hier kein Diskriminierungsverbot ausländischer Gläubiger eingreift, da das Sekundärinsolvenzverfahren insb auch der Verwirklichung des Vorranges inländischer Gläubiger auf das im Gebiet des Sekundärinsolvenzverfahrens belegenen Schuldnervermögens dient[48]. 16

Eines besonderen Rechtsschutzinteresses, wie es § 14 InsO vorsieht, bedarf es zur Stellung des auf Eröffnung des Sekundärinsolvenzverfahrens gerichteten Antrages nicht[49]. 17

c) *Sonstige Personen*[50]

Soweit freilich Art. 29 lit b EuInsVO unter die „anderen Personen" auch der im anderen Mitgliedstaat befindliche Schuldner[51] bzw seine organschaftlichen Vertreter gefasst werden, handelt es sich nicht mehr um einen Eigenantrag, nachdem das mit universellen Wirkungen und Kraft in allen Mitgliedstaaten nach seinen Statuswirkungen anerkannte Hauptinsolvenzverfahren im eröffnenden Staat in Vollzug gesetzt worden ist: Denn danach lässt sich bereits fragen, ob der Schuldner bzw seine gesellschaftsrechtlichen Organe überhaupt noch in dem anderen Staat die Befugnis haben können, die Einleitung eines Sekundärinsolvenzverfahrens zu beantragen. Ihre Rechtsmacht ist – vorbehaltlich der *lex fori concursus* (Art. 4 Abs. 2 lit e EuInsVO: Befugnis des Schuldners) – auch mit Wirkung für die anderen Mitgliedstaaten (Art. 17 Abs. 1 EuInsVO) mit Einleitung des universell das Vermögen beschlag- 18

---

47 *Thieme*, in *Stoll*, 230.
48 Vgl aber *Virgos/Schmit* in *Stoll*, Nr. 227, 3. Abs.
49 Hierzu *Thieme* in Stoll, 231 ff.
50 *Virgos/Schmit* in *Stoll*, 227.
51 *Thieme* in *Stoll*, 230.

nahmenden, aber auch statusrechtlich wirkenden Hauptinsolvenzverfahrens erloschen. Dies ist im anderen Mitgliedstaat nach Maßgabe des Art. 17 Abs. 1 zu berücksichtigen.

19 Im Fall „Collins & Aikman" hatte das AG Köln[52] den Eigenantrag der Geschäftsführer der im Handelsregister Köln eingetragenen Konzerngesellschaft wegen fehlenden Rechtsschutzbedürfnisses abgelehnt. Die Geschäftsführer wollten mit dem Antrag nur ihrer Antragspflicht gem. § 64 Abs. 1 GmbHG genügen und strebten nicht die Eröffnung spezifisch eines *Sekundär*insolvenzverfahrens an. Da das Verfahren in England eröffnet worden sei, wäre der Antragspflicht Genüge getan. Das widerspricht nicht dem Regelungsgehalt des Art. 29 EuInsVO, der, wie oben ausgeführt, kein Rechtsschutzbedürfnis des Antrags voraussetzt. Denn hier geht es nicht um den Antrag eines der nach Art. 29 EuInsVO Antragsbefugten!

4. Massekostenvorschuss durch den Verwalter des Hauptinsolvenzverfahrens[53]

20 Das Sekundärinsolvenzverfahren darf nur eröffnet werden, wenn eine verfahrenskostendeckende Masse vorliegt und soweit die *lex fori concursus* eine solche Verfahrensvoraussetzung für den Erlass eines eröffnenden Hoheitsaktes statuiert[54]. Art. 30 EuInsVO bestimmt, dass der Antragsteller für den Fall, dass das Recht des Mitgliedstaates in dem ein Sekundärinsolvenzverfahren beantragt wird, verlangt, dass die Kosten des Verfahrens einschließlich der Auslagen ganz oder teilweise durch die Masse gedeckt werden, auf Verlangen zugunsten der Masse des Hauptinsolvenzverfahrens einen Kostenvorschuss zu erbringen hat[55]. Weder für den Antrag noch für die Eröffnung eines Sekundärinsolvenzverfahrens bestimmt die EuInsVO im Übrigen eine zeitliche Grenze[56]. Der Verwalter des Hauptinsolvenzverfahrens wird im Falle seines Antrages dem Art. 29 lit a einen derartigen nach Art. 30 verlangten Vorschuss jedenfalls aus der Masse nur dann erbringen dürfen, sofern ihm dies durch die nach dem nationalen Insolvenzrecht des Eröffnungsstaates zuständigen Organe der Gläubigerselbstverwaltung bzw durch das Insolvenzgericht genehmigt worden ist[57]. Das folgt aus Art. 4 Abs. 2 lit c, der für die Bestimmung der Reichweite der Befugnis des Verwalters anordnet, dass die *lex fori concursus* maßgeblich ist.

21 Im Zusammenspiel mit Art. 35 stellt Art. 30 EuInsVO freilich klar, dass die Einleitung eines Sekundärinsolvenzverfahrens, in dem sich der Hauptinsolvenzverwalter aus einer Reorganisation der ausländischen Niederlassung des Schuldners Vorteile für die Masse erhofft, regelmäßig allein als ein Abwehrmechanismus funktioniert, der von den im anderen Mitgliedstaat befindlichen Gläubi-

---

52 AG Köln, B. v. 10. 8. 2005 – 71 IN 416/05, ZIP 2005, 1566 = DZWIR 2006, 564 m. Bspr. durch *Schmidt/Schilling*, DZWIR 2006, 219. High Court of Justice London, B. v. 15. 7. 2005 – 4712/05 und 4717–4725/05.

53 *Fritz/Bähr*, DZWIR 2001, 221, 231; *Spahlinger*, Sekundärinsolvenzverfahren, 255.

54 *Virgos/Schmit* in *Stoll*, Nr. 228.

55 FK-*Wimmer*, Anhang I Rn 137 f; *Gottwald*, Grenzüberschreitende Insolvenzen, 26; *Balz*, ZIP 1996, 953.

56 *Leible/Staudinger*, KTS 2000, 569.

57 Anders in Österreich, wo dies weder in die Gläubigerselbstverwaltung noch unter die Genehmigung des Insolvenzgerichts fällt.

gern gegenüber der Beschlagnahme des im Mitgliedstaat befindlichen Schuldnervermögens als haftende Masse *gegen* den Verwalter des Hauptinsolvenzverfahrens eingesetzt wird.

II. Öffentliche Bekanntmachung

Die Publikation des Eröffnungsaktes, mit dem das Sekundärinsolvenzverfahren 22
eingeleitet wird, richtet sich nach dem Recht des Eröffnungsstaates, wie sich bereits aus Art. 28 EuInsVO ergibt.

III. Kooperation der Verwalter von Haupt- und Sekundärinsolvenzverfahren[58]

1. Anforderungen an die Auswahl des Verwalters des Sekundärinsolvenzverfahrens

Die mit der Eröffnung des Sekundärinsolvenzverfahrens ausgelöste Trennung der 23
Gläubigermasse wirft die Frage auf, ob der im Hauptinsolvenzverfahren eingesetzte Verwalter rechtlich geeignet ist, zugleich als Verwalter in einem Sekundärinsolvenzverfahren zu fungieren. Auf diese Weise würde für die Information der Verwalter Sorge getragen. Die Struktur der Abstimmung zwischen Haupt- und Sekundärinsolvenzverfahren, die die EuInsVO statuiert, zeigt aber, dass eine solche Personalunion *a priori* ausscheidet[59], da die Regel über die Koordination und Kooperation unterlaufen würde, ließe man die Personalunion gleichsam als Rückkehr eines universell wirksamen Einheitsinsolvenzverfahrens zu. Diese *personelle Trennung* im Haupt- und Sekundärinsolvenzverfahren hat auch materielle Gründe. Die Mehrkosten der Durchbrechung der Universalität des Hauptinsolvenzverfahren durch die Eröffnung eines Sekundärinsolvenzverfahrens lassen sich nur rechtfertigen, wenn in partikular wirkenden Verfahren sowohl besondere Schutzaufgaben als auch in erhöhtem Maße Fachkompetenz geboten werden[60]. Der Schutz der sich auf dem Territorium des das Sekundärinsolvenzverfahren eröffnenden Staates befindlichen inländischen Gläubiger durch Realisierung der Vorrechtsfunktion des Sekundärinsolvenzverfahrens[61] setzt voraus, dass die Vorrechte dieses Verwalters gegen den Verwalter des Hauptinsolvenzverfahrens durchgesetzt werden können. Ein „Einheitsmodell" hätte zwangsläufig rechtlich unerwünschte *Interessenskonflikte* zur Folge. Nicht anders spricht die Kompetenzsteigerungsfunktion des Sekundärverfahrens gegen ein „Einheitsmodell". Denn regelmäßig wird nur durch einen geeigneten, im Recht des Eröffnungsstaates ausgebildeten und mit der im Staat der Belegenheit des Vermögensgegenstandes gepflogenen Praxis des Insolvenzbeschla-

58 Vgl hierzu *Kolmann*, Kooperationsmodelle im Internationalen Insolvenzrecht, Diss Regensburg 2000; *Hanisch* in *Bosch*-FS, 381 ff.; *Spahlinger*, Sekundärinsolvenzverfahren, 257, 291 f, 326 ff.
59 *Lüke*, ZZP Bd 111 (1998) 304.
60 Zu dieser Aufgabe siehe Grund Nr. 19.
61 *Hanisch*, ZIP 1994, 1, 3.

ges vertrauten Verwalters die Sachkunde zur Behandlung der Aufgaben des Sekundärinsolvenzverfahrens gewährleistet werden können.

2. Hilfsfunktion des Sekundärinsolvenzverfahrens

24 Kernstück der Regelungen über das Sekundärinsolvenzverfahren ist Art. 31. Wenn das im anderen Mitgliedstaat nach Eröffnung des universelle Wirkungen beantragenden Hauptinsolvenzverfahrens im eröffnenden Staat gleichwohl über das sich im Territorium des Sekundärinsolvenzverfahrens eröffnenden Staates befindliche schuldnerische Vermögen Wirkung entfalten soll, bedarf es solcher Regelungen, die das „Sekundieren“[62] dieses Partikularinsolvenzverfahrens regeln. Dadurch sollen die wechselseitigen Wirkungen von universellem Haupt- und partikularem Sekundärinsolvenzverfahren harmonisiert werden[63]. Denn Haupt- und Sekundärinsolvenzverfahren sind voneinander abhängig, da sie sich auf denselben Schuldner beziehen[64]. Diese Regelung erfolgt über die Anordnung von Kooperation- und Unterrichtungspflichten, die beide Verwalter wechselseitig treffen[65].

25 Freilich ist daran zu erinnern, dass die Art. 31ff. nur in sehr komplexen Verfahren zur Anwendung gelangen werden, die auf Grund der Exemtion von Unternehmen der Finanzindustrie (Art. 1 Abs. 2 EuInsVO) nur in Ausnahmefällen gegeben sein werden (vgl dazu oben unter § 2).

3. Mitteilungs- und Unterrichtungspflicht[66]

a) *Funktion*

26 Voraussetzung und Grundbestandteil jeder Kooperation ist der wechselseitige Austausch von Informationen unter den beteiligten Verwaltern. Sowohl der Verwalter des Hauptinsolvenzverfahrens iSv Art. 3 Abs. 1 EuInsVO als auch der Verwalter des Sekundärinsolvenzverfahrens iSv Art. 3 Abs. 2 EuInsVO haben daher die Pflicht, sich gegenseitig[67] zu unterrichten. Diese Pflicht umfasst gem Art. 31 Abs. 1 S. 2 EuInsVO die unverzügliche Mitteilung all derjenigen Informationen, die für das jeweils andere Verfahren von Bedeutung sein können. Hierzu gehören insb Informationen über den Stand der Anmeldung bzw der Prüfung der Forderungen sowie alle Maßnahmen zur Beendigung eines Insolvenzverfahrens. Legt man die deutsche Terminologie zu Grunde, so bedeutet „unverzüglich“, dass den unter-

---

62 Vgl *Potthast*, Probleme eines Europäischen Konkursübereinkommens, 60.
63 *Lüke*, ZZP Bd 111 (1998) 303.
64 *Virgos/Schmit* in *Stoll*, Nr. 229.
65 *Leible/Staudinger*, KTS 2000, 569; *Lüke*, ZZP Bd 111 (1998) 304, zur Herstellung solcher Kooperationen durch Judikate der Insolvenzrichter im angelsächsischen und nordamerikanischen Raum; *Paulus*, ZIP 1998, 977; krit *Eidenmüller*, ZIP 2001, 1 ff.
66 FK-*Wimmer*, Anhang I Rn 139; *Thieme*, in *Stoll*, 243 f; *Hanisch* in *Stoll*, 202, 206.
67 *Spahlinger*, Sekundärinsolvenzverfahren, 257; *Balz*, ZIP 1996, 954.

richtungspflichtigen Verwalter nicht der *Vorwurf eines schuldhaften Zögerns* bei der Weitergabe der Informationen treffen darf.

Die Pflicht zur Weitergabe von Informationen wird durch das jeweils gem Art. 4 bzw Art. 28 EuInsVO geltende Recht des Eröffnungsstaates eingeschränkt[68]. In Deutschland ist vom Verwalter insb das BDSG zu beachten[69], in Österreich normiert § 84 KO die Überwachung des Masseverwalters durch das Konkursgericht. 27

Aus Art. 31 Abs. 1 EuInsVO folgen materiell-rechtliche Informationsansprüche des einen Verwalters gegen den anderen. Nach Maßgabe des jeweiligen materiellen Rechts und Prozessrechts des anderen Mitgliedstaates kann daher der im Hauptinsolvenzverfahren eingesetzte Verwalter gem Art. 18 Abs. 1 iVm Art. 31 Abs. 1 EuInsVO auf Auskunft wegen der in Art. 31 Abs. 1 EuInsVO genannten Gegenstände klagen. Umgekehrt gilt dies für den im Sekundärinsolvenzverfahren eingesetzten Verwalter gegen den Verwalter der im Hauptinsolvenzverfahren eingesetzt worden ist. Im Übrigen ist diese Unterrichtungspflicht gem Art. 31 Abs. 1 EuInsVO im Wege einer Auskunftsklage nach Maßgabe des jeweiligen Prozessrechts zu verfolgen. Es liegt freilich auf der Hand, dass ein solches *procedere* nicht allein viel zu zeitaufwendig wäre, als dass es vor dem Hintergrund des Eilcharakters der beiden Insolvenzverfahren einen Sinn hätte. Mehr noch: Die weitere Zusammenarbeit zwischen den Verwaltern wäre ohnedies gestört. Als Druckmittel kommt nach alledem die Vorstellung beim Insolvenzgericht zur Vornahme von Aufsichtsmaßnahmen gegen den seinen Kooperationspflichten nicht genügenden anderen Verwalter in Betracht. 28

b) Reichweite

Im Einzelfall[70] können (und werden regelmäßig) Gegenstand von Unterrichtungen die Informationen des anderen Verwalters über den *Stand und Umfang der Soll-Masse* im jeweiligen Verfahren, in Aussicht genommene oder rechtsanhängig gemachte Streitigkeiten zur Wiederherstellung der Soll-Masse (Anfechtungsprozesse), Klagen auf Ersatz von Schäden sowie die im jeweiligen Verfahren angemeldeten Forderungen (mit Blick auf Art. 20 EuInsVO), das Ergebnis der Forderungsprüfung und der Stand von Feststellungsprozessen (oder vergleichbaren Verfahren), die Rangfolge der Gläubiger[71], in Aussicht genommene Reorganisations- und Sanierungsmaßnahmen oder auch die voraussichtlich zu erzielenden Quoten sein. 29

Einen besonderen Fall der Unterrichtungspflicht regelt Art. 31 Abs. 3 EuInsVO[72]. 30
Dort ist vorgesehen, dass der Verwalter des Sekundärinsolvenzverfahrens dem Verwalter des Hauptinsolvenzverfahrens Gelegenheit zu geben hat, Vorschläge für

68 *Virgos/Schmit* in *Stoll*, Nr. 231.
69 FK-*Wimmer*, Anhang I Rn 140.
70 Vgl hierzu eingehend *Virgos/Schmit* in *Stoll*, Nr. 230.
71 Zum Rang der Absonderungsberechtigten im deutschen Insolvenzrecht vgl *Smid*, InVo 2000, 1 ff.
72 *Herchen*, Das Übereinkommen über Insolvenzverfahren, 152 f.

die *Verwertung* der Gegenstände der Soll-Masse zu unterbreiten, was notwendig eine diesbezügliche Unterrichtung voraussetzt[73].

4. Kooperation[74]

a) *Voraussetzung und Reichweite*

31 Anders verhält es sich dagegen mit der Durchsetzung der allgemeinen Kooperationspflicht gem Art. 31 Abs. 2 EuInsVO. Sie *„ergänzt“ die Unterrichtungspflichten*[75]. Das wird deutlicher, wenn man diese allgemeine Kooperationspflicht näher betrachtet: Da der Verwalter des Sekundärinsolvenzverfahrens grundsätzlich zur Liquidierung des im Staat gelegenen Schuldnervermögens verpflichtet ist, kommen für die allgemeinen Kooperationspflichten all diejenigen rechtlichen Handlungen in Betracht, die im normalerweise im Insolvenzverfahren vom Schuldner oder seinen Organen vorzunehmen sind, damit der Insolvenzverwalter das Verfahren abwickeln kann. Art. 31 Abs. 2 EuInsVO betrifft daher Fälle, in denen der Verwalter des Sekundärinsolvenzverfahrens zur Abwicklung der Vermögensverwertung der Mitwirkung des Schuldners oder seiner Organe und deshalb auf Grund der Eröffnung des Hauptinsolvenzverfahrens im Mitgliedstaat iSv Art. 3 Abs. 1 EuInsVO des an ihre Stelle getretenen Verwalters bedarf.

32 Art. 31 Abs. 2 EuInsVO normiert iS einer Generalklausel, dass der Verwalter des Hauptinsolvenzverfahrens und die Verwalter der Sekundärinsolvenzverfahren zur gegenseitigen Zusammenarbeit verpflichtet sind. Art. 31 Abs. 1 EuInsVO stellt einen besonderen Fall der Ausformung dieser Zusammenarbeitspflichten in Gestalt der Unterrichtungspflichten der Masseverwalter untereinander dar. Die Zusammenarbeitspflichten iSv Art. 31 Abs. 2 EuInsVO der Verwalter von Haupt- und Sekundärinsolvenzverfahren gehen aber über diese Informationspflichten hinaus.

b) *Sanktionen im Fall der Nichtbeachtung von Kooperationspflichten*

33 Die damit angesprochenen allgemeinen Kooperations- und Mitwirkungspflichten der Verwalter von Haupt- und Sekundärinsolvenzverfahren untereinander können demzufolge nicht Gegenstand von Leistungsklagen sein. Sie betreffen nämlich die Tätigkeit des Verwalters selbst, was auf die Überwachung der Verwaltertätigkeit durch die nach dem jeweiligen Recht hierfür zuständigen Stellen verweist. So sehen insb die Insolvenzrechte Deutschlands, Österreichs und Italiens eine Überwachung der Verwaltertätigkeit durch das zuständige Insolvenzgericht vor. Der andere Verwalter, der die Erfüllung von Kooperationspflichten einfordert, muss dies daher

73 *Virgos/Schmit* in *Stoll*, Nr. 233.
74 *Kolmann*, Kooperationsmodelle im Internationalen Insolvenzrecht, Diss Regensburg 2000; FK-*Wimmer*, Anhang I Rn 141; *Herchen*, Das Übereinkommen über Insolvenzverfahren, 146 ff.; *Thieme*, in *Stoll*, 255 ff.; *Hanisch*, in *Stoll*, 215 ff.; *Potthast*, Probleme eines Europäischen Konkursübereinkommens, 198 ff.
75 *Virgos/Schmit* in *Stoll*, Nr. 232.

nach Maßgabe der hierfür im jeweils anderen Insolvenzrecht dafür vorgesehenen Institutionen und Verfahren in den genannten Staaten mithin durch die Anregung gerichtlicher Aufsichtsmaßnahmen gegen den anderen Verwalter verfolgen.

Jedenfalls kann die Verletzung von Kooperations- und Informationspflichten Schadenersatzansprüche der dadurch beeinträchtigten Masse gegen den Verwalter, der Information und Kooperation verweigert, begründen[76]. Ob diese Ansprüche vom anderen Verwalter geltend gemacht werden, beurteilt sich nach der *lex fori concursus* des Verfahrens, dessen Masse beeinträchtigt worden ist (Art. 4 Abs. 1, Art. 28 EuInsVO). Soweit nach dem am Konkursgerichtsstand geltenden Recht besondere insolvenzrechtliche Haftungstatbestände für Insolvenzverwalter vorgesehen sind (vgl zB in Deutschland §§ 60, 61 InsO[77] oder in Österreich §§ 81 Abs. 3 öKO[78], stellt sich die Nichtbeachtung der Informations- und Kooperationspflichten als eine diese Haftung auslösende Verletzung insolvenzspezifischer Pflichten des Verwalters dar. 34

c) *Fortdauer der Rechtbeziehungen zwischen Stammhaus und ausländischer Niederlassung*

Fraglich ist, wie sich Haupt- und Sekundärinsolvenzverfahren auf die Rechtsbeziehungen zwischen dem Stammhaus und seiner ausländischen Niederlassung auswirken. So stellt sich der Austausch von Gütern oder der Transfer von Geld wegen der Identität der Person des Insolvenzschuldners nicht als „Leistungen" dar, die zwischen verschiedenen Rechtssubjekten ausgetauscht werden[79]. Daher geht es dabei auch nicht um die Abwicklung von Vertragsbeziehungen unter den Bedingungen der Insolvenz. Den Güter- und Finanztransfer zwischen Stammhaus und Niederlassung können die jeweiligen Verwalter daher nicht im Wege der Durchsetzung von Kooperationspflichten realisieren; vielmehr geht es um eine Frage der *Aussetzung der Verwertung* nach Art. 33 EuInsVO[80]. 35

d) *Grenzen der Regelung des Art. 33 EuInsVO*

Im Verfahren „Collins & Aikman" war über eine österreichische Konzerngesellschaft das Sekundärinsolvenzverfahren eröffnet worden. Die englischen Insolvenzverwaltern beantragten gestützt auf Art. 33 EuInsVO die Aussetzung des Sekundärinsolvenzverfahren als Ganzes, womit sie vor dem Landesgericht Leoben[81] scheiterten, da der Hauptinsolvenzverwalter nicht die Befugnis hat, das europäisch-insolvenzrechtliche System des Schutzes lokaler Gläubiger auszuhebeln: Das Landesgericht hat darauf erkannt, die EuInsVO sehe die Möglichkeit einer gänzlichen Aussetzung eines eröffneten Sekundärinsolvenzverfahrens nicht vor. Allerdings besteht nach Art. 33 EuInsVO die Möglichkeit, dass der Verwalter des Hauptinsolvenzverfahrens die Aussetzung der Verwertung beantragen kann, die nur dann abzulehnen ist, wenn ein Interesse der Gläubiger des Hauptinsolvenzverfahrens an einer Aussetzung der Verwertung nicht vorliegt. Auch der Hilfsantrag der im 36

---

76 *Virgos/Schmit* in *Stoll*, Nr. 234.
77 *Smid*, in: Kölner Schrift zur Insolvenzordnung, 453 ff.
78 *Shamiyeh*, Die zivilrechtliche Haftung des Masseverwalters (passim).
79 Vgl aber *Reinhard*, Sanierungsverfahren im internationalen Insolvenzrecht, 296.
80 *Liersch*, Sicherungsrechte im internationalen Insolvenzrecht, 55 f.
81 Landesgericht Leoben, B. v. 31. 8. 2005 – 17 S 56/05, ZInsO 2005, 1176, krit. *Sommer*, ZInsO 2005, 1137; *Paulus*, NZI 2005, 646, 647. Vgl. im Übrigen *Lieder* (Fn 1) 92 ff.

englischen Hauptinsolvenzverfahren eingesetzten Insolvenzverwalter auf Aussetzung der Verwertung der Vermögensgegenstände wurde durch das Landesgericht zurückgewiesen. Das Landesgericht Leoben stellt in diesem Zusammenhang weiter fest, es bleibe den einzelnen Mitgliedstaaten überlassen, die Rechtsfolgen von Verstößen gegen die in Art. 31 EuInsVO normierte Kooperations- und Unterrichtungspflicht für die Verwalter des Hauptinsolvenzverfahrens und des Sekundärinsolvenzverfahrens zu regeln. Dies verweist auf einen erheblichen Mangel der EuInsVO, da der Verwalter des Hauptinsolvenzverfahrens bei seinem Begehren nach Art. 33 EuInsVO regelmäßig dann zu spät kommt, wenn entgegen seinem Begehren entweder durch das Insolvenzgericht nicht oder abschlägig entschieden bzw. eher nicht rechtzeitig und hinreichend vom Verwalter des Sekundärinsolvenzverfahrens unterrichtet wird.

e) *Exkurs: Kooperation auf der Basis von „Protokollen"*

37 In den angloamerikanischen Rechten hat sich eine Übung der Abstimmung von konkurrierend eröffneten, grenzüberschreitenden Insolvenzverfahren durch die eröffnenden Insolvenzgerichte in Gestalt sog „Protokolle"[82] herausgebildet, wie sie der Öffentlichkeit namentlich im Falle der *Maxwell-Communication-Gruppe* bekanntgeworden sind[83]. Diese Übung hat in die Art. 25 UNCITRAL-ml hinsichtlich der *Kooperation von Insolvenzgerichten* Eingang gefunden[84]. *Eidenmüller*[85] vertritt die Ansicht, dass zB im deutschen Insolvenzrecht eine derartige Kooperation zwischen einem deutschen und einem ausländischen Insolvenzgericht nicht nur möglich sei, sondern zu den rechtlich durch § 21 Abs. 1 InsO *gebotenen* Maßregeln des Insolvenzgerichts zur Vorbereitung der Eröffnung eines Insolvenzverfahrens zu zählen sei. Denn die Abstimmung des inländischen mit einem ausländischen Insolvenzverfahren sei Teil der zur Sicherung der Masse erforderlichen einstweiligen Maßnahmen, die vom deutschen Insolvenzgericht zu treffen seien.

38 Der High Court of Justice London[86] hat im Fall „Collins & Aikman" durch „approved judgement" das Vorgehen der englischen Verwalter des Hauptinsolvenzverfahrens gebilligt, die mit einer Vielzahl von Gläubigern und Gläubigerzusammenschlüssen Abreden getroffen haben, dass Sekundärinsolvenzverfahren nicht eingeleitet werden und die Gläubiger in einer bestimmten Weise an dem im Hauptinsolvenzverfahren erzielten Ergebnis zu beteiligen seien.

39 Auch soweit freilich ein grenzüberschreitendes Verfahren in den Geltungsbereich der EuInsVO nach deren Art. 1 fällt, sind die Insolvenzgerichte nicht daran gehindert, zu Maßnahmen einer Kooperation zu schreiten. Sie haben sich dabei freilich an dem durch die EuInsVO vorgegebenen normativen Rahmen zu orientieren.

---

82 *Paulus*, ZIP 1998, 977 ff.

83 *Elliott*, Tolley's Insolvency Law and Practice vol 16 (2000) pp 224, 229, 230; *Eidenmüller*, JbfNPolÖk Bd 18 (2000) 81, 90 ff.; *Göpfert*, Anfechtbare Aufrechnungslagen im deutsch-amerikanischen Insolvenzrechtsverkehr, 102 ff., 125 ff.; eingehend auch *Reinhard*, Sanierungsverfahren im internationalen Insolvenzrecht, 270 ff.

84 UNCITRAL-guide Nr. 179.

85 *Eidenmüller*, JbfNPolÖk Bd 18 (2000) 91 f.

86 High Court of Justice, Urt. v. 9. 6. 2006 – 4697, 4698, 4700, 4705, 4711, 4717–4719, 4721, 4722/05, ZIP 2006, 2093; vgl. dazu *Meyer-Löwy/Plank*, NZI 2006, 622.

5. Überschuss im Sekundärinsolvenzverfahren[87]

Die besonderen Kooperationspflichten betreffen insb die Herausgabe eines bei einer Verwertung der Masse des Sekundärinsolvenzverfahrens erzielten Überschusses zur Teilungsmasse im Hauptinsolvenzverfahren zu Händen des dort eingesetzten Insolvenzverwalters iSv Art. 35 EuInsVO[88]. Die Pflicht des Verwalters des Sekundärinsolvenzverfahrens auf Auszahlung eines erzielten Überschusses gem Art. 35 ist durch den Verwalter der im Hauptinsolvenzverfahren eingesetzt worden ist, gegebenenfalls nach dem Prozessrecht des Staates des Sekundärinsolvenzverfahrens im Wege einer Leistungsklage einzufordern[89]. Gegebenenfalls, sofern dies das Prozessrecht des das Sekundärinsolvenzverfahren eröffnenden Mitgliedstaats vorsieht, kann dies im Wege einer Stufenklage erfolgen, um die Unterrichtungspflicht gem Art. 31 Abs. 1 EuInsVO gegen den Verwalter des Sekundärinsolvenzverfahrens durchzusetzen. 40

6. Wirkung von Beschränkungen der Gläubigerrechte

Wird im Rahmen eines Sekundärinsolvenzverfahrens eine Beschränkung der Rechte der Gläubiger in prozessualer (vgl zB § 18 Abs. 3 S. 2 GesO) oder materiellrechtlicher Hinsicht (zB § 301 dInsO) angeordnet, so greift Art. 17 Abs. 2 S. 2 ein. Damit erlangen derartige Beschränkungen von Gläubigerrechten im oder außerhalb des Insolvenzverfahrens ihre Wirkung gegen den Verwalter des Sekundärinsolvenzverfahrens, die sich nach Maßgabe des Rechts des das Sekundärinsolvenzverfahren eröffnenden Staates ergeben. Außerhalb des Territoriums des Sonderinsolvenzverfahrens entfaltet dieses nur unter der Voraussetzung Wirkungen, dass „die Gläubiger“ hierzu die Zustimmung erteilen[90]. Gemeint sind damit die Gläubiger des Hauptinsolvenzverfahrens. 41

IV. Abwicklung europäischer grenzüberschreitender „Konzerninsolvenzen“

1. „Niederlassungsinsolvenz“ als Struktur des Sekundärinsolvenzverfahrens

Der typische Fall, in dem eine Insolvenz in einem anderen Mitgliedstaat der EU-Wirkung erlangt und in diesem *weiteren Sinn* „grenzüberschreitend“ ist, wird weniger durch Fülle von Niederlassungen gekennzeichnet, die ein schuldnerisches Unternehmen in anderen Mitgliedstaaten unterhält, als vielmehr durch Auswirkungen 42

---

87 *Thieme* in *Stoll*, 241.
88 *Keppelmüller*, Österreichisches internationales Konkursrecht, Rn 427.
89 *Lüke*, ZZP Bd 111 (1998) 304; *Funk* in *Gilles* (Hrsg), Transnationales Prozeßrecht, 157, 177f; *Spahlinger*, Sekundärinsolvenzverfahren, 259.
90 *Fritz/Bähr*, DZWIR 2001, 231.

der Insolvenz auf solche Unternehmensträger in anderen Mitgliedstaaten, die mit dem fallierten Unternehmensträger „konzernmäßig" durch Innehabung von Gesellschaftsanteilen und die Ausübung von Leitungsmacht verbunden sind. Die Art. 33 u 35 EuInsVO lassen sich in ihrem Sinn erst dann vollständig erfassen, wenn man das immer noch in der Diktion vom „Schuldner" vorherrschende Bild der Insolvenz natürlicher Personen verlässt und sich der Unternehmensinsolvenz zuwendet. Die auf Aussetzung der zerschlagenen Verwertung und Einleitung eines Reorganisations- und Sanierungsverfahrens gerichteten Antragsbefugnisse des Verwalters des Hauptinsolvenzverfahrens in Sekundärinsolvenzverfahren haben nämlich gerade ihren Sinn in den typischen Fällen, in denen eine Gesellschaft, über die das Hauptinsolvenzverfahren iSv Art. 3 Abs. 1 EuInsVO eröffnet worden ist, nicht allein Vermögen im anderen Mitgliedstaat unterhält, sondern der Geschäftsbetrieb der dortigen Niederlassung zB zur Sicherung des Absatzmarktes der Produkte des Unternehmens in den anderen Mitgliedstaaten dient. Die Verwertung des Vermögens im Rahmen des Hauptinsolvenzverfahrens wird dann regelmäßig erheblichen Schwierigkeiten ausgesetzt sein, wenn nicht sogar scheitern, wenn es dem Verwalter nicht möglich ist, eine übertragende Sanierung im Hauptinsolvenzverfahren durchzuführen, was in aller Regel voraussetzt, dass die logistischen Voraussetzungen des Absatzes der Produkte des Unternehmens sichergestellt werden. Hierzu dient insb die Bewahrung dieser Wege in den anderen Mitgliedstaaten der EU.

2. Multinationale Konzerne[91]

43 Bereits an dieser Stelle wird indes ein wesentliches Merkmal der EuInsVO aufzuzeigen sein, das bisweilen als deren entscheidende Schwäche kritisiert wird[92]. Es dürfte nämlich in einer Vielzahl von Fällen nicht so sein, dass die in anderen EU-Mitgliedstaaten tätigen „Niederlassungen" eines Unternehmensträgers, über dessen Vermögen im Staat iSv Art. 3 Abs. 1 EuInsVO das Hauptinsolvenzverfahren eröffnet worden ist, bloße Untergliederungen dieses Unternehmensträgers sind. Aus einer Vielzahl von namentlich steuer- und gesellschaftsrechtlichen Gründen wird regelmäßig im anderen Mitgliedstaat eine eigenständige juristische Person als „Niederlassung" der Insolvenzschuldnerin des Hauptinsolvenzverfahrens eröffnet worden sein.

3. Ausschluss universellen Beschlages bei selbständig konzernmäßig vorhandenen Unternehmen

44 Wenn die amtlichen Motive zur EuInsVO[93] ausdrücklich der Verdeckung und des Unterschleifes des insolvenzschuldnerischen Verwalters als Argument für die Ab-

---

91 *Thieme* in *Stoll*, 212, 213.
92 Zum Meinungsstand: *Lieder* (Fn 1) bes. 27 ff. et passim.
93 Grund Nr. 19.

kehr von Einheitsinsolvenzverfahren anführen, so entspricht dieser Erwägung jedenfalls nicht die Regelung der internationalen Zuständigkeit der Gerichte auf Grund von Niederlassungen für die Einleitung eines Sekundärinsolvenzverfahrens gem Art. 3 Abs. 2 EuInsVO. Zum Vermögen, das für den vom Hauptinsolvenzverfahren ausgehenden Konkursbeschlag erfasst wird, gehört dann nicht etwa die „Niederlassung“, sondern die gesellschaftsrechtlichen Anteile, die das Mutterunternehmen an den Tochterunternehmen hält, die als Niederlassungen in anderen EU-Staaten operieren. Die der EuInsVO vorangeschickten Motive des Rates gehen dieser Frage indessen aus dem Weg. Dort ist allein davon die Rede, dass ein Sekundärinsolvenzverfahren zur Reaktion auf Konstellationen dienen soll, in denen das Vermögen des Schuldners „zu verschachtelt ist, um als Ganzes verwaltet zu werden“. Wohl nicht zuletzt unter dem Einfluss des deutschen Insolvenzrechts, das eine Konzerninsolvenz nicht kennt, haben die Urheber der EuInsVO damit wohl an konzernmäßige Verbindungen im europäischen Raum gedacht, es aber tunlichst *vermieden, ein System europäischer Konzernsinsolvenzen zu statuieren* – was mit erheblichen Eingriffen – nicht alleine in die nationalen Insolvenzrechte – verbunden gewesen wäre, sondern nachdrückliche gesellschaftsrechtliche Folgen zeitigen würde, die nach dem Verhältnismäßigkeitsgrundsatz von der Verordnungsentwicklungskompetenz des Rates nicht gedeckt wären. Die Kategorie einer „übermäßigen Verschachtelung“[94] eines insolvenzschuldnerischen Vermögens ist jedenfalls kaum geeignet, einen geeigneten Ansatzpunkt für die Begründung eines Konzerninsolvenzrechts[95] durch die Abstimmung von Haupt- und Sekundärinsolvenzverfahren zu rechtfertigen. Denn ein Vermögen mag sich wegen der Verfassung der Vermögensgegenstände als komplex, rechtlich problematisch zu bewerten und gegebenenfalls auch als schwer zu verwalten darstellen. Findet aber der Verwalter des Hauptinsolvenzverfahrens in der Masse gesellschaftsrechtliche Beteiligungen an Unternehmen in anderen EU-Mitgliedstaaten vor, so hilft ihm regelmäßig nicht die Eröffnung eines Sekundärinsolvenzverfahrens, um mit den Schwierigkeiten der Verwertung dieser Gesellschaftsanteile fertig zu werden. Ausgangspunkt ist nämlich die Begründung der internationalen Zuständigkeit für die Eröffnung von Haupt- bzw Sekundärinsolvenzverfahren in Art. 3 Abs. 1 und Abs. 2 EuInsVO. Das Sekundärinsolvenzverfahren richtet sich nämlich nach dem eindeutigen Wortlaut des Art. 3 Abs. 2 EuInsVO gegen den Insolvenzschuldner des Hauptinsolvenzverfahrens. Es dient nicht der Liquidation solcher Unternehmen, an denen der Insolvenzschuldner des Hauptinsolvenzverfahrens beteiligt ist. Das Sekundärinsolvenzverfahren ist also ein Gesamtvollstreckungsverfahren gegen das im anderen Mitgliedstaat gelegene Vermögen des Insolvenzschuldners, das diesem Verfahren somit unterworfen ist. Es ist hingegen kein gesellschaftsrechtliches Liquidationsverfahren gegen Unternehmen, an denen der Insolvenzschuldner des Hauptinsolvenzverfahrens *Anteile* hält. Wie eingangs (§ 1) näher dargestellt worden ist, funktioniert das europäische Insolvenzrecht als In-

---

94 Grund Nr. 19.

95 *Ehricke*, Das unabhängige Konzernunternehmen in der Insolvenz, 1998 (passim); *Bous*, Die Konzernleitungsmacht im Insolvenzverfahren konzernverbundener Kapitalgesellschaften, 2001 (passim). Am Fall Eurofood vgl zu den Fragen: *Kammel* NZI 2006, 334 ff.

strument der Verwirklichung der Haftung unzureichender Vermögen. Es dient nicht zur Begründung eines verfahrensrechtlichen „Durchgriffes“ vom insolventen Unternehmensträger auf (andere) juristische Personen, an denen das fallierte Unternehmen beteiligt ist. Das weitreichende Antragsrecht der Art. 29 iVm Art. 27 S. 1 EuInsVO wäre im Übrigen nicht zu rechtfertigen, würde die Prüfung des Vorliegens von Insolvenzeröffnungsgründen im das Hauptinsolvenzverfahren eröffnenden Mitgliedstaat auf dritte Rechtsträger übertragen. MaW sind auch bei gesellschaftsrechtlichen Verschachtelungen des insolvenzschuldnerischen Unternehmens des Hauptinsolvenzverfahrens mit Unternehmen, die in anderen EU-Mitgliedstaaten tätig sind, die Schicksale der jeweiligen Unternehmensträger als eigenständige Rechtspersonen bzw als insolvenzverfahrensfähiger Subjekte getrennt zu behandeln.

4. Verschiedene Hauptinsolvenzverfahren ohne Koordinations- und Kooperationszwang

45 Eine Erstreckung der universellen Wirkungen des im Eröffnungsstaat durchzuführenden Hauptinsolvenzverfahrens auf dritte Rechtsträger kann daher aus dem *Universalitätsgrundsatz* in keiner Weise abgeleitet werden; ganz im Gegenteil: Die Universalität der Konkurswirkungen ist überhaupt nur dadurch gerechtfertigt, dass sie sich auf *eine Rechtsperson und auf deren gesamtes Vermögen* beschränkt bzw erstreckt. Der Verwalter, der im Hauptinsolvenzverfahren eingesetzt worden ist, hat es daher in solchen Fällen der konzernmäßigen Verschachtelung gegenüber den im Ausland befindlichen Beteiligungsunternehmen nicht mit einem Sekundärinsolvenzverwalter zu tun, sondern mit den gesellschaftsrechtlichen Organen, die dem Unternehmensträger im anderen EU-Mitgliedstaat vorstehen. Strukturell nicht anders verhält es sich, wenn über das Vermögen eines im anderen Mitgliedstaat befindlichen Unternehmensträgers ein Insolvenzverfahren eröffnet wird. Dabei handelt es sich weder um ein Partikular- noch um ein Sekundärinsolvenzverfahren. Vielmehr wird über das Vermögen des Unternehmensträgers im anderen EU-Mitgliedstaat ein Hauptinsolvenzverfahren iSv Art. 3 Abs. 1 EuInsVO eröffnet, dessen Voraussetzungen nach dem dort geltenden Insolvenzrecht im Einzelnen vorliegen müssen. An die Stelle der gesellschaftsrechtlichen Organe des insolvenzschuldnerischen Unternehmensträgers tritt dann der dort eingesetzte Hauptinsolvenzverwalter, der dem Hauptinsolvenzverwalter der Muttergesellschaft im ersten Eröffnungsstaat als Repräsentant eigener Rechtsbeziehungen von Insolvenzschuldner, Masse und Gläubigern gegenübersteht. Die Regelungen der Art. 27ff. EuInsVO kommen daher in einem derartigen Fall *nicht zur Anwendung.* Im Hinblick auf die sich gegenüberstehenden in beiden Hauptinsolvenzverfahren tätigen Verwalter greifen daher Kooperations- und Informationspflichten gem Art. 3 Abs. 1 EuInsVO nicht ein. Die in manchen nationalen Insolvenzrechten für den Fall einer Konzerninsolvenz diskutierten Maßregeln, einen vermeidlichen Abstimmungsbedarf durch die Einsetzung ein und derselben Person als Verwalter bei den verschiedenen Hauptinsolvenzverfahren sicherzustellen, werden regelmäßig auf Grenzen stoßen. Diese Schranken

liegen insbes in den Regelungen der jeweiligen nationalen Insolvenzrechte durch die Statuierung eines Erfordernisses der Unabhängigkeit der Insolvenzverwalter von den Gläubigern und vom Schuldner. Im europäischen Maßstab würde die Stellung eines gemeinsamen Konzerninsolvenzverwalters im Übrigen voraussetzen, dass dieser nicht allein als Repräsentant von in einem Mitgliedstaat gelegenen Vermögensinteressen im anderen Mitgliedstaat auftritt, sondern im andern Land selbst als Insolvenzverwalter tätig wird, was entsprechende Vertrautheit mit dem dortigen Recht voraussetzen würde.

V. Forderungsanmeldung

1. Reichweite

a) *Doppelanmeldungsbefugnis*

Zu den wesentlichen Befugnissen, die den Verwaltern von Haupt- und Sekundärinsolvenzverfahren durch die EuInsVO eingeräumt werden, gehört die Ausübung von Gläubigerrechten nach Art. 32 EuInsVO[96]. Art. 32 Abs. 2 EuInsVO bestimmt, dass die Verwalter des Haupt- und der Sekundärinsolvenzverfahren in den anderen Verfahren die Forderung anmelden, die in dem Verfahren, für das sie bestellt sind, bereits angemeldet worden sind[97]. Für die Form der Anmeldung ist nach Art. 4 Abs. 2 lit h EuInsVO das *Recht des Staates der Verfahrenseröffnung* (vgl auch Art. 28 EuInsVO) maßgeblich[98]. Art. 32 EuInsVO stellt gegenüber diesen jeweiligen staatlichen Regelungen jedenfalls insofern eine *lex specialis* dar, als er ein regelmäßig geltendes Doppelanmeldungsverbot für den Fall der Forderungsanmeldung in Sekundärinsolvenzverfahren suspendiert[99]. 46

b) *Stellung des anmeldenden Insolvenzverwalters*

Art. 32 Abs. 2 EuInsVO[100] stellt keine Form einer insolvenzverfahrensrechtlichen Vertretung der Gläubiger durch den im anderen Insolvenzverfahren anmeldenden Verwalter dar[101]. Denn es wird noch im Einzelnen zu erörtern sein, dass jeder Gläubiger nach Art. 32 Abs. 1 u Art. 39 EuInsVO die Befugnis hat, seine Forderungen im Hauptinsolvenzverfahren und in jedem Sekundärinsolvenzverfahren anzumelden. 47

96 *Potthast*, Probleme eines Europäischen Konkursübereinkommens, 121.
97 *Leible/Staudinger*, KTS 2000, 570.
98 *Virgos/Schmit* in *Stoll*, Nr. 235, 1. Abs.
99 *Virgos/Schmit* in *Stoll*, Nr. 235, 2. Abs.
100 *Virgos/Schmit* in *Stoll*, Nr. 236.
101 Anders die Darstellung durch *Virgos/Schmit* in *Stoll*, Nr. 238, 1. Abs, die ausführen, der Verwalter handle im Namen und an Stelle der Gläubiger.

48 Dem *vorläufigen Verwalter*, wie ihn das deutsche Insolvenzrecht in § 22 InsO vorsieht, steht keine Befugnis zur Forderungsanmeldung im in einem anderen Mitgliedstaat eröffneten Partikularinsolvenzverfahren zu[102].

c) Ablehnung durch die Gläubiger des Hauptinsolvenzverfahrens

49 Gegen die Anmeldung der Forderungen durch den Verwalter des Hauptinsolvenzverfahrens im Sekundärinsolvenzverfahren können sich die Gläubiger zur Wehr setzen[103]. Sie können die Anmeldung „ablehnen". Darunter wird man sich vorzustellen haben, dass sie im Hauptinsolvenzverfahren entsprechenden Einfluss auf den Verwalter nach Maßgabe der *lex fori concursus* nehmen. Im Übrigen behält die Vorschrift den Gläubigern die Befugnis vor, die Anmeldung der Forderungen im Sekundärinsolvenzverfahren durch den Verwalter zurückzuziehen. Die Zurückziehung ist allerdings nur dann möglich, wenn sie durch das Recht des Sekundärinsolvenzverfahrens vorgesehen ist (Art. 31 iVm Art. 28 EuInsVO). So kann es dem Gläubiger darum gehen, Kosten zu vermeiden, die mit der Anmeldung „seiner" Forderung durch den Verwalter des Hauptinsolvenzverfahrens entstehen[104].

2. Verfahrensrechtliche Stellung des anmeldenden Verwalters

50 Die Anmeldung von den in „seinem" Insolvenzverfahren angemeldeten Forderungen durch den Verwalter A im Verfahren B schließt (im Unterschied zB zu Regelungen der Geltendmachung eines Gesamtschadens im deutschen Insolvenzrecht [§§ 92, 93 InsO])[105] die Geltendmachung des individuellen Rechts der Gläubiger im jeweils anderen Insolvenzverfahren nicht aus. Die Forderungsanmeldung durch den Verwalter führt also nicht etwa zur Teilnahme der „Masse" am anderen Insolvenzverfahren, sondern dazu, dass jeder einzelne angemeldete Gläubiger individuell am anderen Gesamtvollstreckungsverfahren beteiligt wird.

51 Von der durch die Anmeldung über den Verwalter im anderen Insolvenzverfahren verwirklichten individuellen Teilnahme des Gläubigers am anderen Insolvenzverfahren ist die Teilnahme des Verwalters des Haupt- oder Sekundärinsolvenzverfahrens im anderen Insolvenzverfahren für die Masse zu unterscheiden, die Art. 32 Abs. 3 EuInsVO regelt[106]. Dort geht es um die Teilnahme des Verwalters an der *Gläubigerselbstverwaltung* im anderen Verfahren. Art. 32 Abs. 3 EuInsVO stattet den Verwalter mit der Befugnis aus, wie ein Gläubiger am anderen Insolvenzverfahren teilzunehmen. Insb wird er dazu ermächtigt, an der Verhandlung der Organe der Gläubigerselbstverwaltung nach geltendem Recht, namentlich an einer Gläubiger-

102 *Gottwald*, Grenzüberschreitende Insolvenzen, 29 f.
103 *Virgos/Schmit* in *Stoll*, Nr. 237.
104 *Virgos/Schmit* in *Stoll*, Nr. 239, 3. Abs.
105 Vgl *Smid*, Insolvenzordnung § 92 Rn 2 ff. mwN.
106 *Leible/Staudinger*, KTS 2000, 570.

versammlung, teilzunehmen[107]. Dabei kommt es nicht darauf an, ob das Recht des Staates, unter dessen Geltung die Teilnahme am Sekundärinsolvenzverfahren stattfinden soll, dies vorsieht. So sieht zB das deutsche Recht die Teilnahme eines Gläubigers am Insolvenzverfahren nur unter der Voraussetzung vor, dass der Gläubiger seine Forderung(en) angemeldet hat. Durch die Wahrnehmung von Stimmrechten kann dieser Gläubiger überhaupt nur dann Einfluss auf die Verfahrensabwicklung nehmen, wenn die Prüfung der angemeldeten Forderung den Bestand des Gläubigerrechts ergeben hat. Art. 32 Abs. 3 EuInsVO sieht diese Voraussetzungen nicht vor[108]. Das ist auch folgerichtig, denn der Verwalter des Hauptinsolvenzverfahrens legitimiert sich durch den Hoheitsakt, mit dem seine Amtseinsetzung erfolgt ist, arg Art. 19 Abs. 1, Art. 18 Abs. 1 EuInsVO.

Gleichwohl kann nicht davon ausgegangen werden, dass auf anderem Wege als über 52
die im jeweiligen nationalen Recht vorgesehenen Verfahren und Maßstäbe eine Bemessung des Umfanges des vom teilnehmenden Gläubiger wahrzunehmenden Einflusses über das Verfahren hinaus der nach Art. 32 Abs. 3 EuInsVO teilnehmende Verwalter im anderen Verfahren – etwa bezüglich der Ausübung von Stimmrechten – genießen könnte. Vielmehr ist davon auszugehen, dass Art. 32 Abs. 3 EuInsVO eine besondere Ausprägung der Unterrichtungsrechte gem Art. 31 Abs. 1 EuInsVO und insb der Kooperationspflicht gem Art. 31 Abs. 3 EuInsVO darstellt. Nach letztgenannter Vorschrift hat der Verwalter eines Sekundärinsolvenzverfahrens dem Verwalter eines Hauptinsolvenzverfahrens zu gegebener Zeit Gelegenheit zu geben, Vorschläge für die Art der Verwertung oder die Verwendung der Masse des Sekundärinsolvenzverfahrens zu unterbreiten, insb um die Anträge gem Art. 33 und Art. 34 EuInsVO[109] vorzubereiten und die Beteiligten am Sekundärinsolvenzverfahren auf die Stellung derartiger Anträge hinzuweisen und vorbereiten zu können. Da dies zweckmäßigerweise innerhalb der Verfahren und Organe geschehen sollte, in denen die Weichen der Verfahrensabwicklung gestellt werden, ist die Regelung des Art. 32 Abs. 2 EuInsVO daher missverständlich formuliert. Insb nimmt der Verwalter des Hauptinsolvenzverfahrens nicht *ex officio* die Stimmrechte der Gläubiger „seines" Verfahrens im Sekundärinsolvenzverfahren wahr, soweit er deren Forderungen angemeldet hat oder diese Gläubiger in eigener Person Forderungen angemeldet haben.

Der am Insolvenzverfahren teilnehmende Verwalter des im anderen Mitgliedstaat 53
eröffneten Haupt- oder Sekundärinsolvenzverfahrens nimmt also anders als dies der Wortlaut des Art. 32 Abs. 3 EuInsVO suggeriert – *keinesfalls wie ein Gläubiger an Abstimmungen teil*, wenn das nationale Recht des Verfahrens, an dem er teilnimmt, dies vorsehen würde[110]. Vielmehr wirkt er nach Maßgabe der Art. 33, 34 EuInsVO an diesem Verfahren mit, erhält aber durch die Befugnis Zutritt und Gehör im Rahmen der Verhandlungen der Organe der Gläubigerselbstverwaltung und des Verfahrens an

107 *Leible/Staudinger*, KTS 2000, 569; *Lüke*, ZZP Bd 111 (1998) 304; *Spahlinger*, Sekundärinsolvenzverfahren, 257; *Keppelmüller*, Österreichisches Internationales Konkursrecht, Rn 425.
108 *Gottwald*, Grenzüberschreitende Insolvenzen, 29.
109 *Liersch*, Sicherungsrechte im internationalen Insolvenzrecht, 57 f.
110 Offenlassend *Lüke*, ZZP Bd 111 (1998) 304.

dem er sich beteiligt in Anspruch nehmen zu dürfen und an diesem Verfahren durch Unterrichtung, Vorschläge, Hinweise und Anregungen mitzuwirken. Art. 32 Abs. 3 EuInsVO dient demzufolge allein dazu, Zugangsschranken gegenüber Dritten, die ein nationales Insolvenzrecht zum Schutz der Vertraulichkeit der Verhandlungen innerhalb eines Gläubigerselbstverwaltungsorgans zu schützen, zu durchbrechen.

VI. Beendigung des Sekundärinsolvenzverfahrens vor Abschluss des Hauptinsolvenzverfahrens

1. Fälle der Verfahrensbeendigung ohne Überschussauskehr gem Art. 35

54 Wird das Sekundärinsolvenzverfahren beendet, ohne dass die Masse verwertet, der Erlös verteilt und ein etwaiger Überschuss an den Verwalter des Hauptinsolvenzverfahrens nach Art. 35 EuInsVO ausgekehrt, bevor das Hauptinsolvenzverfahren seinen Abschluss genommen hat[111], so stellt sich die Frage, wie mit der „frei“ gewordenen[112] Partikularmasse zu verfahren ist. Grundsätzlich greift in einem derartigen Fall Art. 16 ein: Das Schuldnervermögen im Territorium des beendeten Sekundärinsolvenzverfahrens wird vom Beschlag des europäisch-universell wirkenden Hauptinsolvenzverfahrens erfasst[113].

55 Den Verwalter des Sekundärinsolvenzverfahrens trifft daher die – gegebenenfalls schadenersatzbewährte – Rechtspflicht, die zur Partikularmasse gehörenden Gegenstände an den Verwalter des Hauptinsolvenzverfahrens herauszugeben. Im Rahmen des nach Art. 28 anwendbaren Rechts hat er hierüber Rechnung zu legen. Soweit die für das Sekundärinsolvenzverfahren greifende *lex fori concursus* eine Rechnungslegungspflicht des Verwalters nicht oder nicht in hinreichendem Umfang vorsieht, greift jedenfalls Art. 31 Abs. 1 ein. Den Verwalter des Sekundärinsolvenzverfahrens trifft daher bei dessen Beendigung eine auf den Stand und Umfang der Partikularmasse bezogene besondere Informationspflicht.

2. Berichtigung der Masseverbindlichkeiten

56 Vor Übergabe der Partikularmasse hat der Sekundärinsolvenzverwalter nach Maßgabe der *lex fori concursus* (Art. 28) die Masseverbindlichkeiten zu befriedigen, die er begründet hat[114].

---

111 Gem § 166 öKO ist der Konkurs aufzuheben, wenn sich im Laufe des Konkursverfahrens herausstellt, dass das Vermögen zur Deckung der Kosten des Konkursverfahrens nicht hinreicht. Die Aufhebung hat jedoch zu unterbleiben, wenn ein angemessener Kostenvorschuss geleistet wird.

112 Allerdings nicht mit der Wirkung, dass die Vermögensgegenstände der Verfügungsbefugnis des Insolvenzschuldners unterworfen werden.

113 *Bloching*, Pluralität und Partikularinsolvenz, 227 f.

114 *Bloching*, Pluralität und Partikularinsolvenz, 228.

§ 7 Rechtsmacht des Verwalters im europäisch-universellen Insolvenzverfahren[115]

I. Verwirklichung der universellen Wirkung des Hauptinsolvenzverfahrens durch Anerkennung der Rechtsmacht des Insolvenzverwalters

Wenn „Anerkennung" eines Hauptinsolvenzverfahrens bedeutet, dass seine Statuswirkungen auch in den anderen Mitgliedstaaten vorbehaltlich der Eröffnung eines Sekundärinsolvenzverfahrens iSv Art. 3 Abs. 2 EuInsVO Wirkungen entfalten, kommt es hierfür nach alledem im Wesentlichen auf die Ausübung der Befugnisse des Verwalters an, auf den wegen der universellen Wirkung des Beschlusses über die Eröffnung des Hauptinsolvenzverfahrens die Rechtsmacht des Schuldners übergegangen ist. Art. 18 Abs. 1 EuInsVO trägt der universellen Geltung des Hauptinsolvenzverfahrens dadurch Rechnung, dass die Vorschrift anordnet, dass der im Hauptinsolvenzverfahren gem Art. 3 Abs. 1 EuInsVO durch das international zuständige Gericht bestellte Verwalter Mitglied eines anderen Mitgliedstaates alle Befugnisse auszuüben berechtigt ist, die ihm nach dem Recht des eröffnenden Staates zustehen[116]. Die *Legaldefinition des Insolvenzverwalters* fasst die Bezeichnung seiner Person weit[117]. Sie umfasst alle in Anhang C genannten Personen[118]. 1

Der „Automatismus" der *ipso iure*-Anerkennung der Eröffnung eines Hauptinsolvenzverfahrens erfasst die Stellung des Insolvenzverwalters des Hauptinsolvenzverfahrens in anderen Mitgliedsstaaten; er bedarf zur Ausübung seiner Befugnisse insbesondere keiner wie auch immer gearteten Akkreditierung[119]. Die Formlosigkeit der „automatischen" Anerkennung der universellen Geltung des Konkursbeschlages des in einem Mitgliedstaat eröffneten Hauptinsolvenzverfahrens iSv Art. 3 Abs. 1 EuInsVO und der statusrechtlichen Wirkung des Hoheitsaktes, von der Art. 16 Abs. 1 EuIns-VO spricht, findet insbesondere in Art. 19 EuInsVO ihren weiteren Ausdruck[120]. Dort heißt es, dass der Nachweis der Stellung einer Person als Verwalter in einem Hauptinsolvenzverfahren durch die Vorlage einer beglaubigten Abschrift derjenigen Entscheidung (vgl Art. 2 lit e EuInsVO) durch die er bestellt worden ist oder durch eine andere vom zuständigen Gericht (Art. 3 Abs. 1 EuInsVO) ausgestellte Bescheinigung zu erbringen sei. MaW stellt sich eine derartige Bescheinigung, der wohl die entsprechenden Institute des deutschen und österreichischen Insolvenzrechts Pate gestanden haben, als eine Art Akkreditierungsakt dar, der die internationale Zuständigkeit des Verwalters für 2

115 *Virgos/Schmit* in: Stoll, Vorschläge und Gutachten, 1997, Nr. 158 ff.; *Fritz/Bähr*, DZWIR, 2001, 225. Vgl zur früheren Rechtslage die Darstellung von *Pielorz*, Auslandskonkurs und Disposition über das Inlandsvermögen, 1977, S. 105 ff.
116 *Virgos/Schmit* in: Stoll, Vorschläge und Gutachten, 1997, Nr. 159.
117 *Virgos/Schmit* in: Stoll, Vorschläge und Gutachten, 1997, Nr. 63.
118 *Virgos/Schmit* in: Stoll, Vorschläge und Gutachten, 1997, Nr. 158 aE ; *Rossbach*, Europäische Insolvenzverwalter in Deutschland, 2006.
119 *Virgos/Schmit* in: Stoll, Vorschläge und Gutachten, 1997, Nr. 160.
120 *Leible/Staudinger*, KTS 2000, 561; *Lüke*, ZZP 111, 297.

die Vornahme bzw die Prozessualwirkung der erforderlichen Masse sichernden und Masse mehrenden Handlungen in anderen Mitgliedsstaaten gewährleistet. Die Organe des anderen Staates haben trotz der *ipso iure*-Wirkung des Eröffnungsbeschlusses des Hauptinsolvenzverfahrens die Befugnis, gem Art. 19 EuInsVO, eine Übersetzung der Bestellungsurkunde in die jeweilige Amtssprache zu verlangen bzw in die Amtssprachen des Mitgliedstaats, in dessen Gebiet der Verwalter rechtlich zu handeln beabsichtigt. Im Übrigen sagt aber Art. 19 EuInsVO ausdrücklich, dass eine Legalisierung, Nostrifikation oder eine entsprechende andere Förmlichkeit nicht abverlangt wird[121].

II. Beschränkung der Rechtsmacht des Verwalters durch das Ortsrecht

3 Der Verwalter des Hauptinsolvenzverfahrens erlangt im Rahmen seiner durch das Insolvenzrecht des Eröffnungsstaates beschriebenen Rechtsmacht[122] die Befugnis, in anderen Mitgliedstaaten belegene Vermögensgegenstände dort zu verwerten, den Erlös ins Gebiet des Eröffnungsstaates zu bringen oder Vermögensgegenstände selbst aus dem Gebiet des Belegenheitsstaates zu entfernen[123] und in das Gebiet des Eröffnungsstaates zu verbringen[124]. Die EuInsVO räumt ihm also sowohl sichernde als auch realisierende Befugnisse ein[125]. Den Gläubigern im ursprünglichen Belegenheitsstaat steht dagegen allein die Beantragung der Eröffnung eines Sekundärinsolvenzverfahrens zur Seite[126], sofern eine Niederlassung des Insolvenzschuldners im eröffnenden Staat existiert. Das ergibt sich zwanglos aus der universellen Wirkung des Konkursbeschlages und der Anerkennung der Statuswirkung des im Eröffnungsstaat erlassenen Hoheitsaktes. Da die sich aus dem Recht des Eröffnungsstaates ergebenden Bedürfnisse des im Hauptinsolvenzverfahren eingesetzten Verwalters nicht im Recht des Mitgliedstaates, in dem der Verwalter handelt, „überzeugt"[127] werden, kann in dem anderen Mitgliedsstaat das Bedürfnis auftreten, die wirkliche rechtliche Reichweite der Kompetenz des ausländischen Verwalters zu klären. Soweit ein nationales Insolvenzrecht dem Verwalter die Befugnis zur Streitentscheidung einräumt[128] oder ihn mit Zwangsbefugnissen ausstattet[129], bestimmt Art. 18 Abs. 3 Satz 2 EuInsVO[130], dass der Verwalter diese Befugnisse in anderen Mitgliedstaaten nicht ausüben darf. Die Einzelheiten sind freilich unklar. Nach ihrem Wortlaut würde diese Vorschrift eingreifen, selbst wenn auch das Recht des anderen Mitgliedstaates dem Verwalter die Strei-

---

121 *Leible/Staudinger*, KTS 2000, 562 – insbes wird kein Apostille verlangt; vgl auch *Potthast*, Probleme eines Europäischen Konkursübereinkommens, 1995, S. 111.
122 *Leible/Staudinger*, KTS 2000, 561; *Lüke*, ZZP Bd. 111, 296.
123 *Virgos/Schmit* in: Stoll, Vorschläge und Gutachten, 1997, Nr. 161, 2. Abs.
124 *Virgos/Schmit* in: Stoll, Vorschläge und Gutachten, 1997, Nr. 161, 2. Abs.
125 *Potthast*, Probleme eines Europäischen Konkursübereinkommens, 1995, S. 107.
126 *Virgos/Schmit* in: Stoll, Vorschläge und Gutachten, 1997, Nr. 161, 3. Abs.
127 Wie es *Lüke*, ZZP Bd. 111, 296 treffend formuliert.
128 *Virgos/Schmit* in: Stoll, Vorschläge und Gutachten, 1997, Nr. 164.
129 *Virgos/Schmit* in: Stoll, Vorschläge und Gutachten, 1997, Nr. 164.
130 *Wimmer* in: Frankfurter Kommentar, 4. Aufl 2006, Anhang I Rn 100.

tentscheidungs- oder Zwangsbefugnis gibt[131]. Die „Fundamentalbefugnis" des Verwalters des Hauptinsolvenzverfahrens findet gem Art. 18 Abs. 2 EuInsVO im Falle der Eröffnung des Sekundärinsolvenzverfahrens in einem anderen Mitgliedstaat gem Art. 18 Abs. 1 Satz 1 Hs 2 EuInsVO ihre Grenze im Sachenrecht des jeweiligen Mitgliedstaates[132], dh, dass die Gläubiger in einem anderen Mitgliedstaat als dem Eröffnungsstaat die *Entfernung von Massegegenständen* durch den Insolvenzverwalter des Hauptinsolvenzverfahrens aus „ihrem" Territorium dadurch verhindern können, indem sie die Eröffnung eines Sekundärinsolvenzverfahrens beantragen[133].

Zu den Hauptaufgaben des Insolvenzverwalters in einem jeden Insolvenzverfahren gehört die Verwertung der Masse zum Zweck der Erzielung einer an den Gläubiger auszuschüttenden Teilungsmasse. Art. 18 Abs. 3 EuInsVO bestimmt, dass der Verwalter bei der Ausübung seiner Befugnisse, namentlich bei der Verwertung der Masse, das Recht des Mitgliedstaates zu beachten hat, in dem er zu handeln beabsichtigt[134]. Die dem Verwalter zustehenden Befugnisse und die Art ihrer Ausübung im Zuge der Masseverwertung sind maW aufgespalten[135]. 4

Der Verwalter, der von dem gem Art. 3 Abs. 1 EuInsVO international zuständigen Gericht bei der Eröffnung des Hauptinsolvenzverfahrens eingesetzt worden ist, hat nach Art. 18 Abs. 3 EuInsVO die ihm nach Maßgabe des Rechts des Eröffnungsstaates zustehenden Befugnisse (Art. 18 Abs. 1 Satz 1 EuInsVO) in dem anderen Mitgliedstaat nur soweit auszuüben, wie er dessen im Übrigen geltendes allgemeines Recht zu beachten hat, auch soweit dieses vom Recht des Eröffnungsstaates abweicht. Das ist eigentlich eine Selbstverständlichkeit, wird aber durch Art. 18 Abs. 3 Satz 1 EuInsVO ausdrücklich bestimmt. Will der im Hauptinsolvenzverfahren eingesetzte Verwalter also Vermögensgegenstände des Insolvenzschuldners verwerten, die sich in einem anderen Mitgliedstaat befinden, ist er dazu auf Grund der Universalität des Konkursbeschlages den bestehenden Rechtszuständigkeiten nach befugt, die aber nicht über dem nationalen Sachenrecht stehen. Art. 18 Abs. 1 EuInsVO bestimmt, dass der Verwalter des Hauptinsolvenzverfahrens nach dem Recht des Staates der Verfahrenseröffnung auch in anderen Mitgliedstaaten tätig zu werden hat. Art. 18 Abs. 3 EuInsVO stellt aber insofern klar, dass er hinsichtlich der Art und Weise der Verwertung des Massegegenstandes das Sachenrecht des anderen Mitgliedstaates in dessen Gebiet sich der Massegegenstand befindet und in dem er die Verwertungshandlung vorzunehmen beabsichtigt, zu beachten hat. 5

Die Regelung des Art. 18 Abs. 3 Satz 1 EuInsVO verweist dementsprechend auf die Regelungen der Art. 5 ff. EuInsVO. In dem von Art. 8 EuInsVO erfassten Fall ist die Regelung der Art. 18 Abs. 3 Eu- 6

---

131 *Lüke*, ZZP Bd. 111, 296.
132 *Wimmer* in: Frankfurter Kommentar, 4. Aufl 2006, Anhang I Rn 101 aE; *Potthast*, Probleme eines Europäischen Konkursübereinkommens, 1995, S. 114; *Herchen*, Das Übereinkommen über Insolvenzverfahren, 2000, S. 139.
133 *Virgos/Schmit* in: Stoll, Vorschläge und Gutachten, 1997, Nr. 161, 3. Abs.
134 *Potthast*, Probleme eines Europäischen Konkursübereinkommens, 1995, S. 115 ff.
135 Vgl dagegen krit bereits *Lemontey*, ZIP 1981, 679; *Lüer* in: Stoll, Vorschläge und Gutachten, 1997, S. 102.

InsVO eigentlich selbstverständlich. Denn es leuchtet ein, dass bei denjenigen Vermögensgegenständen, bei denen sich die Mühe und die erheblichen Kosten der Realisierung des universellen Konkursbeschlages des Hauptinsolvenzverfahrens überhaupt lohnt, nämlich im Fall von in die Masse fallenden Immobilien in anderen Mitgliedstaaten, die dem Insolvenzschuldner gehören, sowohl auf die Frage der Massezugehörigkeit, als aber auch auf die Frage des bei der Verwertung dieser Vermögensgegenstände zu beachtenden Verfahrens, ausschließlich das Recht des Mitgliedstaates maßgebend sein kann, in dessen Gebiet dieser Vermögensgegenstand gelegen ist (Art. 8 EuInsVO). Die universelle Rechtszuständigkeit des Verwalters im Hauptinsolvenzverfahren kann diese sachrechtliche Beziehung nicht überspielen. Nichts anderes gilt natürlich für Gegenstände, an denen dingliche Rechte Dritter bestehen, oder an denen Dritte sich das Eigentum vorbehalten haben.

7 Schon in der Vergangenheit haben insbesondere deutsche Gerichte den Konkurs- oder Insolvenzverwalter für verpflichtet angesehen, massezugehörige Vermögensgegenstände (vgl Art. 4 Abs. 2 lit b EuInsVO) des Insolvenzschuldners auch dann „in Besitz zu nehmen" (vgl § 148 InsO), wenn sie sich im Ausland befinden[136]. Z. T. haben Konkursgerichte diese Pflicht *expressis verbis* in Eröffnungsbeschlüssen niedergelegt[137]. Verletzt der Konkursverwalter diese Pflicht, setzt er sich Ansprüchen auf Ersatz eines den Beteiligten daraus erwachsenden Schadens aus (vgl § 60 Satz 1 InsO)[138]. Art. 18 Abs. 1 Satz 3 EuInsVO stellt klar, dass die Insolvenzverwalter des Hauptinsolvenzverfahrens jedenfalls im Geltungsbereich der EuInsVO diese Pflicht zur Verwirklichung des europäisch-universellen Konkursbeschlages trifft.

8 Da Art. 25 Abs. 1 EuInsVO die Vollstreckung von Entscheidungen zur Durchführung von Konkursbeschlüssen in anderen Mitgliedstaaten ohne Exequatur gewährleistet, kann z. B. der deutsche Insolvenzverwalter jedenfalls gegen den Insolvenzschuldner im europäischen Ausland aus dem deutschen Eröffnungsbeschluss die Herausgabe betreiben, soweit die EuInsVO anwendbar ist[139], da der Eröffnungsbeschluss (vgl § 27 InsO) in Deutschland als Herausgabetitel gem §§ 794 Abs. 1 Nr. 3, 883 Abs. 1 ZPO fungiert.

9 Weiterhin ist die Frage zu beantworten, wie sich nach der *lex fori concursus* die Eröffnung des Insolvenzverfahrens über das Vermögen einer Partei auf die (prozessualen) Vollmachten auswirkt, die der Insolvenzschuldner vorkonkurslich begeben hatte[140]. In Folge des Verhältnismäßigkeitsgrundsatzes, den der Verordnungsgesetzgeber berücksichtigt, lässt die EuInsVO die Regelungen der nationalen Verfahrensrechte betreffend der prozessualen Wirkungen der Konkurseröffnung unberührt. Art. 15 EuInsVO statuiert daher eine Ausnahme vom Grundsatz der allgemeinen Geltung der *lex fori concursus* hinsichtlich der Wirkung des Insolvenzverfahrens auf anhängige Rechtsstreitigkeiten. Das Bild, das sich daraus ergibt, ist durchaus verwirrend. Die Eröffnung eines Insolvenzverfahrens im Ausland führt in dem im deutschen In-

---

136 BGH v 10. 12. 1976 – V ZR 145/74 – BGHZ 68, 16, 17; *Lüer* in: Stoll, Vorschläge und Gutachten, 1997, S. 96, 103.

137 OLG Köln v 28. 4. 1986 – 2 W 34/86 – ZIP 1986, 658 f. Das BVerfG hat dies für mit dem GG vereinbar angesehen: BVerfG v 6. 6. 1986 – 1 BvR 574/86 – ZIP 1986, 1336 f.

138 *Smid* in: Kölner Schrift zum Insolvenzrecht, S. 453 ff.

139 Zu den Problemen der früheren Rechtslage vgl *Lüer* in: Stoll, Vorschläge und Gutachten, 1997, S. 104. Der Konkursverwalter musste versuchen, den Gemeinschuldner im Inland zur Unterstützung bzw Realisierung des Konkursbeschlages an den im Ausland belegenen Vermögensgegenständen zu bewegen.

140 *Herchen*, Das Übereinkommen über Insolvenzverfahren, 2000, S. 208 f.

land geführten Prozess nach § 240 ZPO zu dessen Unterbrechung[141]. Daraus folgt ohne weiteres die *ipso jure* Anerkennung des im EG-Ausland eröffneten Hauptinsolvenzverfahrens über das Vermögen einer der Parteien eines in Deutschlands anhängigen Rechtsstreits gem Art. 16, 17 EuInsVO. Damit findet die „Wendeentscheidung“ des BGH aus dem Jahr 1995 zur Rechtsmacht des ausländischen Insolvenzverwalters und die Unterbrechung des im deutschen Inland geführten Prozesses seine gesetzliche Grundlage. Zwar sind nicht durch den Federstrich des Verordnungsgesetzgebers ganze Bibliotheken zur Makulatur verwandelt worden, jedoch ist ein Schlussstrich unter eine langjährige Debatte gesetzt worden.

Art. 15 EuInsVO greift zunächst für *Schuldenmassestreitigkeiten* ein, deren Streitge- **10**
genstand eine als Insolvenzforderung zu qualifizierende Forderung eines Gläubigers bildet[142]. Nach Art. 4 Abs. 1 EuInsVO kommt allerdings das Konkursstatut für die rechtliche Bestimmung der Art und Weise der Geltendmachung von Forderungen im Konkurs zur Geltung. Nun könnte man nach dem Wortlaut des Art. 15 EuInsVO zweifeln, ob diese Vorschrift auf Schuldenmassestreitigkeiten Anwendung findet; ausschlaggebend ist aber nicht der Wortlaut der Vorschrift, sondern deren Regelungsgehalt. Mit ihr erteilt die EuInsVO der *vis attractiva concursus* eine Absage; auch der Feststellungsprozess über den Bestand der Forderung bestimmt sich also nach der *lex fori processus,* denn diese Feststellung findet „außerhalb“ des Konkurses statt[143]. *Aktivprozesse zur Teilungsmasse*[144], also Prozesse, die gegen einen Beklagten auf Leistung zur Masse gerichtet sind, fallen zweifelsfrei unter Art. 15 EuInsVO. Gleiches gilt für Prozesse auf aus- oder abgesonderte Befriedigung, also für *Passivprozesse zur Masse*[145]. Dabei geht es um Gegenstände oder Rechte der Masse; es gelangt also das Recht des Landes zur Anwendung, in dem der Rechtsstreit anhängig ist.

---

141 Vgl *Summ*, Anerkennung ausländischer Konkurse in der Bundesrepublik Deutschland, 1992, S. 49 ff. In der öKO ist die Unterbrechungswirkung in § 7 leg cit geregelt.
142 *Leipold* in: Stoll, Vorschläge und Gutachten, 1997, S. 91.
143 *Flessner* in: Stoll, Vorschläge und Gutachten, 1997, S. 219, 228, 229.
144 *Leipold* in: Stoll, Vorschläge und Gutachten, 1997, S. 92.
145 *Leipold* in: Stoll, Vorschläge und Gutachten, 1997, S. 93.

§ 8 Unterbrechung anhängiger Prozesse

I. Funktion der Vorschrift

1. Sachnormverweisung

Nach Art. 15 EuInsVO gilt für die Wirkungen des Insolvenzverfahrens auf einen anhängigen Rechtsstreit über einen Gegenstand oder ein Recht der Masse ausschließlich das Recht des Mitgliedstaats, in dem der Rechtsstreit anhängig ist. 1

Art. 15 EuInsVO stellt sich als Sachnormverweisung[1] *dar*. Die Vorschrift funktioniert als *verfahrensrechtliche*[2] *Kollisionsnorm*. Sie knüpft an die enge Verbindung des Rechtsstreits mit dem geltenden nationalen Verfahrensrechts[3]. Die Vorschrift durchbricht die allgemeine Regel der Maßgeblichkeit des Rechts des Eröffnungsstaates[4].

2. Verlust der Prozessführungsbefugnis des Schuldners

Bedeutung der Regelung: Zu den wichtigsten Fragen, die im Zusammenhang der Bestimmung der Reichweite der universellen bzw. europäischen Befugnisse des Insolvenzverwalters aufgeworfen werden, gehört die seiner Prozessführungsmacht mit Wirkung für und gegen die Masse[5]. Die Regelung des Art. 15 EuInsVO dient der Verwirklichung der Universalität des Hauptinsolvenzverfahrens unter Berücksichtigung des prozessrechtlichen Bedürfnisses nach Rechtsklarheit und Rechtssicherheit[6]. 2

Die Verfahrensrechte der Mitgliedstaaten der EU reagieren in sehr unterschiedlicher Weise auf die Eröffnung eines Insolvenzverfahrens über das Vermögen einer Partei eines Rechtsstreits[7]. Das gemeinsame Grundproblem, das unterschiedlichen 3

---

1 *Morscher* EuInsVO 2002, 45; *Herchen*, Das Übereinkommen über Insolvenzverfahren, 2001, 197; D-K/D/Ch Art. 15 Rn 6.

2 *Kemper* ZIP 2001, 1615; *Uhlenbruck* InsO Art. 15 EuInsVO Rn 1.

3 *Kenper* (Fn 2); . M/F/I-*Fletcher* 4.41; D-K/D/Ch Art. 15 Rn 7.

4 M/F/I-*Moss-Smith Art.* 15 N. 8.130.

5 *Huber*, ZZP Bd 114, 133, 166; *Ackmann/Wenner* Iprax 1989, 134 ff.; *Leipold*, in: Stoll (Hrsg), Vorschläge und Gutachten zur Umsetzung des EU-Übereinkommuns über Insolvenzverfahren im deutschen Recht, 1991, 81; *Lüer*, in: Stoll (Hrsg), Stellungnahmen, 96, 110; *Potthast*, Probleme eines Europäischen Konkursübereinkommens, 1995, 127 ff.; *Bloching*,Pluralität und Partikularinsolvenzverfahren, 2000, 265 ff.

6 *Leipold* (Fn 5) 87. Zum ausländischen Konkurs und dem inländischen Zivilprozeß *ders.*, in: Schwab-Festschr. 1990, 289 ff. krit gegen BGH, Urt. v. 7. 7. 1988, NJW 1988, 3096.

7 *Fletcher*, Insolvency in International Private Law, 1999, 282.

Lösungen zugeführt wird, liegt darin, dass dafür Sorge getragen werden muss, dass dem Schuldner bzw den Organen einer schuldnerischen Gesellschaft rechtlich die Möglichkeit entzogen werden muss[8], im Wege der Vornahme von Prozesshandlungen Einfluss auf Gegenstände der Insolvenzmasse zu nehmen. *Leipold*[9] hat zutreffend darauf hingewiesen, dass die Unterbrechung von Prozessen keine selbständige prozessuale Wirkung der Eröffnung des Insolvenzverfahrens über das Vermögen einer Partei ist, sondern Folge des Verlustes der Verfügungsmacht des Insolvenzschuldners über sein Vermögen. Folgerichtig kommt es nicht auf die Qualifikation der Stellung des Insolvenzverwalters durch das jeweilige nationale Insolvenzrecht an. Verliert der Schuldner infolge der Eröffnung des Insolvenzverfahren die Verwaltung- und Verfügungsbefugnis über sein Vermögen muss überdies dafür Sorge getragen werden, dass an seiner Stelle ein Verwalter den Prozess fortsetzt. In einer Reihe von Rechtsordnungen wird dies dadurch erreicht, dass laufende Rechtsstreitigkeiten in Folge der Eröffnung des Insolvenzverfahrens über das Vermögen des Schuldners unterbrochen werden, damit der eingesetzte Verwalter Gelegenheit erhält, darüber zu entscheiden, ob er das Verfahren aufnehmen will oder nicht. Anerkennt dagegen eine Rechtsordnung eine vis attractiva concursus, führt die Eröffnung des Insolvenzverfahrens über das Vermögen einer Partei eines Rechtsstreits infolge des automatic stay[10] dazu, dass das Insolvenzgericht die Zuständigkeit zur Verhandlung der die Masse betreffenden Rechtsstreitigkeiten erlangt und diese vor ihm geführt werden.

4 Regelungen über die Unterbrechung des Prozesses finden sich in einigen Mitgliedsstaaten in Prozessgesetzen (§ 240 ZPO, auf den die Vorschrift verweist[11], in anderen in Insolvenzgesetzen (§§ 6ff. KO Österreichs). Dies ist aber für die Anwendbarkeit des Art. 15 EuInsVO unerheblich[12].

5 Weiterhin ist die Frage zu beantworten, wie sich nach der lex fori concursus die Eröffnung des Insolvenzverfahrens über das Vermögen einer Partei auf die (prozessualen) Vollmachten auswirkt, die der Insolvenzschuldner vorkonkurslich begeben hatte[13].

3. Art. 15 EuInsVO als Ausdruck des Verhältnismäßigkeitsgrundsatzes

6 In Folge des *Verhältnismäßigkeitsgrundsatzes*, den der Verordnungsgesetzgeber berücksichtigt, lässt die EuInsVO die Regelungen der nationalen Verfahrensrechte betreffend der prozessualen Wirkungen der Konkurseröffnung unberührt. Art. 15 Eu-

---

8 *Smid*, Deutsches und europäisches Internationales Insolvenzrecht, 2004, EuInsVO, Art. 15 Rn 3.

9 *Leipold*, in Schwab-Festschr., 289, 299.

10 *Paulus* NZI 2002, 505, 511.

11 *Uhlenbruck* InsO Art. 15 EuInsVO Rn 2; MünchKomm-*Reinhart* Art. 15 Rn 1.

12 D-K/D/Ch Art. 15 Rn 8; vgl. im übrigen *Paulus*, in: *Konecny* (Hrsg), Insolvenzforum 2001, 126, 147.

13 *Herchen* (Fn 1) 208 f.

InsVO statuiert daher eine Ausnahme von dem Grundsatz der allgemeinen Geltung der lex fori concursus hinsichtlich der Wirkung des Insolvenzverfahrens auf anhängige Rechtsstreitigkeiten. Das Bild, das sich daraus ergibt, ist durchaus verwirrend. Die Eröffnung eines Insolvenzverfahrens im Ausland führt in dem im deutschen Inland geführten Prozess nach § 240 ZPO zu dessen Unterbrechung[14]. Dies folgt ohne weiteres aus der ipso jure Anerkennung des im EG-Ausland eröffneten Hauptinsolvenzverfahrens über das Vermögen einer der Parteien eines in Deutschlands anhängigen Rechtsstreits gem Art. 16, 17 EuInsVO. Damit findet die Wendeentscheidung des BGH aus dem Jahr 1995 zur Rechtsmacht des ausländischen Insolvenzverwalters und die Unterbrechung des im deutschen Inland geführten Prozesses eine gesetzliche Grundlage. Zwar sind nicht durch den Federstrich des Verordnungsgesetzgebers ganze Bibliotheken zur Makulatur verwandelt, aber ist doch der Schlußstrich unter eine langjährige Debatte gesetzt.

II. Lex fori processus

1. Reichweite des § 15 EuInsVO

Art. 15 EuInsVO[15] *unterscheidet* zwischen den *Wirkungen* der Eröffnung eines Insolvenzverfahrens über das Vermögens des Schuldners danach, ob *Maßnahmen der Rechtsverfolgung* einzelner Gläubiger betroffen sind – dann greift, die lex fori concursus als Folge des „automatic stay“ – oder ob es sich um *Rechtsstreitigkeiten* handelt, *die zum Zeitpunkt der Eröffnung des Insolvenzverfahrens* (beachte die Legaldefiniton gem. *Art. 2 lit f EuInsVO*) bereits anhängig waren[16]. *„Anhängigkeit“* ist dabei kein EU-weit einheitlich verstandener Rechtsbegriff[17]; die Funktion der Vorschrift legt es nahe, solche Prozesse als „anhängig“ iSv Art. 15 anzusehen, die in dem Sinne „angelegt“ sind[18], daß der Kläger alles zur Einleitung eines prozessualen Erkenntnisverfahrens Erforderliche getan hat[19]. Das entspricht der Formulierung in der französischen Fassung („une instance en cours“) und der englischen („a lawsuit pending“)[20]. 7

Die EuInsVO reagiert mit ihrem Art. 15 EuInsVO auf das Problem, wieweit durch die Eröffnung des Insovlenzverfahrens ein Schuldner gehindert wird, den Prozess fortzusetzen – was nur soweit der Fall ist, wie der Gegenstand des Prozesses von den Beschlagswirkungen der Verfahrenseröffnung erfasst wird, also um einen Ge- 8

14 Vgl. *Summ*, Anerkennung ausländischer Konkurse in der Bundesrepublik Deutschland, 1992, 49ff.
15 *Herchen* (Fn 1) 196f. qualifiziert Art. 15 als Sachnormverweisung und lehnt eine Bestimmung als Gesamtnormverweisung ab. So werde die Berufung auf das lex fori concursus sichergestellt.
16 *Virgos/Schmit* Nr. 142, 1. Abs.; D-K/D/Ch Art. 15 Rn 1.
17 *Herchen* (Fn 1) 199.
18 Überzeugend *Herchen* (Fn 1) 200.
19 D-K/D/Ch Art. 15 Rn 15.
20 *Herchen* (Fn 1) 199f.; D-K/D/Ch Art. 15 Rn 16.

genstand der Masse gestritten wird[21]. Daher trifft Art. 15 EuInsVO die Bestimmung, dass für die Wirkung der Eröffnung des Insolvenzverfahrens auf anhängige Rechtsstreitigkeiten über einen Gegenstand oder über ein Recht der Masse nurmehr das Recht des Mitgliedsstaates maßgeblich ist, in dem der Rechtsstreit anhängig ist[22]. Der Begriff des Rechts der Masse ist weit gefasst, er umfasst die Ist-Masse[23]. Das erscheint aber zweifelhaft: Was *Gegenstand der Insolvenzmasse* ist, bestimmt sich nach dem Recht des Eröffnungsstaates. Nur soweit der Eröffnungsstaat einen Gegenstand dem Konkursbeschlag unterwirft, stellt sich für den Rechtsstreit das Problem seines universellen Geltungsanspruchs.

9 Auch wenn die Zugehörigkeit des streitbefangenen Gegenstandes zur Masse zweifelhaft ist, greift Art. 15 ein, da gerade für diese Fälle das Prozessstatut geklärt werden muss[24].

2. Probleme

10 Die Regelung des Art. 15 EuInsVO ist nicht unproblematisch. Wenn die oben erörterte Prämisse zutrifft, dass die prozessuale Behandlung der Eröffnung des Insolvenzverfahrens eine Frage des Verlusts der Verfügungsbefugnis des Schuldners ist, die nach Art. 4 Abs. 2 lit c EuInsVO dem Konkursstatut folgt, kann Art. 15 EuInsVO zu einer – unerwünschten – Verdoppelung von Prozessen führen[25]. Probleme ergeben sich darüber hinaus daraus, daß gegebenenfalls nach der lex fori processus andere Gegenstände und Rechte zur „Masse“ gezählt werden als nach der lex fori concursus gem. Art. 4 Abs. 2 lit b EuInsVO[26].

11 Im Schrifttum wird die Ansicht vertreten, mit Art. 15 EuInsVO werde der Anspruch von Insolvenzrechten abgewehrt, die eine vis attractiva concursus anerkennen[27] und deren Recht ohne Art. 15 EuInsVO für anhängige Prozesse maßgeblich würde[28]. Ob das so richtig ist, kann nach der Judikatur des EuGH zum Anfechtungsgerichtsstand dahingestellt bleiben.

III. Verfahren iSv Art. 15 EuInsVO

12 Der Begriff „Rechtsstreitigkeiten“[29] zeigt, daß Art. 15 EuInsVO zunächst für *Schuldenmassestreitigkeiten* eingreift, deren Streitgegenstand eine als Insolvenzforderung

---

21 *Virgos/Schmit* Nr. 142, 3. Abs.; D-K/D/Ch Art. 15 Rn 9 ff.
22 *Huber* (Fn 5) 166; *Virgos/Schmit* Nr. 142, 3. Abs.
23 *Herchen* (Fn 1) 201.
24 D-K/D/Ch Art. 15 Rn 10.
25 Hierzu *Leipold*, in: Schwab-Festschr. 298 ff.
26 Vgl *Herchen* (Fn 1) 202, der allerdings daraus auf ein Primat der lex fori processus schließen will.
27 *Herchen* (Fn 1) 220.
28 *Habscheid* ZZP 114 (2001) 167, 169; *ders* ZIP 1999, 1113; *Herchen* (Fn 1) 224 f.
29 D-K/D/Ch Art. 15 Rn 24.

zu qualifizierende Forderung eines Gläubigers bildet[30]. Nach Art. 4 Abs. 1 kommt allerdings das Konkursstatut für die rechtliche Bestimmung der Art und Weise der Geltendmachung von Forderungen im Konkurs zur Geltung. Nun könnte man nach dem Wortlaut des Art. 15 EuInsVO zweifeln, ob diese Vorschrift auf Schuldenmassestreitigkeiten Anwendung findet; ausschlaggebend ist aber nicht der Wortlaut der Vorschrift, sondern deren Regelungsgehalt. Mit ihr erteilt die EuIns-VO der vis attractiva concursus eine Absage; auch der Feststellungsprozeß über den Bestand der Forderung bestimmt sich also nach der lex fori processus, denn diese Feststellung findet „außerhalb" des Konkurses statt[31]. *Aktivprozesse zur Teilungsmasse*[32], also Prozesse, die gegen einen Beklagten auf Leistung zur Masse gerichtet sind, fallen zweifelsfrei unter Art. 15 EuInsVO. Gleiches gilt für Prozesse auf aus- oder abgesonderte Befriedigung: *Passivprozesse zur Masse*[33]. Dabei geht es um Gegenstände oder Rechte der Masse; es gelangt also das Recht des Landes zur Anwendung, in dem der Rechtsstreit anhängig ist.

Streitige Verfahren der freiwilligen Gerichtsbarkeit können ebenfalls unter Art. 15 Eu- 13
InsVO fallen, so daß zB Streitigkeiten nach dem WEG, die die massezugehörige Wohnung betreffen, von Art. 15 EuInsVO erfasst werden[34].

Zwangsvollstreckungsverfahren können durchaus unter Art. 15 EuInsVO fallen. Zwar 14
gehört es zu den typischen Wirkungen des Insolvenz- als Gesamtverfahren (Art. 1 Abs. 1 EuInsVO), daß auf Individualzwangsvollstreckungsverfahren durch die Eröffnung des Insolvenzverfahrens über das Vermögen des Schuldners Wirkungen ausgehen[35], deren typische das Verbot der Individualzwangsvollstreckung (automatic stay) ist – vgl. im deutschen Recht § 89 InsO.

Verwaltungsgerichtliche Rechtsstreitigkeiten können unter Art. 15 EuInsVO fallen, 15
wenn sie wie zB Streitigkeiten über umweltpolizeiliche Maßnahmen die Masse betreffen; Voraussetzung für die Anwendbarkeit des Art. 15 EuInsvO ist, daß das betreffende Verfahren eine massebezogene Streitentscheidung betrifft. Das ist bei Verwaltungsverfahren nicht der Fall[36].

IV. Reichweite der Unterbrechungswirkungen

Der österreichische OGH[37] hatte in einem Fall zu entscheiden, in dem es um die 16
Reichweite der Unterbrechungswirkungen von insolvenzgerichtlichen Maßnahmen ging. Dabei ging es – vereinfacht – um folgenden Sachverhalt:

30 *Leipold* (Fn 5) 91.
31 *Flessner* (Fn 7) 219, 228, 229.
32 *Leipold* (Fn 5) 92.
33 *Leipold* (Fn 5) 93; D-K/D/Ch Art. 15 Rn 20.
34 D-K/D/Ch Art. 15 Rn 25.
35 D-K/D/CH Art. 15 Rn 27.
36 Aus spezifisch österreichischer Sicht D-K/D/CH Art. 15 Rn 28 ff.
37 OGH, 23. 2. 2005, 9Ob135/04Z, ZIK 2005, 94.

Die klägerische GmbH begehrte von der Beklagten vor den österreichischen Gerichten Zahlung. Nach Berufungseinlegung durch den verurteilten Beklagten gegen das erstinstanzlich abweisende Urteil, wurde vom AG Kaiserslautern mit Beschluss vom 13. 4. 2004 nach § 21 Abs. 2 Nr. 1 InsO ein vorläufiger Insolvenzverwalter bestellt und angeordnet, das Verfügungen der schuldnerischen GmbH nur mit Zustimmung des vorläufigen Insolvenzverwalters wirksam sein sollten. Im Übrigen sollte der vorläufige Insolvenzverwalter die Verwaltungs- und Verfügungsbefugnis hinsichtlich der Bankkonten und Außenstände der schuldnerischen GmbH ausüben. In der Folgezeit wurde die Berufung vom österreichischen Berufungsgericht abgewiesen. Am 9. 8. 2004 eröffnete das AG Kaiserslautern über das Vermögen der A-GmbH.

17 Das Erstgericht berichtigte am 16. 9. 2004 die Parteibezeichnungen und verfügte Verfahrensfortsetzung. Gegen die Entscheidung des Berufungsgerichtes richtete sich die außerordentliche Revision der Beklagten. Der OGH führt aus, dass nach Art. 15 EuInsVO für die Wirkungen des Insolvenzverfahrens auf einen anhängigen Rechtsstreit über einen Gegenstand oder ein Recht der Masse ausschließlich das Recht des Mitgliedstaates gilt, in dem der Rechtstreit anhängig ist[38]. MaW richtet es sich nach dem *prozessualen* lex fori, unter welchen Voraussetzungen der Rechtsstreit nach Eröffnung eines Konkurs- oder Insolvenzverfahrens über das Vermögen einer Partei ausgesetzt oder fortgeführt wird. Art. 15 EuInsVO lässt keine kumulierte Anwendung von Konkursstaatsrecht und Prozessstaatsrecht zu[39]. Sieht daher die Rechtsordnung des Konkurseröffnungsstaates eine Prozessunterbrechung nicht vor, dann kann es zu einer solchen kommen, wenn das Recht des Prozessstaates die Prozessunterbrechung anordnet. Umgekehrt gilt, dass selbst dann eine Prozessunterbrechung im Prozessstaat nicht erfolgt, wenn dessen Prozessrecht dies nicht vorsieht, obwohl das Recht des Konkurseröffnungsstaates eine Prozessunterbrechung vorsehen würde. Der OGH zitiert in diesem Zusammenhang einen österreichischen Kommentar zur EuInsVO[40], wonach ein Anpassungsbedarf besteht, wenn eine besondere Form von Sanierungsverfahren im Ausland eröffnet wird. Der Anerkennungsstaat unterschiedliche Rechtsfolgen unter Bezug auf eine Verfahrensunterbrechung in vergleichbaren Fällen vorsieht. Der OGH meint nun, dass es sich beim Verfahren nach § 21 InsO um ein Sicherungsverfahren handelt, das in der risikobehafteten Zeit zwischen dem Eingang eines zulässigen Insolvenzantrages beim Insolvenzgericht und dessen Entscheidung über die Eröffnung dem Schutz des Bestandes der Masse vor Schuldner- wie Gläubigerzugriffen diene. Da dieses Verfahren Teil der staatlichen Garantiefunktion zur Erreichung der Insolvenzzwecke sei, sieht der OGH einen dem Fall der Verfahrensunterbrechung bei Eröffnung des Konkurses nach § 7 österreichischer KO entsprechenden Fall an. Auch im Falle der Teilverwaltungs- und Verfügungsermächtigung nach § 21 Abs. 1 Nr. 2, 2. Fall InsO iVm § 22 Abs. 2 InsO gehen mit der Verwaltungs- und Verfügungsbefugnis die Prozessführungsbefugnis auf den vorläufigen Verwalter über, soweit seine Verwaltungs- und Verfügungsbefugnisse im Übrigen reichen. Daher meint der OGH, diese Fälle rechtfertigen es, zu einer entsprechenden Anwendung des § 7 österreichischer Konkursordnung iVm Art. 15 EuInsVO zu gelangen. Da

38 *Smid* (Fn 8) Art. 15 Rn 9.
39 *Duursma-Kepplinger* in: Duursma-Kepplinger/Duursma/Chalupsky, EuInsVO Art. 15, Rn 4, 5.
40 *Duursma-Kepplinger* in: Duursma-Kepplinger/Duursma/Chalupsky, EuInsVO Art. 15, Rn 20, 21.

der OGH für die rechtliche Beschreibung der Stellung des deutschen Insolvenzverwalters auf die in Deutschland herrschende Amtstheorie zurückgreift, hat er im übrigen auch für den vorläufigen Verwalter eine entsprechende Rubrizierung den Untergerichten aufgegeben.

Der österreichische OGH hat zutreffend erkannt, dass sich die Stellung des vorläu- 18
figen Insolvenzverwalters nach deutschem Recht bemisst – das freilich sehr differenzierte Regelungen trifft. Partei kraft Amtes in dem hier ausschlaggebenden prozessualen Sinne wird der vorläufige Verwalter nur, wenn die Verfügungsbefugnis über das schuldnerische Vermögen auf ihn übergegangen ist – also im Falle des § 21 Abs. 2 Nr. 2, 2. Var InsO, § 24 Abs. 2 InsO[41].. Handelt es sich „nur" um eine „reine" Zustimmungsverwaltung, kommt eine Unterbrechung des Prozesses nicht in Betracht[42]. Das Insolvenzgericht kann zwar im Falle des § 22 Abs. 2 InsO konkrete[43] Prozeßführungsermächtigungen anordnen; diese mag man im vorliegenden Fall in der Ermächtigung zur Einziehung von Aussenständen des Schuldners sehen. Der von § 24 Abs. 2 InsO und § 240 ZPO[44] vorausgesetzte *allgemeine* Übergang der Verwaltungs- und Verfügungsbefugnis des Schuldners auf den Verwalter findet hier nicht statt.

---

41 Vgl. *Thiemann*, Die vorläufige Masseverwaltung im Insolvenzverfahren, 2000, Rn 256; *Smid/Thiemann*, in: Smid, Insolvenzordnung, 2. Aufl. 2002, § 24 Rn 9.
42 BGH NJW 1999, 2822; MüchKomm-*Feiber*, ZPO § 240 Rn 12 aE.
43 BGH, Urt v 18. 7. 2002, DZWIR 2002, 470.
44 MünchKomm-*Feiber*, ZPO § 240 Rn. 1.

§ 9 Verfahrensrechtliche Stellung der Gläubiger nach der EuInsVO

I. Unterrichtung der Gläubiger

Der universellen Wirkung der Eröffnung des Hauptinsolvenzverfahrens wie auch der internationalen Hilfsfunktion von Sekundärinsolvenzverfahren entspricht es, dass die in einem anderen Mitgliedstaat mit gewöhnlichem Aufenthalt, Wohnsitz oder Sitz ansässigen Gläubiger von der Verfahrenseröffnung unterrichtet werden[1]. Diese Unterrichtung obliegt gem Art. 40 Abs. 1 EuInsVO dem Insolvenzverwalter auch gegenüber den ihm bekannten in anderen Mitgliedstaaten befindlichen Gläubigern. Art. 40 Abs. 1 EuInsVO trägt dem Verwalter die Pflicht auf, die Unterrichtung „unverzüglich" vorzunehmen. Mit der Eröffnung des Insolvenzverfahrens hat der Verwalter daher ohne schuldhaftes Zögern die aus der Buchhaltung und Korrespondenz des Insolvenzschuldners bzw aus der im Eröffnungsverfahren geführten Korrespondenz bekannten Gläubiger von der Verfahrenseröffnung zu unterrichten, was gem Art. 40 Abs. 2 EuInsVO durch *individuelle Übersendung eines Vermerkes über die Verfahrenseröffnung* zu erfolgen hat. Dabei hat der Verwalter die Gläubiger darüber zu unterrichten, dass sie ihre Forderungen anzumelden haben, bei welcher Stelle dies zu geschehen hat und innerhalb welcher Fristen die Anmeldung vorzunehmen ist, um gegebenenfalls eingreifende Säumnisfolgen vorbeugend auszuschließen, die ebenfalls detailliert darzustellen sind[2]. 1

Die Unterrichtungspflicht trifft den Insolvenzverwalter, weil als Folge der europäischen Universalität der Eröffnung eines Insolvenzverfahrens jedem Gläubiger, sofern er seinen gewöhnlichen Aufenthalt, Wohnsitz oder Sitz in einem anderen Mitgliedstaat als im Staat der Verfahrenseröffnung hat, nach Art. 39 EuInsVO das Recht auf Anmeldung von Forderungen zusteht[3]. 2

Soweit das Recht des Eröffnungsstaates vorsieht, dass die bevorrechtigten oder dinglich gesicherten Gläubiger ihre Forderungen anzumelden haben bzw eine Mitteilung ihres Vorrechts oder dinglichen Rechts machen müssen, ist auch dies im Vermerk anzugeben[4]. 3

---

1 *Leible/Staudinger*, KTS 2000, 533, 571; *Lüke*, ZZP (1998) 275 ff.; *Spahlinger*, Sekundärinsolvenzverfahren bei grenzüberschreitenden Insolvenzen, 253; *Keppelmüller*, Österreichisches internationales Konkursrecht, Rn 428; *Summ*, Anerkennung, 92 f.

2 FK-*Wimmer*, Anhang I Rn 177.

3 *Leible/Staudinger*, KTS 2000, 571.

4 FK-*Wimmer*, Anhang I Rn 179.

II. Amtssprache

4 Art. 42 Abs. 1 bestimmt, dass die nach Art. 40 EuInsVO vorzunehmende Unterrichtung der Gläubiger in anderen Mitgliedstaaten in der Amtssprache oder wie zB in Belgien oder Deutschland einer der Amtssprachen des Staates der Verfahrenseröffnung zu erfolgen hat[5]. Um den Schutz der Gläubiger im anderen Mitgliedstaat zu verwirklichen und insb etwaige Präklusionsfolgen der Säumnis bei der Anmeldung durch die Gewährung effizienten rechtlichen Gehörs (Art. 6 Abs. 1 EMRK) verfahrensrechtlich zu legitimieren, sieht Art. 42 Abs. 1 S. 2 EuInsVO vor, dass für die Unterrichtung der Gläubiger in anderen Mitgliedstaaten für den Vermerk iSv Art. 40 Abs. 2 EuInsVO ein Formblatt zu verwenden ist, das mit den Worten „Aufforderung zur Anmeldung von Forderungen. Etwaige Fristen beachten!" überschrieben ist. Diese Überschrift ist auf dem Formblatt in sämtlichen Amtssprachen der Organe der EU abzudrucken. Die Unterrichtung der Gläubiger in der gehörigen Form gehört zu den wesentlichen Pflichten des Insolvenzverwalters, der für die Schäden die aus dieser Pflichtverletzung folgen in Anspruch genommen werden kann.

III. Diskriminierungsverbot

5 Im inländischen Verfahren räumt die EuInsVO den EU-Ausländern ein Recht auf Teilnahme am Verfahren und der Berücksichtigung in der Verteilung ein[6]. In einigen nationalen Insolvenzrechten ist dies allerdings zweifelhaft, soweit es sich um Anmeldungen seitens des Fiskus oder von Sozialversicherungsträgern handelt[7]. Daher erwähnt Art. 39 EuInsVO das Recht dieser Gläubiger zur Forderungsanmeldung besonders[8]. Das europäische Diskriminierungsverbot wird danach auch auf die Steuerbehörden[9] und Sozialversicherungsträger der Mitgliedstaaten erstreckt[10].

---

5 FK-*Wimmer*, Anhang I Rn 184.

6 FK-*Wimmer*, Anhang I Rn 175.

7 *Spellenberg* in *Stoll*, 183, 199: Grundsätzlich leiht kein Staat dem anderen Staat die Hand zur Eintreibung von Steuerforderungen.

8 FK-*Wimmer*, Anhang I Rn 175.

9 Zur Stellung öffentlichrechtlicher Forderungen, insb von Steuerforderungen, vgl *Habscheid*, KTS 1996, 201; *Gottwald*, Grenzüberschreitende Insolvenzen, 27; *Elliott*, Tolley's Insolvency Law and Practice vol 16 (2000) pp 224, 233.

10 Vgl *Potthast*, Probleme eines europäischen Konkursübereinkommens, 166 ff. Das ist unabhängig davon, ob und wieweit diesem Gläubiger öffentlichrechtlicher Forderungen durch das jeweilige nationale Insolvenzrecht Vorrechte eingeräumt werden, vgl *Potthast*, aaO 172 ff.

IV. Forderungsanmeldung[11]

1. Ausschluss der Befriedigung von Gläubigern außerhalb des Hauptinsolvenzverfahrens

Die Insolvenz- oder Konkursgläubiger leiten ihre Rechte aus Rechtsbeziehungen zum Schuldner ab, die mit dem Konkurs bzw. Dem Insolvenzverfahren nichts zu tun haben. Für sie liegt es daher nahe, in anderen Staaten als dem Staat der Eröffnung des Hauptinsolvenzverfahrens den Versuch zu unternehmen, ihre Rechte im Wege der allgemeinen Rechtsverfolgung im Zivilprozess oder der individuellen Zwangsvollstreckung zu verfolgen[12]. Solange der Insolvenzverwalter des Hauptinsolvenzverfahrens nicht seinerseits Rechtsbefugnisse im Ausland auszuüben im Stande ist, steht den Gläubigern bei ihrer Rechtsverfolgung im Ausland der universelle Geltungsanspruch des Hauptinsolvenzverfahrens nicht im Wege[13]. Im vorangegangenen § 8 (Rn 12ff.) ist bereits gezeigt worden, dass mit der EuInsVO die Rechtsverfolgung durch die Gläubiger im Ausland ausgeschlossen wird, soweit nach Art. 17 Abs. 1 EuInsVO die europäisch-universelle Wirkung des Konkursbeschlages des Hauptinsolvenzverfahrens reicht. Die Universalität des Hauptinsolvenzverfahrens wird dabei durch die Pflicht der Gläubiger verwirklicht, dasjenige an den Verwalter des Hauptinsolvenzverfahrens herauszugeben, was sie in einem anderen Land außerhalb eines dort eröffneten Partikularinsolvenzverfahrens im Wege der Zwangsvollstreckung oder auf andere Weise aus der Masse erlangt haben. Daher sind die Gläubiger darauf angewiesen, im Insolvenzverfahren ihre Forderungen anzumelden, um am Teilungserlös (in Österreich: Verteilungserlös) partizipieren zu können. 6

Nicht selten wird vor dem Hintergrund des Bildes von „Kleingläubigern" (vgl in Deutschland § 222 Abs. 3 S. 2 InsO) in größeren Unternehmensinsolvenzen darauf aufmerksam gemacht[14], die grenzüberschreitende Teilnahme von Gläubigern an ausländischen Insolvenzverfahren sei nicht sinnvoll. Löst man sich aber von diesem Bild und wendet sich den wirtschaftlich interessanten Fällen grenzüberschreitender Insolvenzen von natürlichen Personen zu, so wird der Sinn der grenzüberschreitenden Verfahrensteilnahme von Gläubigern deutlicher. So kann sich zB für einen Nachlassgläubiger die Beteiligung an einem im Ausland eröffneten Nachlassinsolvenzverfahren empfehlen, wenn er dort auf Grund der für die insolvenzrechtliche Qualifikation seiner Forderung[15] maßgeblichen *lex fori concursus* ein Vorrecht genießt oder die Stellung eines Massegläubigers einnimmt. 7

---

11 *Gottwald*, Insolvenzhandbuch, § 131 Rn 21; *Summ*, Anerkennung, 57f, 93f.

12 *Lüer* in *Stoll*, 96, 107.

13 *Lüer* in *Stoll*, 107. Das OLG Hamm (E v 14. 7. 1982, ZIP 1982, 1343, 1345) und der BGH (E v 13. 7. 1983, BGHZ 88, 147) haben die §§ 12, 14 dKO (heute §§ 87, 89 dInsO) als Vorschriften angesehen, die keinen extraterritorialen Geltungsanspruch haben.

14 Vgl zum ganzen *Spahlinger*, Sekundärinsolvenzverfahren bei grenzüberschreitenden Insolvenzen, 290.

15 *Hanisch* in *Henckel*-FS, 369, 380f.

2. Form der Forderungsanmeldung

8 Für die Forderungsanmeldung ordnet Art. 39 Hs. 2 EuInsVO die *Schriftform* an, während Art. 42 Abs. 2 vorsieht, dass die Forderungsanmeldung durch einen Gläubiger der seinen gewöhnlichen Aufenthalt, Wohnsitz oder Sitz in einem anderen Mitgliedstaat als im Staat der Verfahrenseröffnung hat, auch in der Amtssprache des Staates, in dem der angemeldete Gläubiger seinen Sitz hat, erfolgen kann[16]. Um eine formwirksame Anmeldung vorzunehmen, bestimmt Art. 42 Abs. 2 S. 2 EuInsVO darüber hinaus, dass die Anmeldung wenigstens mit den Worten „Anmeldung einer Forderung" in der Amtssprache oder einer der Amtssprachen des Staates der Verfahrenseröffnung überschrieben sein muss. Es liegt nahe, dass insb bei einer Vielzahl von Forderungsanmeldungen durch ausländische Gläubiger in deren Sprache ein inländisches Insolvenzverfahren erheblich belastet wird. Dies ist freilich eine notwendige Folge des europarechtlich gebotenen Abbaues der Erschwerung der grenzüberschreitenden Verfahrensteilnahme[17]. Da die Übersetzung derartiger Anmeldungen die Kosten der Insolvenzverwaltung in die Höhe treiben würde, sieht Art. 42 Abs. 2 S. 3 EuInsVO vor, dass der Insolvenzverwalter vom anmeldenden Gläubiger verlangen kann, dass dieser eine *Übersetzung* der Anmeldung in die Amtssprache oder eine der Amtssprachen des Staates der Verfahrenseröffnung nachreicht. Unterlässt es der Gläubiger, die angeforderte Übersetzung einzureichen, macht dies die im Übrigen formgültige Forderungsanmeldung nicht unwirksam; der anmeldende Gläubiger hat aber die Folgen seiner *Obliegenheitsverletzung* zu tragen.

3. Inhalt der Forderungsanmeldung

9 Auch im Hinblick auf die Regelung des Inhaltes der Forderungsanmeldung im grenzüberschreitenden europäischen Insolvenzverfahren folgt die EuInsVO dem deutschen Vorbild, wenn Art. 41 EuInsVO anordnet, dass der Gläubiger Art, Entstehungszeitpunkt und Betrag der Forderung mitzuteilen habe, sowie ob er für die Forderung ein Vorrecht, eine dingliche Sicherheit oder einen Eigentumsvorbehalt beanspruche und welche Vermögenswerte Gegenstand seiner Sicherung seien[18]. Ferner hat der Gläubiger gegebenenfalls vorhandene Belege über die Forderung seiner Anmeldung in Kopie beizuschließen, vgl bspw § 103 Abs. 1 öKO, wonach die Beweismittel zu bezeichnen sind. Unabhängig von der Anmeldung durch den Insolvenzverwalter des Hauptinsolvenzverfahrens hat der Gläubiger die Befugnis, sich am Sekundärinsolvenzverfahren unter Anmeldung seiner Forderung zu beteiligen[19], Art. 32 Abs. 1 EuInsVO[20].

---

16 *Keppelmüller*, Österreichisches internationales Konkursrecht, Rn 428 aE; *Potthast*, Probleme eines europäischen Konkursübereinkommens, 162 f.
17 *Potthast*, Probleme eines europäischen Konkursübereinkommens, 167.
18 FK-*Wimmer*, Anhang I Rn 183 zu den Unterschieden zu § 174 Abs. 1 dInsO.
19 *Gottwald*, Insolvenzhandbuch, § 131 Rn 20.
20 *Gottwald*, Grenzüberschreitende Insolvenzen, 27.

V. Doppelanmeldung[21] und Gläubigergleichbehandlung (Art. 20 Abs. 2 EuInsVO[22])

1. Berücksichtigungsmechanismus

a) *Problembeschreibung*

Jeder Gläubiger, der seinen Wohnsitz, gewöhnlichen Aufenthalt oder Sitz in der Gemeinschaft hat, hat daher das Recht, seine Forderungen in jedem in der Gemeinschaft anhängigen Insolvenzverfahren über das Vermögen des Schuldners anzumelden[23]. Im Interesse der Gläubigergleichbehandlung muss jedoch die Verteilung des Erlöses koordiniert werden. Jeder Gläubiger sollte zwar behalten dürfen, was er im Rahmen eines Insolvenzverfahrens erhalten hat, sollte aber an der Verteilung der Masse in einem anderen Verfahren erst dann teilnehmen können, wenn die Gläubiger gleichen Ranges die gleiche Quote auf ihre Forderung erlangt haben (Art. 20 Abs. 2, Art. 39 EuInsVO)[24]. Die Verwalter des Haupt- und der Sekundärinsolvenzverfahren haben in den jeweils anderen Verfahren die Forderungen anzumelden[25]. Die Gläubiger haben jedoch das Recht, dies abzulehnen oder die Anmeldung zurückzuziehen (Art. 32 Abs. 2 EuInsVO)[26]. Der Verwalter eines Haupt- oder Sekundärinsolvenzverfahrens ist berechtigt, wie ein Gläubiger an einem anderen Insolvenzverfahren mitzuwirken, insbesondere indem er an der Gläubigerversammlung teilnimmt (Art. 32 Abs. 3 EuInsVO)[27]. 10

Die Teilnahme von Gläubigern sowohl am Haupt- als auch am Sekundärinsolvenzverfahren ruft Probleme auf den Plan, wie sie zB im deutschen Recht mit dem Verbot einer Doppelanmeldung zu meistern versucht werden: Die *ausdrückliche Gestattung der Doppelanmeldung* bringt die Gefahr einer den Grundsatz *par conditio creditorum* verletzenden Partizipation an der Teilungsmasse durch den einzelnen Gläubiger mit sich. Folgerichtig erstreckt sich der Herausgabeanspruch des Verwalters des Hauptinsolvenzverfahrens gegen den am Sekundärinsolvenzverfahren durch Forderungsanmeldung beteiligten Gläubiger nicht auf das konkurslich Erlangte: 11

---

21 *Thieme* in *Stoll*, 212, 251 ff.; *Hanisch*, ZIP 1989, 273 ff., 278 ff.

22 *Spahlinger*, Sekundärinsolvenzverfahren bei grenzüberschreitenden Insolvenzen, 335 ff. zu verschiedenen Regelungsmodellen; vgl weiter *Reinhard*, Sanierungsverfahren im internationalen Insolvenzrecht, 305 ff.; *Herchen*, Das Übereinkommen über Insolvenzverfahren, 53 f.

23 *Duursma-Kepplinger/Chalupsky* in: Duursma-Kepplinger/Duursma/Chalupsky, Europäische Insolvenzverordnung, 1. Aufl 2002, Art. 32 Rn. 1, 2.

24 *Smid*, Deutsches und Europäisches Internationales Insolvenzrecht, 1. Aufl 2004, Art. 20 Rn. 15–24.

25 *Smid*, Deutsches und Europäisches Internationales Insolvenzrecht, 1. Aufl 2004, Art. 32 Rn. 4 ff.; *Duursma-Kepplinger/Chalupsky* in: Duursma-Kepplinger/Duursma/Chalupsky, Europäische Insolvenzverordnung, 1. Aufl 2002, Art. 32 Rn. 7 ff.

26 *Smid*, Deutsches und Europäisches Internationales Insolvenzrecht, 1. Aufl 2004, Art. 32 Rn. 10; *Duursma-Kepplinger/Chalupsky* in: Duursma-Kepplinger/Duursma/Chalupsky, Europäische Insolvenzverordnung, 1. Aufl 2002, Art. 32 Rn. 7.

27 *Smid*, Deutsches und Europäisches Internationales Insolvenzrecht, 1. Aufl 2004, Art. 32 Rn. 4; *Duursma-Kepplinger/Chalupsky* in: Duursma-Kepplinger/Duursma/Chalupsky, Europäische Insolvenzverordnung, 1. Aufl 2002, Art. 32 Rn. 7 ff.

Der Erwerb der Dividende im Sekundärinsolvenzverfahren erfolgt nämlich mit konkurslichem Grund, der durch die EuInsVO rechtlich anerkannt wird[28]. Da das Recht zur Doppelanmeldung nach Art. 32 EuInsVO ausdrücklich den Gläubigern vorbehalten wird, sieht Art. 20 Abs. 2 EuInsVO einen Berücksichtigungsmechanismus vor, nach dem bei der Beteiligung des doppelt anmeldenden Gläubigers an der Dividende bei Verteilung des aus der Verwertung der Partikularinsolvenzmasse erzielten Erlöses zu verfahren ist. Dieser Mechanismus soll die Wahrung des Grundsatzes *par conditio creditorum* sicherstellen.

b) Wirkungsweise

12 Erlangt ein Gläubiger im Sekundärinsolvenzverfahren A eine Quote für seine Forderung, so nimmt er an der Ausschüttung der Teilungsmasse im Hauptinsolvenzverfahren B erst dann teil, wenn die übrigen Gläubiger gleichen Ranges im Verfahren B eine Quote erlangt haben, die der Quote entspricht, die sich rechnerisch bei Berücksichtigung der vom Gläubiger auf Grund der Dividende im Verfahren A erlangten Quote ergibt[29].

13 Der „Rang"[30] verweist gem Art. 4 Abs. 2 lit i EuInsVO auf das Recht des Eröffnungsstaates. Das führt zu folgender Handhabung bei Eröffnung eines Haupt- und eines Sekundärinsolvenzverfahrens: Die Forderung (1) über € 100.000,– hat Vorrang vor Forderung (2) über € 400.000,– und Forderung (3) über € 400.000,– nach Art. 28 EuInsVO im Sekundärinsolvenzverfahren A. Dort wird eine Masse von € 50.000,– erzielt. Forderung (1) wird mit € 50.000,– berücksichtigt. Im Hauptinsolvenzverfahren B genießt die Forderung (1) kein Vorrecht, weil bspw deutsches Recht nach Art. 4 Abs. 1, Abs. 2 lit i EuInsVO zur Anwendung gelangt. Dort wird eine Teilungsmasse von € 200.000,– erzielt. Im Sekundärinsolvenzverfahren hat der Gläubiger der Forderung (1) eine Quote von 50% erzielt. Da die Gläubiger der Forderungen im Hauptinsolvenzverfahren den gleichen Rang einnehmen und der Gläubiger der Forderung (1) so anzusehen ist, als habe er auch im Hauptinsolvenzverfahren eine Quote von 50% erzielt, bleibt dieser Gläubiger im Hauptinsolvenzverfahren bei der Ausschüttung der Dividende gem Art. 20 Abs. 2 EuInsVO außer Betracht. Denn die Nichtberücksichtigung der Forderung (1) führt dazu, dass auf die Forderungen (2) und (3) eine Quote von 25% entfällt.

2. Kritik

14 Dass die Erlöse aus der Dividende eines ausländischen Insolvenzverfahrens nicht abgeführt werden, ist von *Lüer*[31] mit Nachdruck kritisiert worden. *Lüer* hat darauf

28 *Bloching*, Pluralität und Partikularinsolvenz, 220 f; vgl bereits *Summ*, Anerkennung, 99 f.
29 *Spahlinger*, Sekundärinsolvenzverfahren bei grenzüberschreitenden Insolvenzen, 339 spricht von einem Anrechnungsmodell.
30 Zu den Problemen *Spahlinger*, Sekundärinsolvenzverfahren bei grenzüberschreitenden Insolvenzen, 280 f.
31 *Lüer* in *Stoll*, 118.

hingewiesen, dass die Anrechnungsklausel nicht zur Anwendung gelangt, wenn im inländischen Verfahren nur eine geringe Masse vorliegt. Insb Kleingläubiger wie Arbeitnehmer des Schuldners im Inland, die sich am Verfahren im Ausland nicht beteiligen, müssten taten- und hilflos „zusehen“, wie Großgläubiger eine Dividende im Ausland erlangen, die sie nicht herausgeben müssen. Gegen die Regelung durch die EuInsVO greift dieser Einwand jedoch nicht durch. Der Schutz der Kleingläubiger wird nach Art. 32 Abs. 2 EuInsVO im Wege der Anmeldung durch den Verwalter des Hauptinsolvenzverfahrens verwirklicht. Auch diese Gläubiger kommen im Sekundärinsolvenzverfahren in den Genuss einer Dividende. Im Zusammenspiel mit dem Diskriminierungsverbot gegenüber bestimmten Gläubigern gem Art. 39 2. Hs. EuInsVO[32] wird daher die Gleichbehandlung der Gläubiger gewährleistet.

VI. Teilnahme an der Gläubigerselbstverwaltung

Da der Verwalter des Hauptinsolvenzverfahrens nicht für die im Sekundärinsolvenzverfahren anmeldenden Gläubiger in den jeweiligen Organen der Gläubigerselbstverwaltung Rechte ausübt (oben § 3)[33], stehen die sich aus der *lex fori concursus* ergebenden Verfahrensteilnahmerechte den Gläubigern zu. 15

32 Vgl aber *Lüer* in *Stoll*, 121.
33 *Gottwald*, Grenzüberschreitende Insolvenzverfahren 29.

§ 10 Insolvenzanfechtung[1]

I. Schwierigkeiten bei einem Rückgriff auf die rechtsdogmatische Konstruktion der Insolvenzanfechtung zur Bestimmung der internationalen Zuständigkeit

1. Korrektur gläubigerbenachteiligender Handlungen

Im materiellen Insolvenzrecht nimmt die Insolvenzanfechtung einen zentralen Platz ein. Die Insolvenzanfechtung dient der Sicherung bzw Wiederherstellung der Soll-Masse und damit der Gewährleistung der Erreichung der Ziele eines Insolvenzverfahrens[2]. Das Insolvenzanfechtungsrecht (in Österreich §§ 27 ff. KO, in Deutschland §§ 129 ff. InsO, in Italien art 67 sequ cdi) stellt rechtliche Instrumentarien bereit, deren Einsatz die Masse durch die Rückgängigmachung solcher „Rechtshandlungen" des Schuldners oder von Gläubigern mehrt, soweit diese masseschmälernden Rechtshandlungen auf Grund des Vorliegens eines Anfechtungsgrundes gegenüber den Gläubigern keine Wirkungen entfalten. Eine mögliche Benachteiligung der Gläubiger durch Verfügungen des Gemeinschuldners lässt sich nur dadurch vermeiden, dass dem Insolvenzverwalter die Rechtsmacht eingeräumt wird, ungerechtfertigte Vermögensverschiebungen rückgängig zu machen. Im internationalen Insolvenzrecht stellt den Hauptfall, in dem Anfechtungsregeln zur Anwendung gelangen, die Verrechnung eingehender Überweisungen mit debitorisch geführten Schuldnerkonten dar[3]. 1

2. Anknüpfungsmaßstäbe

Die Insolvenzanfechtung ist in ihrer theoretischen Konstruktion nicht frei von Problemen[4]. Daher ist in der Literatur[5] darauf hingewiesen worden, dass es wenig Erfolg 2

1 *Flessner* in: Stoll, Vorschläge und Gutachten, 1997, S. 226 f.; *Herchen*, Das Übereinkommen über Insolvenzverfahren, 2000, S. 166 ff., 170 ff.; *Bloching*, Pluralität und Partikularinsolvenz, 2000, S. 205 ff.; *Potthast*, Probleme eines Europäischen Konkursübereinkommens, 1995, S. 79 ff.; *Summ*, Anerkennung ausländischer Konkurse in der Bundesrepublik Deutschland, 1992, S. 71 ff. Zur Gläubigeranfechtung außerhalb des Konkurses vgl *Hanisch*, ZIP 1981, 569 ff.; *Fragistas*, RabelsZ 12 (1938), 452 ff.

2 Zum internationalen Insolvenzrecht *Göpfert*, Anfechtbare Aufrechnungslagen im deutsch-amerikanischen Insolvenzrechtsverkehr, 1996, S. 1 mwN.

3 *Göpfert*, Anfechtbare Aufrechnungslagen im deutsch-amerikanischen Insolvenzrechtsverkehr, 1996, S. 5, 6 et passim.

4 Vgl *Bloching*, Pluralität und Partikularinsolvenz, 2000, S. 206.

5 *Nussbaum*, Deutsches internationales Privatrecht, 1. Aufl 1932, S. 485 ff.

versprechend erscheint, das für die Anfechtung international maßgebende Recht aus einer Konstruktion der Anfechtung aus bereicherungsrechtlichen Gesichtspunkten abzuleiten. Es komme vielmehr auf den „gesetzespolitischen Zweck dieses Rechtsinstitutes an", der in der Konstitution der durch ungerechtfertigte vorkonkursmäßig verwirklichte Eingriffe beeinträchtigten Masse[6]. Daher ist schon früh die Lösung als sachgerecht vorgeschlagen worden, der die EuInsVO nunmehr in Art. 4 Abs. 2 lit m EuInsVO folgt[7]. Da die Bestimmung des Umfanges der Masse nach Art. 4 Abs. 2 lit m EuInsVO dem Recht des Sitzes des Konkursgerichtes unterfällt, ist es insoweit folgerichtig, dass die EuInsVO das Konkursstatut für die Anfechtung ohne Rücksicht darauf für maßgeblich anordnet, wo die anfechtbare Handlung gesetzt worden ist.

3 Grundsätzlich ist die Geltung des *Konkursstatuts* für die Insolvenzanfechtung plausibel. Der Schutz des redlichen Empfängers wird dadurch verwirklicht[8]; die Grenze einer insolvenzanfechtungsrechtlichen Inanspruchnahme bildet im Übrigen der *ordre public*[9].

II. Vis attractiva concursus

1. Judikatur des EuGH

4 Diese Probleme haben in der Rechtsprechung des BGH zu einer Vorlageentscheidung an den EuGH geführt:

Die Frick Teppichboden Supermärkte GmbH (im Folgenden: Schuldnerin) zahlte am 14. März 2002 50.000 Euro an die Deko Marty Belgium NV (im Folgenden: Beklagte). Obgleich es sich bei der Beklagten um eine Gesellschaft belgischen Rechts mit Sitz in Belgien handelt, wurde der Betrag auf ein auf ihren Namen lautendes Bankkonto bei der KBC Bank in Düsseldorf, Deutschland, eingezahlt. Am Tag darauf beantragte die Schuldnerin beim Amtsgericht Marburg die Eröffnung des Insolvenzverfahrens; dem Antrag wurde am 1. Juni 2002 stattgegeben. Im Beschluss über die Eröffnung des Verfahrens wurde Herr Christopher Seagon zum Insolvenzverwalter bestellt. Im Wege einer Anfechtungsklage verlangte der Insolvenzverwalter beim Landgericht Marburg die Rückzahlung der von der Beklagten vereinnahmten 50.000 Euro. Das Landgericht hat über die Zulässigkeit der Klage abgesondert verhandelt und diese mit der Begründung als unzulässig abgewiesen, dass die deutschen Gerichte nicht über sie entschieden könnten, da die Beklagte ihren Sitz in einem anderen Staat (Belgien) habe und die Verordnung Nr. 1346/2000 nicht auf Insolvenzanfechtungsklagen anwendbar sei. Gegen diese Entscheidung wurde Revision beim Bundesgerichtshof eingelegt. Mit Beschluss vom 21. Juni 2007 hat der Bundesgerichtshof im Rahmen des von dem Insolvenzverwalter gegen die belgische Anfechtungsschuldnerin betriebenen Rechtsstreits folgende Vorabentscheidungsfragen vorgelegt:

Sind die Gerichte des Mitgliedstaates, in dessen Gebiet das Insolvenzverfahren über das Vermögen des Schuldners eröffnet worden ist, für eine Insolvenzanfechtungsklage gegen einen Anfechtungs-

---

6 Vgl *Göpfert*, Anfechtbare Aufrechnungslagen im deutsch-amerikanischen Insolvenzrechtsverkehr, 1996, S. 81 ff.

7 *Gottwald*, Grenzüberschreitende Insolvenzen, 1. Aufl 1997, S. 38 f.; *Potthast*, Probleme eines Europäischen Konkursübereinkommens, 1995, S. 84 ff.

8 *Leipold* in: Henckel-FS, 1995, S. 523, 546.

9 *Gottwald*, Grenzüberschreitende Insolvenzen, 1. Aufl 1997, S. 41.

gegner, der seinen satzungsmäßigen Sitz in einem anderen Mitgliedstaat hat, nach der EuInsVO international zuständig?

Der Generalanwalt *Colomer* hat die vom Bundesgerichtshof vorgelegte Frage auf eine einfache Frage reduziert, nämlich darauf, ob die Insolvenzanfechtungsklagen von der Regelung der gerichtlichen Zuständigkeit für Insolvenzverfahren in Art. 3 Abs. 1 EuInsVO umfasst werden, obwohl die Verordnung sie nicht ausdrücklich nennt? Um diese Frage beantworten zu können, hat der Generalanwalt die Vorfrage untersucht, ob eine Zivilklage, in diesem Verfahren die Insolvenzanfechtungsklage, aufgrund ihres Zusammenhangs mit der Insolvenz Bestandteil des Insolvenzverfahrens ist. *Colomer* hat dabei die Eigenständigkeit der Insolvenzanfechtungsklage gegenüber der allgemeinen Gläubigeranfechtungsklage herausgearbeitet: Letztere führt zur relativen Unwirksamkeit der benachteiligenden Verfügung im Rahmen der Zwangsvollstreckung in der dem Dritten gehörenden, vom Zwangsvollstreckungsschuldner verschobenen Vermögensgegenstand; die Insolvenzanfechtung wirkt par condicio creditorum und führt den in anfechtbarer Weise fortgegebenen Vermögensgegenstand in die Insolvenzmasse zurück. 5

Die Argumentarion Colombers stützt sich auf die Judikatur des EuGH. Da die Bestimmungen über die internationale Zuständigkeit der Gerichte weder auf Insolvenzen noch auf „analoge Verfahren" anwendbar sind, kam der EuGH zu dem Ergebnis, dass die Anfechtungsklagen, obwohl sie über keine eigene gemeinschaftliche Definition verfügen, Bestandteil dieser „analogen" Verfahren sind, wenn sie mit ihnen in einem engen Zusammenhang stehen. Dieser Zusammenhang wird im Hinblick auf die Natur der jeweiligen Klage in ihrer Ausgestaltung durch ihre nationale Rechtsordnung bestimmt. Das Gericht war bei der Einordnung der Klage zu dem Ergebnis gelangt, dass es sich um eine persönliche und nicht um eine dingliche Klage handelte, und stellte nicht auf die Zuständigkeit nach dem *locus rei sitae* ab. In dem Urteil Rechtsache Reichert[10] wurde die Natur der *actio pauliana* im französischen Recht untersucht mit dem Ergebnis, dass sie „ihre Grundlage … im Forderungsrecht [hat], einem persönlichen Recht des Gläubigers gegenüber seinem Schuldner, und … dem Schutz des Zugriffs des Gläubigers auf das Vermögen des Schuldners [dient]. Hat sie Erfolg, so bewirkt sie, dass der vom Schuldner absichtlich zur Beeinträchtigung der Gläubigerrechte vorgenommene Verfügungsakt allein gegenüber dem Gläubiger unwirksam ist"[11]. 6

Aufgrund des in der Gourdain-Entscheidung gewählten Ansatzes gelangte der EuGH zur Anerkennung eines Zusammenhangs zwischen der Insolvenz und der Klage des französischen Rechts. Dabei stellte er auf mehrere Argumente ab: erstens, dass die Klage nach der für das Ausgangsverfahren maßgeblichen französischen Rechtsordnung zur ausschließlichen Zuständigkeit des Gerichts gehört, welches das Konkursverfahren eröffnet hat; zweitens, dass nur der Konkursverwalter oder das Gericht (von Amts wegen) die Klage erheben können; drittens, dass die Klage im Namen und im Interesse der Gesamtheit der Gläubiger erhoben wird, und viertens, 7

---

10 Urt v 10. Januar 1990, Reichert und Kockler (C-115/88, Slg. 1990, I-27).
11 Rn 12.

dass die Insolvenzvorschriften eine andere Verjährungsfrist vorsehen. Die Regelung der Insolvenzverfahren hat sich, wie *Colomer* feststellt, nach alledem erheblich von den allgemeinen zivilrechtlichen Bestimmungen entfernt. Die *actio pauliana* hat sich in den Insolvenzrechten der Mitgliedstaaten der EU in einen anders funktionierenden Mechanismus verwandelt.

8 *Colomers* Überlegungen sind methodisch außerordentlich anspruchsvoll. Es gehört nämlich zu den Weisheiten einer positivistischen Jurisprudenz, Lücken in positiv-rechtlichen Regelungen zu entdecken um sodann entweder nach der Möglichkeit zu fragen, diese Lücken durch „Analogien" zu füllen – oder nach dem Gesetzgeber zu rufen. Im Strafrecht und in der Eingriffsverwaltung hat eine solche Fragestellung den Sinn, Analogieverboten ihre Geltung zu sichern. Ein nicht unähnliches Problem stellt sich freilich in der Gemeinschaftsrechtsordnung; denn wegen des europäischen Verhältnismäßigkeitsgrundsatze bleiben diejenigen Gebiete vom Gemeinschaftsrecht ungeregelt – es bleibt mithin eine Lücke, in die das jeweilige nationale Recht tritt – die von einer gemeinschaftsrechtlichen Regelung nicht erfasst sind. *Colomer* ist daher dem positivistischen Ansatz eines Lückenmodells nicht vollständig verschlossen. Er meint, die Analogie komme ins Spiel, wenn das Recht keinen Ausweg aus einem „Dilemma" seiner Anwendung biete, namentlich wenn es keine anwendbare Bestimmung gebe. In diesem Fall soll die Analogie dem Rechtsanwender den Rückgriff auf eine andere Vorschrift eröffnen, deren Grund und Gegenstand identisch sind. In der Tat kommt es auf diese methodischen Grunddispositionen *Colomers* nicht an. Denn er selbst geht davon aus, dass eine angemessene Auslegung der EuInsVO es erlaubt, die Frage der internationalen Zuständigkeit für Insolvenzanfechtungsprozesse mit den vorhandenen Vorschriften zu entscheiden. *Colomer* hält nämlich Art. 3 Abs. 1 EuInsVO im Kontext weiterer Regelungen der Verordnung unmittelbar für die Beantwortung der Frage der internationalen Zuständigkeit für Insolvenzanfechtungsprozesse für anwendbar.

9 Die EuInsVO schweigt nach *Colomers* Ansicht nur scheinbar über die gerichtliche Zuständigkeit für Insolvenzanfechtungsklagen. Colomer meint nämlich, der Verordnungsgesetzgeber habe wegen der Normgeschichte eine Regelung dieser Frage treffen wollen. Ein vom Verordnungsgesetzgeber gewolltes „Schweigen" lässt sich, wie Colomer überzeugend ausführt, auch Art. 18 Abs. 2 EuInsVO nicht entnehmen. Diese Vorschrift gibt dem Verwalter im Rahmen der Regelung seiner Befugnisse die Möglichkeit, eine den Interessen der Gläubiger dienende Anfechtungsklage zu erheben. Daraus könnte der Schluss gezogen werden, dass das Gemeinschaftsrecht die Anfechtungsklagen vom Anwendungsbereich der EuInsVO ausnimmt, wenn es dem Verwalter gestattet, solche Klagen zu erheben, ohne hierfür eine Zuständigkeitsregel einzuführen. Ein solches Argument würde bedeuten, dass sich die internationale gerichtliche Zuständigkeit in der Verordnung Nr. 44/2001 oder im eigenständigen nationalen System findet.

10 *Colomer* hält dem entgegen, Art. 3 Abs. 1 EuInsVO enthalte ein allgemeines Zuständigkeitskriterium, das auf der Gerichtsbarkeit des Staates, in dessen Gebiet der

Schuldner den Mittelpunkt seiner hauptsächlichen Interessen hat, beruht. Art. 18 Abs. 2 EuInsVO nennt im Gegensatz zu Art. 3 Abs. 1 EuInsVO die Anfechtungsklage zwar beim Namen, doch ist diese Auslegung *a contrario* mit Vorsicht zu handhaben. *Colomer* beruft sich zum Beleg für den Willen des Verordnungsgesetzgebers, die internationale Zuständigkeit der Insolvenzanfechtungsklage zu regeln, auf den sechsten Erwägungsgrund der EuInsVO. Darin wird ausdrücklich versichert, dass die Bestimmungen der EuInsVO den Verhältnismäßigkeitsgrundsatz wahren sollen. Aber dies soll dadurch verwirklicht werden, dass der Inhalt der Regelungen der EuInsVO „sich … auf Vorschriften beschränken [sollte], die die Zuständigkeit für die Eröffnung von Insolvenzverfahren und für Entscheidungen regeln, die unmittelbar aufgrund des Insolvenzverfahrens ergehen und in engem Zusammenhang damit stehen". Iin dem Erwägungsgrund zudem klargestellt, dass die Verordnung nicht beim bisherigen Recht stehen bleibe, da sie „Vorschriften hinsichtlich der Anerkennung solcher Entscheidungen und hinsichtlich des anwendbaren Rechts, die ebenfalls diesem Grundsatz genügen", enthält. Da im sechsten Erwägungsgrund der Wille des Rates, die Probleme der internationalen Zuständigkeit der Insolvenzanfechtungsklage zu lösen, artikuliert ist, die besondere Regelung der Befugnis des Verwalters zur Erhebung einer Anfechtungsklage gem. Art. 18 Abs. 2 S. 2 EuInsVO hinter die Auslegung des Art. 3 Abs. 1 EuInsVO zurücktreten zu lassen.

Die EuInsVO ist ausdrücklich zur Schließung derjenigen Lücken in Kraft gesetzt 11
worden, die sich bei der Auslegung der Vorschriften EuInsVO Ob Art. 3 Abs. 1 EuInsVO eine Zuständigkeit zugunsten des Insolvenzgerichts begründet, hängt, wie *Colomer* zutreffend ausgeführt hat, davon ab, ob die Verordnung Nr. 44/2001 nach der Gourdain-Rechtsprechung Insolvenzanfechtungsklagen ausschließt, denn nur unter dieser Voraussetzung ist der Rückgriff auf in Art. 3 Abs. 1 EuInsVO dislozierte, einer vis attractiva concursus entsprechenden Regelung angemessen.

2. Europäische vis attractiva

In der Tat kommt nach Ansicht *Colomers* in dem Institut der Insolvenzanfechtungs- 12
klage eine – jedenfalls europäische – vis attractiva concursus zum Tragen. Mit ihrem gesetzlichen Ort in den §§ 129ff. InsO ist die deutsche Insolvenzanfechtungsklage ausschließlich im Insolvenzrecht geregelt und dient dadurch dem Schutz der Gläubigergleichbehandlung, dass der anfechtbar erworbene Gegenstand zurück zur Masse gezogen wird. Ihre Erhebung ist nur im Rahmen einer Insolvenz durch den hierzu legitimierten Verwalter möglich. Damit ist der vom EuGH im Gourdain-Urteil geforderte Zusammenhang von Insolvenzanfechtungsklage mit der Insolvenz gegeben, obwohl es sich bei ihr um ein kontradiktorisches Verfahren und nicht um ein kollektives wie auf dem Gebiet des Insolvenzverfahrens selbst handelt. Dies hebt den engen Zusammenhang der Insolvenzanfechtungsklage mit dem gerichtlichen Beschluss über die Eröffnung des Insolvenzverfahrens nicht auf. Auch die gemeinsame Auslegung der Verordnungen Nrn 44/2001 und der EuInsVO führt daher im Licht des Urteils Gourdain zu dem Ergebnis, dass die Insolvenzanfechtungsklage

in den allgemeinen gemeinschaftlichen Regeln über die gerichtliche Zuständigkeit nicht berücksichtigt ist. Folglich befindet sich der Anknüpfungspunkt in den Vorgaben EuInsVO. Dies verweist auf Art. 3 Abs. 1 EuInsVO.

13 *Colomer* beruft sich in einer flankierenden rechtspolitischen Betrachtung auf die Stellungnahmen der griechischen und der tschechischen Regierung, die geltend gemacht haben, das Universalprinzip der EuInsVO werde in seine Gegenteil verkehrt, wenn der Insolvenzverwalter dazu gezwungen würde, nach Maßgabe der Kriterien der internationalen Zuständigkeit in anderen Bestimmungen als Art. 3 Abs. 1 EuInsVO in mehreren Staaten nach deren jeweiligen nationalen Rechten Insolvenzanfechtungsprozesse zu führen.

14 Das Universalitätsprinzip erfordert aber durchaus keine starre Anbindung der Regelung der Zuständigkeit für „Insolvenzfolgesachen" an die nach Art. 3 Abs. 1 EuInsVO – und wird in der EuInsVO auch nicht in diesem Sinne starr durchgehalten. Denn die gemeinschaftlichen Insolvenzvorschriften enthalten verschiedene Bestimmungen über die gerichtliche Zuständigkeit, die für die Eröffnung, die Durchführung und die Beendigung des Verfahrens sowie für Klagen, die ihren Ursprung unmittelbar in seiner Durchführung haben, eine *ausschließliche* Zuständigkeit vorsehen, während für einstweilige Maßnahmen eine *alternative* Zuständigkeitsregelung besteht. Der Grund für diese flexible Regelung liegt darin, dass andernfalls unter Verstoß gegen wirtschaftliche Erwägungen Verfahren an den Ort des Eröffnungsgerichts gezogen würden, die sachgerechter andernorts zu entscheiden wären: *Colomer* nennt in diesem Zusammenhang überzeugend Fälle, in denen es sinnvoll ist, in dem Mitgliedstaat, in dem sich das Vermögen befindet, über Klagen zu entscheiden, statt langwierige Anerkennungs- und Vollstreckungsverfahren führen zu müssen. Insolvenzanfechtungsklagen sollen die Gleichbehandlung der Gläubiger schützen. Dies macht es erforderlich, dass die gerichtliche Zuständigkeit für diese Klagen nicht immer ausschließlich ist. Einige Autoren haben darauf hingewiesen, dass es sich um eine *relative ausschließliche* Zuständigkeit vorsieht, die nach Colomers Ansicht als ein Privileg des Insolvenzverwalters zu verstehen ist[12]. Die Erhebung der Insolvenzanfechtungsklage durch den Insolvenzverwalter stellt danach eine Handlungsprärogative dar, die wahrzunehmen in den Händen des Insolvenzverwalters liegt. Dieses Vorrecht des Insolvenzverwalters entspricht, wie Colomer völlig überzeugend ausführt, seinen Aufgaben im Insolvenzverfahren, wie sie Art. 2 Buchst b EuInsVO durch seine Definition als Person oder Stelle, deren Aufgabe es ist, „die Masse zu verwalten oder zu verwerten oder die Geschäftstätigkeit des Schuldners zu überwachen" bestimmt. Die Befugnisse und die Pflichten des Insolvenzverwalters sind in den Mitgliedstaaten unterschiedlich, aber üblicherweise zeichnen sie sich dadurch aus, dass er die wesentlichen Maßnahmen im Rahmen eines Insolvenzverfahrens monopolisiert. Er ist der Garant der Masse, der *par conditio creditorum,* sowie die treibende Kraft der Vergleiche oder der Sanierungspläne, die es dem Unternehmen ermöglichen, die Krise zu meistern. Im Einklang mit den strategischen

---

12 Virgós/Garcimartín, S. 69 bis 71.

Entscheidungen, die er treffen muss, hat er bei der Erhebung von Klagen zum Schutz der Masse zwischen verschiedenen Gerichtsständen zu wählen.

Zu dieser Gerichtsstandswahl ermächtigt den Insolvenzverwalter die Vorschrift des Art. 18 Abs. 2 EuInsVO, nach dem er *„in jedem anderen Mitgliedstaat* gerichtlich und außergerichtlich geltend machen darf, dass ein beweglicher Gegenstand nach der Eröffnung des Insolvenzverfahrens aus dem Gebiet des Staates der Verfahrenseröffnung in das Gebiet dieses anderen Mitgliedstaats verbracht worden ist, wozu nach S. 2 der Vorschrift eine den Interessen der Gläubiger dienende Anfechtungsklage gezählt wird. Auch die Insolvenzanfechtungsklage kann nach S. 1 „in jedem anderen Mitgliedstaat" erhoben werden, womit dem Insolvenzverwalter also eine Wahlmöglichkeit eingeräumt wird. Diese Überlegung wird von Colomer weiter auf Art. 25 Abs. 1 Unterabs 2 EuInsVO gestützt. Nach dieser Vorschrift sind Entscheidungen, die unmittelbar aufgrund des Insolvenzverfahrens ergehen und in engem Zusammenhang damit stehen, anzuerkennen, auch wenn diese Entscheidungen *von einem anderen Gericht getroffen werden.* Die EuInsVO geht daher davon aus, dass die aufgrund einer Insolvenzanfechtungsklage ergangenen Entscheidungen durch das Insolvenzgericht oder ein anderes (ausländisches) Gericht eines anderen Mitgliedsstaates als dem des Eröffnungsgerichts getroffen werden können. 15

III. Gerichtsstand für Anfechtungsprozesse gegen ausländische Anfechtungsgegner gem. § 19a ZPO

Nach der Entscheidung des EuGH in Sachen deko marty belgium[13] hat nun der IX. Zivilsenat dem EuGH folgend darauf erkannt, dass Art. 3 Abs. 2 EuInsVO dahin auszulegen sei, dass die Gerichte des Mitgliedstaates in dessen Gebiet das Insolvenzverfahren eröffnet worden ist, für eine Insolvenzanfechtungsklage gegen einen Anfechtungsgegner zuständig sind, der seinen satzungsgemäßen Sitz in einem anderen Mitgliedstaat hat. Damit stellt sich die Frage der örtlichen Zuständigkeit des international zuständigen deutschen Prozessgerichts. In Ermangelung einer Regelung, die einer vis attractiva concursus Raum geben würde, und vor dem Hintergrund, dass § 19a ZPO allein für gegen den Insolvenzverwalter gerichteten Klagen die örtliche Zuständigkeit nach dem Insolvenzgericht bestimmt, stellte sich für den BGH die Frage, einer entsprechenden Anwendung dieser Vorschrift, da Art. 102 § 1 EGInsO keinen Gerichtsstand für Anfechtungsklagen regelt, da dort allein die Zuständigkeit der im Übrigen nicht attrahierenden Insolvenzgerichte bestimmt. In diesen Fällen wäre es in keiner Weise sachgerecht, nach einem Hilfsgerichtsstand des ausländischen Beklagten im Inland zu fragen. Die Erwägungen des BGH, dass ebenso wie Art. 3 Abs. 1 EuInsVO § 19a ZPO der Ausdruck einer Zuständigkeit kraft Sachzusammenhanges sei, bringt den BGH dazu, jedenfalls in grenzüberschreitenden 16

13 EuGH, ZIP 2009, 427.

Anfechtungsprozessen eine vis attractiva concursus anzuerkennen und § 19a ZPO entsprechend zur Anwendung zu bringen.

IV. Regelungsgehalt der EuInsVO

a) *Vereinfachungseffekt des Art. 4 Abs. 2 lit m EuInsVO*

17 Die EuInsVO versucht bei einer Abweichung der *lex fori concursus* mit einer „Kumulationslösung" die Anfechtung jedenfalls dem Insolvenzstatut zu unterwerfen. Danach richten sich zunächst einmal der Umfang der Rückgewähr, die dingliche Wirkung oder schuldrechtliche Rückgewähr, die gerichtliche oder außergerichtliche Geltendmachung sowie die Fristen der Insolvenzanfechtung nach der *lex fori concursus*[14]. Gegen die Geltendmachung der aus der *lex fori concursus* folgenden Rechte durch den Insolvenzverwalter oder einer anderen, nach der *lex fori concursus* berechtigten Person[15], steht in den Fällen des Art. 13 EuInsVO dem Betroffenen eine *Einrede*[16] zu. Denn es wäre problematisch, einem ausländischen Verwalter weitergehende Anfechtungsrechte gegen einen Inländer zu geben, als ihm nach ausländischem Recht zustünden[17]. Voraussetzung dafür, dass das Wirkungsstatut einsetzt, ist, dass nach allgemeinen IPR-rechtlichen Regelungen durch die Handlung, die der Insolvenzanfechtung unterliegt, das Recht eines anderen Mitgliedstaates als jenes des Eröffnungsstaates anwendbar ist (Spiegelstrich 1 des Art. 13 EuInsVO) und dass das Recht des anderen Mitgliedstaates in keiner Weise materiell-rechtlich einen Angriff auf die nach der *lex fori concursus* anfechtbare Handlung zulassen würde.

b) *Art. 13 EuInsVO als Einrede*

18 Die Beschränkung der Insolvenzanfechtung ist vom erkennenden Gericht nicht von Amts wegen zu berücksichtigen[18]. Vielmehr muss sie *als Einrede geltend gemacht werden*[19]. Im Schrifttum[20] ist denn auch von einer „Sperrwirkung" des Art. 13 EuInsVO die Rede[21]. Soweit sich die Einrede als begründet erweist, tritt anstelle des Konkurstatuts das Wirkungsstatut[22]. Diese „Sperrwirkung" des Art. 13 EuInsVO kann auch dann mit Erfolg geltend gemacht werden, wenn das Recht des anderen Mitgliedstaates eine Angreifbarkeit der Handlung auch nach den allgemeinen zi-

---

14 *Balz*, ZIP 1996, 951.
15 ZB in Deutschland einem Gläubiger gem 313 Abs. 3 InsO.
16 *Leible/Staudinger*, KTS, 556, 175.
17 *Habscheid*, ZZP 114 (2001) 167, 170 verweist in diesem Zusammenhang auf Art. 171 schweizerisches IPRG, das die Anfechtungsklage inländischem (schweizer) Recht unterstellt (Art. 285–292 SchBKG).
18 *E. Habscheid*, ZZP 114, 167, 176.
19 *Huber*, ZZP 114, 166.
20 *Huber*, ZZP 114, 165.
21 Bedenken gegen die Effizienz der Regelung zum Schutz des Betroffenen äußert *Habscheid*, ZZP 114, 177.
22 *Habscheid*, ZZP 114, 176.

vilrechtlichen Vorschriften zB über Willensmängel, Sittenwidrigkeit und dergleichen mehr nicht vorsieht[23]. Dagegen ist geltend gemacht worden, dass sich mit dem Kumulationsmodell das im Ergebnis anfechtungsfeindlichste Recht durchsetzen würde[24]. Das ist aber nicht nachvollziehbar, da die Einrede des Art. 13 EuInsVO nur unter sehr begrenzten Voraussetzungen geltend gemacht werden kann.

---

23 *Virgos/Schmit* in: Stoll, Vorschläge und Gutachten, 1997, Nr. 134; *Leible/Staudinger*, KTS 2000, 557.
24 *Leible/Staudinger*, KTS 2000, 557.

§ 11 Sachrechtliche und kollisionsrechtliche Regelungen wegen dinglicher Rechte und der Behandlung gegenseitiger Verträge

Von der EuInsVO gehen nicht allein verfahrensrechtliche Vereinheitlichungstendenzen aus. Das sich um den Grundsatz *par conditio creditorum* entwickelnde europäische Verfahren insolvenzrechtlichen Haftungsrechts strahlt auch auf das materielle Recht aus. Heute vom Scheitern einer materiellrechtlichen Rechtsvereinheitlichung in der EU zu sprechen[1], erscheint daher überzogen. Die EuInsVO trifft teils sachrechtliche, teils kollisionsrechtliche Regelungen, die im Folgenden näher behandelt werden sollen. 1

I. Dingliche Rechte Dritter[2]

1. Immunität und Territorialität dinglicher Rechte

Die EuInsVO unterwirft die dinglichen Sicherungsrechte dem *Recht des Belegenheitsstaates*, um den Sicherungsnehmer bei der Absicherung gegen das Risiko der Insolvenz des anderen Teiles Rechtssicherheit zu gewährleisten[3]. Dies wird dadurch umgesetzt, dass für dingliche Rechte Immunität und Territorialität gegen die Beschlagswirkungen des Hauptinsolvenzverfahrens greift[4]. Um die Sicherungsgegenstände zu verwerten, bedarf es daher der *Einleitung eines Sekundärinsolvenzverfahrens*, sofern das jeweilige Recht eine Verwertungsbefugnis des Verwalters vorsieht[5]. Die EuInsVO sieht m.a.W. vor, dass für den Bestand des Sicherungsrechts die *lex rei sitae*, für die insolvenzrechtlichen Wirkungen hingegen die *lex fori concursus* gilt[6]. 2

---

1 So *Gottwald*, Grenzüberschreitende Insolvenzen, 1. Aufl 1997, S. 30.
2 *Flessner* in: Stoll, Vorschläge und Gutachten, 1997, S. 219, 221 f.; *Liersch*, Sicherungsrechte im internationalen Insolvenzrecht, 2001, S. 42 ff.
3 *Taupitz*, ZZP 111, 315, 329 ff.; *Huber*, ZZP 114, 133, 153; *Potthast*, Probleme eines Europäischen Konkursübereinkommens, 1995, S. 143.
4 *Taupitz*, ZZP 111, 333 ff.
5 *Taupitz*, ZZP 111, 333, 336 ff.
6 *Huber*, ZZP 114, 153.

2. Maßgeblichkeit des Sachenrechts des Belegenheitsstaates

a) *Erhaltungsgrundsatz*

3 Nicht anders als in nationalen gilt auch in grenzüberschreitenden Insolvenzverfahren der Erhaltungsgrundsatz[7], der besagt, dass durch die Eröffnung eines Insolvenzverfahrens über das Vermögen solche Rechte Dritter unberührt bleiben[8], die sie vom Schuldner vorkonkurslich in anfechtungsfreier Weise erworben haben. Die im deutschen oder österreichischen Recht zur *Aussonderung*[9] berechtigenden dinglichen oder persönlichen Rechte (vgl § 47 InsO) bleiben daher auch im grenzüberschreitenden Insolvenzverfahren grundsätzlich unberührt, was die Frage des anwendbaren Sachenrechts aufwirft.

b) *Dingliche Rechte*

4 Von der universellen Wirkung der Eröffnung des Hauptinsolvenzverfahrens sind solche dinglichen Rechte eines Gläubigers oder eines Dritten an Vermögensgegenständen des Schuldners umfasst, die sich zum Zeitpunkt der Eröffnung des Insolvenzverfahrens im Gebiet eines anderen Mitgliedstaates befinden (Art. 5 Abs. 1 iVm Art. 2 lit g EuInsVO)[10]. Ausschlaggebend ist bei *Sachen* (körperlichen Gegenständen) der Ort ihrer Belegenheit[11], während bei registermäßig erfassten Rechten der Ort der Registerführung maßgeblich ist[12].

5 Für *Forderungen* ist ein faktisches Kriterium der Anknüpfung nur mit Mühe denkbar – auch wenn hier zT von der Belegenheit der Forderung die Rede gewesen ist. Denn ein *situs naturalis* der Forderung scheidet aus[13]. Das legt es nahe, zu differenzieren: Für Forderungen, die in indossablen Wertpapieren verbrieft sind, gilt das Inlandsrecht, wenn sich das Papier im Inland befindet[14]. Forderungen sind daher grundsätzlich an dem Ort lokalisiert, an dem der zur Leistung Verpflichtete (also der Drittschuldner) seinen Sitz hat[15]. Für die Schweiz bestimmt dies ausdrücklich Art. 167 IPRG[16].

---

7 *Smid*, WM 2002, 1033 ff.

8 *Liersch*, Sicherungsrechte im internationalen Insolvenzrecht, 2001, S. 31 ff.

9 Hierzu eingehend *Barthold*, Aussonderung von Treugut im schweizerischen Partikularkonkurs, 1997, bes. 28 ff., 84 ff.

10 *Virgos/Schmit* in: Stoll, Vorschläge und Gutachten, 1997, Nr. 69; *Liersch*, Sicherungsrechte im internationalen Insolvenzrecht, 2001, S. 46 f.

11 *Virgos/Schmit* in: Stoll, Vorschläge und Gutachten, 1997, Nr. 69, 2. Abs.

12 *Virgos/Schmit* in: Stoll, Vorschläge und Gutachten, 1997, Nr. 69, 3. Abs.

13 *Flessner* in: Stoll, Vorschläge und Gutachten, 1997, S. 226 f.; *Hanisch*, ZZP 93, 215, 219; *Bloching*, Pluralität und Partikularinsolvenz, 2000, S. 183; *Reinhart*, Sanierungsverfahren im internationalen Insolvenzrecht, 1995, S. 200 f.

14 *Jahr* in: Jaeger, KO, 9. Aufl 1997, §§ 237, 238 Rn 131; *Bloching*, Pluralität und Partikularinsolvenz, 2000, S. 198 ff.

15 *Virgos/Schmit* in: Stoll, Vorschläge und Gutachten, 1997, Nr. 69, 5. Abs.

16 *Heni/Keller/Siehr/Vischer/Volken*, IPRG, Art. 167 Rn 11.

Dingliche Sicherheiten an Vermögensgegenständen des Schuldners begründen nach dem jeweiligen Sachenrecht zT sehr unterschiedliche Wirkungen[17]. In Beachtung des Verhältnismäßigkeitsgrundsatzes[18] nimmt die EuInsVO insofern *keine Vereinheitlichung* vor. Sie trifft eine im Folgenden näher darzustellende zweite Legaldefinition von Sicherheitsrechten, die im Übrigen in ihrem Bestand geschützt werden. Im Schrifttum[19] wird daher von den dinglichen Sicherheiten als „Achillesferse" der EuInsVO gesprochen. Der Gegenstand, an dem das dingliche Recht wirksam vorkonkurslich bestellt worden ist, fällt nach Maßgabe der *lex fori concursus* (Art. 4. Abs. 1 iVm Abs. 2 lit b EuInsVO) in die Soll-Masse des Hauptinsolvenzverfahrens[20]. Der Verwalter muss den Inhaber des dinglichen Rechts befriedigen, um den (verbleibenden) Wert des Gegenstandes zur Masse ziehen zu können[21]. Die Vorschrift des Art. 5 Abs. 1 EuInsVO ist Ausdruck des Erhaltungsgrundsatzes[22], der jedem Insolvenzverfahren im Allgemeinen innewohnt, und besagt, dass durch vorkonkurslich wirksam bestellte Rechtspositionen durch Eröffnung eines Insolvenzverfahrens das Vermögen des Schuldners nicht berührt wird[23]. Art. 5 Abs. 1 EuInsVO spezifiziert diesen Erhaltungsgrundsatz dadurch, dass die universellen Wirkungen der Verfahrenseröffnung auf die nach dem Recht des Staates der Verfahrenseröffnung konstituierte Masse soweit nicht eingreift, wie diese Regelung dinglicher Rechte Dritter beeinträchtigen würde. Die mit Art. 5 EuInsVO statuierte, vom Recht des Eröffnungsstaates abweichende Sonderanknüpfung in den Motiven der EuInsVO durch den Rat sind mit dem besonderen Bedürfnis begründet, dass sich aus der nachhaltigen Bedeutung derartiger dinglicher Rechte als Instrument der Kreditsicherung ergibt[24]. Um das Vertrauen der Sicherungsnehmer zu schützen, sollen sich sowohl die rechtlichen Voraussetzungen der Begründung, der Gültigkeit und der rechtlichen Folgen („Tragweite") eines solchen dinglichen Rechts nach dem Recht des Belegenheitsstaates bestimmen und von der Eröffnung des Insolvenzverfahrens nicht berühren lassen. Allerdings erfassen die amtlichen Motive die damit verbundenen Probleme nur unzureichend, weil sie darauf verweisen, dass der Verwalter des Hauptinsolvenzverfahrens in dem Fall, in dem sich mit dinglichen Rechten der in Art. 5 Abs. 1 und Abs. 2 EuInsVO verschriebenen Art belastete Vermögensgegenstände des Insolvenzschuldners in einem anderen Mitgliedstaat befinden, in diesem anderen Mitgliedstaat gem Art. 29 lit a EuInsVO die Eröffnung eines Sekundärinsolvenzverfahrens beantragen können soll, um die 6

---

17 *Trunk*, Internationales Insolvenzrecht, 1998, S. 139; differenziert *Potthast*, Probleme eines Europäischen Konkursübereinkommens, 1995, S. 144 ff., 150.

18 Grund Nr. 6; vgl aber auch *v. Wilmowsky*, Europäisches Kreditsicherungsrecht, 1996, S. 251 ff., 262 ff.

19 *Aderhold*, Auslandskonkurs im Inland, 1992, S. 281; *Potthast*, Probleme eines Europäischen Konkursübereinkommens, 1995, S. 143.

20 *V. Wilmowsky*, Europäisches Kreditsicherungsrecht, 1996, S. 227 ff.

21 *Taupitz*, ZZP 111 (1998) 281.

22 Hierzu eingehend *Smid*, WM 2002, 1033 ff.

23 So auch *Duursma-Kepplinger/Duursma*, wbl 2002, 59. Gegenteilig *Buchberger/Buchberger*, ZIK 2000/187, wonach Art. 5 EuInsVO eine Kollisionsnorm darstellt und die insolvenzrechtliche Beurteilung nach dem Recht des Belegenheitsstaates zu erfolgen hat; so auch *Mohr*, Insolvenzrecht 2002, 1. Aufl 2002, der überdies auf das Problem der dinglichen Rechte am Einkommensbezug hinweist.

24 Grund Nr. 24 u. Satz 1 des Grundes Nr. 25.

Verwertung dieser Vermögensgegenstände dort nach dem Recht des das Sekundärinsolvenzverfahren eröffnenden Staates betreiben zu können. Die Motive sehen dabei aber auch, dass die Frage, ob ein Vermögensgegenstand mit der Folge, dass der Masse im Sekundärinsolvenzverfahren ein Erlös und damit der Masse im Hauptinsolvenzverfahren gegebenenfalls nach Art. 5 EuInsVO ein Überschuss zufließen kann, nur dann erfolgt, wenn und soweit nicht der dinglich Berechtigte ein Aussonderungsrecht oder mit der Folge ein Absonderungsrecht geltend machen kann, dass er selbst zur Verwertung des Gegenstandes berechtigt ist, ohne dass dies die Soll-Masse berührt.

7 Die *Einzelheiten* können freilich problematisch sein: Für *Eisenbahnen bzw „rolling stock"* gilt das Statut des Heimatbahnhofs[25], für *Transportmittel im allgemeinen* greift die Anknüpfung an den regelmäßigen Standort oder Einsatzort[26], für *Luftfahrzeuge* bestimmt Art. 1 des Genfer Abk v 19. Juni 1948 über die internationale Anerkennung von Rechten an Luftfahrzeugen die *lex libri sitae*[27], für *res in transitu* führt die Anknüpfung an den physikalischen Aufenthaltsort zu zufälligen Ergebnissen, was es als vorteilhaft erscheinen lässt, den Versendungsort für die Sache als maßgeblich zu erachten[28]. Demgegenüber wird eine Anknüpfung beim Recht des Bestimmungsortes vorgeschlagen, da sich die Sache dort (zeitlich) überwiegend befinde[29].

3. Räumlich-zeitliche Grenzen der nach der *lex fori concursus* begründeten Rechtsmacht des Verwalters des Hauptinsolvenzverfahrens

a) *Zugehörigkeit dinglich belasteter Vermögensgegenstände des Schuldners zur Soll-Masse*[30]

8 Umgekehrt ist es nicht zwingend, dass die Masse des Hauptinsolvenzverfahrens nur unter der Voraussetzung in den Genuss eines aus einer etwaigen Verwertung des mit dinglichen Rechten i.S.v. Art. 5 EuInsVO belasteten Gegenstandes kommt, wenn ein Sekundärinsolvenzverfahren über das im anderen Mitgliedsstaat befindliche Vermögen des Insolvenzschuldners eröffnet wird. Denn sofern das materielle Recht des anderen Mitgliedsstaates vorsieht, dass im Falle der Eröffnung eines Insolvenzverfahrens über das Vermögen des Sicherungsgebers das Sicherungsgut trotz der an ihm bestehenden dinglichen Rechte des Sicherungsnehmers und Kreditgebers zur Soll-Masse gezogen und der Befugnis des Verwalters zur Verwertung des Gegenstandes unterworfen werde, gilt dies auch für ein in einem anderen Staat des Vermögenssicherungsgebers eröffnetes Hauptinsolvenzverfahren[31].

---

25 *Stoll* in: Staudinger, IntSachR Rn 345.
26 *Stoll* in: Staudinger, IntSachR Rn 346; *Bloching*, Pluralität und Partikularinsolvenz, 2000, S. 173, 182 präferiert das Niederlassungsstatut.
27 *Bloching*, Pluralität und Partikularinsolvenz, 2000, S. 172.
28 *Stoll* in: Staudinger, IntSachR Rn 309.
29 *Bloching*, Pluralität und Partikularinsolvenz, 2000, S. 173, 182.
30 *Herchen*, Das Übereinkommen über Insolvenzverfahren, 2000, S. 65 f, 67 ff.
31 *Leible/Staudinger*, KTS 2000, 533, 552.

b) Haftungsrisiken für den Verwalter.

Für den Verwalter des Hauptinsolvenzverfahrens ist ein solches Vorgehen mit nicht unerheblichen Risiken verbunden. Denn er wird durch Art. 5 Abs. 1 EuInsVO gezwungen, unter Einsatz von Mitteln aus der freien Masse des Hauptinsolvenzverfahrens dinglich belastete Vermögensgegenstände im EU-Ausland freizumachen, um sie dann verwerten und den Erlös der Teilungsmasse zuführen zu können. Neben den Kosten, die dies hervorruft, sind mit einem derartigen Vorgehen erhebliche Risiken verbunden, wenn es nicht gerade um die Verwertung von Immobilien in europäischen Spitzenlagen geht. Diese Risiken können den Versuch der Verwertung von Auslandsimmobilien in die Nähe von Spekulationsgeschäften rücken, die z.B. in Deutschland dem Insolvenzverwalter im Allgemeinen verboten sind[32]. 9

c) Konsequenzen für die Reichweite der Verwaltungs- und Verwertungsbefugnis des Verwalters.

Betrachtet man in diesem Zusammenhang die Regelungen der §§ 166ff. InsO, dann wird deutlich, dass der Anknüpfungspunkt für die Unterwerfung des Sicherungsgutes unter die Verwertungsbefugnis eines Verwalters die Zugehörigkeit zur Soll-Masse, nicht aber das Vorliegen eines deutschen Eröffnungsbeschlusses ist. Die Unterwerfung des Sicherungsgutes unter das konkursliche Regime ist damit Folge des universellen Konkursbeschlags, der nach Art. 3 Abs. 1 und den Art. 16ff. EuInsVO gerade auf den Hoheitsakt folgt, mit dem in einem anderen Mitgliedstaat ein Hauptinsolvenzverfahren über das Vermögen des Schuldners und Sicherungsgebers eröffnet worden ist. Unterwirft daher das nationale Insolvenzrecht des Staates der Verfahrenseröffnung etwa Gegenstände, an denen der spätere Insolvenzschuldner dem Gläubiger vorkonkurslich wirksame Sicherheiten bestellt hat, der Verwaltungs- und Verwertungsbefugnis durch den Insolvenzverwalter[33], wie dies zB in den §§ 166ff. InsO der Fall ist, erlangen derartige Regelungen eines Verwaltungs- und Verfügungsrechtes des Verwalters des Hauptinsolvenzverfahrens keine Wirkungen hinsichtlich solcher Vermögensgegenstände, die sich im Gebiet eines anderen Mitgliedstaates[34] (Art. 2 lit g EuInsVO) zum Zeitpunkt der Verfahrenseröffnung[35] befinden[36] und die vor der Eröffnung des Hauptinsolvenzverfahrens wirksam nach der *lex rei sitae*[37] entstanden sind[38] bzw deren Entstehungsakte sichtlich vor Verfahrenseröffnung (vgl die Legaldefinition des Art. 2 lit f EuInsVO) wirksam abgeschlossen wur- 10

---

32 *Smid*, InsO, 2. Aufl 2001, § 159 Rn 6.

33 Das italienische Recht setzt für die Verwertung von Pfand- und Vorrechten durch den Verwalter eine Ermächtigung durch den *giudice delegato* voraus, Art. 53 p 1, 25 c f. Im französichen Recht wird das Sicherungsobjekt gegen Festlegung eines bestimmten, an den gesicherten Gläubiger auszuzahlenden Betrags zur Verwertung frei, vgl Art. 34, 93, 98 loi 85–98.

34 *Leible/Staudinger*, KTS 2000, 550.

35 *Taupitz*, ZZP 111 (1998) 341.

36 Grund Nr. 25.

37 *Favoccia*, Vertragliche Immobiliarsicherheiten im internationalen Insolvenzrecht, 1991, 28ff.; *Drobnig* in: Stoll, Vorschläge und Gutachten, 1997, S. 51, 177.

38 *Leible/Staudinger*, KTS 2000, 550.

den[39]. Art. 5 Abs. 1 EuInsVO hat außerordentlich weit reichende Konsequenzen. Die universell-europäische Rechtsmacht des im Hauptinsolvenzverfahren eingesetzten Verwalters gem Art. 18 Abs. 1 EuInsVO, die der Verwertung der nach Art. 4 Abs. 2 lit b EuInsVO konstituierten Soll-Masse dient, wird durch diese Regelung der Sache nach illusorisch gemacht. Denn der Schuldner kann sein Auslandsvermögen durch die Begründung von dinglichen Sicherungsrechten vor dem Zugriff des Verwalters des Hauptinsolvenzverfahrens bewahren, soweit Anfechtungsrechte nicht eingreifen. So kann der Verwalter zwar auf ausländische Schuldnerkonten gem Art. 18 Abs. 1 EuInsVO unproblematisch zugreifen, es wird jedoch hierzu die Meinung[40] geäußert, die EuInsVO „sei über das Ziel hinausgeschossen". Der Verwalter des Hauptinsolvenzverfahrens wird an der *Verwertung* von in einem anderen Mitgliedstaat belegenen und mit dinglichen Rechten Dritter belasteten Vermögensgegenstand eines Schuldners selbst dann *gehindert*, wenn das Recht des anderen Mitgliedstaates dem Verwalter an solchen Vermögensgegenständen im Übrigen eine Verwertungsbefugnis einräumt[41].

4. Verbringung des Sicherungsgegenstandes aus dem Belegenheitsort[42]

11 Befindet sich das Sicherungsgut im Eröffnungsstaat im Besitz des Insolvenzverwalters, so kann dies zB nach den deutschen Regelungen (§ 166 Abs. 1 InsO) zu einer Erweiterung der Verfügungsbefugnisse des Insolvenzverwalters führen[43]. Umgekehrt kann der Sicherungsnehmer diese Verwertungsbefugnis durch ein Fortbringen des Sicherungsgutes zu vereiteln trachten[44]. Gegen *„Lageortbeeinflussungen"* durch den Sicherungsnehmer stehen dem Insolvenzverwalter des Hauptinsolvenzverfahrens die allgemeinen Rechtsbehelfe zur Seite[45], die ihm das Recht des Eröffnungsstaates zur Verfügung stellt (Art. 18 Abs. 1 EuInsVO). Gegen ein Verbringen „beweglicher Gegenstände" aus dem Gebiet des das Sekundärinsolvenzverfahren abwickelnden Mitgliedstaates steht dessen Insolvenzverwalter der Rechtsbehelf des Art. 18 Abs. 2 S. 1 EuInsVO zu. Soweit es sich dabei um Sicherungsgegenstände handelt, kommt es freilich darauf an, ob dem Insolvenzverwalter nach dem Recht des Staates des Sekundärinsolvenzverfahrens hinsichtlich dieser Gegenstände eine Verwaltungs- und Verwertungsbefugnis zusteht. Bei Zugehörigkeit der Sicherungsgegenstände zur Soll-Masse verdrängt eine solche Befugnis des Insolvenzverwalters entsprechende Rechtsverfolgungsbefugnisse des Sicherungsnehmers.

---

39 *Herchen*, Das Übereinkommen über Insolvenzverfahren, 2000, S. 122ff.

40 *Leible/Staudinger*, KTS 2000, 552; *v. Wilmowsky*, Europäisches Kreditsicherheitenrecht, 1996, S.298f.

41 Deshalb hat *Drobing* in: Stoll, Vorschläge und Gutachten, 1997, S. 51, 177, *de lege ferenda* vorgeschlagen, das Sicherungsgut dem Recht des anderen Mitgliedstaates zu unterwerfen.

42 *Herchen*, Das Übereinkommen über Insolvenzverfahren, 2000, S. 175ff.

43 So zutreffend *Herchen*, Das Übereinkommen über Insolvenzverfahren, 2000, S. 176.

44 Vgl hierzu *Herchen*, Das Übereinkommen über Insolvenzverfahren, 2000, S. 141ff.

45 *Herchen*, Das Übereinkommen über Insolvenzverfahren, 2000, S. 187ff.

5. Anfechtungsrechtliche Grenze

Art. 5 Abs. 4 EuInsVO kommt eine erhebliche Bedeutung zu. Diese Vorschrift bestimmt, dass der in Art. 5 Abs. 1 EuInsVO normierte Erhaltungsgrundsatz seine Grenze in der Nichtigkeit, Anfechtbarkeit oder relativen Unwirksamkeit der Bestellung der dinglichen Sicherheit findet[46]. 12

6. Sachliche Reichweite des Art. 5 Abs. 2 lit a EuInsVO

a) *Definition „dingliches Recht“*[47]

Art. 5 Abs. 1 EuInsVO macht den weiten Umfang der Exemtion durch die Definition der Rechte iS dieser Vorschrift deutlich[48]. Die von Art. 5 Abs. 1 EuInsVO geschützten dinglichen Rechte umfassen Rechte an körperlichen oder unkörperlichen, beweglichen oder unbeweglichen Vermögensgegenständen des Insolvenzschuldners. Dingliche Rechte sind danach alle Rechte, die dem Inhaber die Befugnis einräumen, Vermögensgegenstände zu verwalten oder zu verwerten oder verwerten zu lassen, um aus den dabei erzielten Erlösen oder Nutzungen dieses Gegenstands befriedigt zu werden. 13

b) *Beispiele*

Art. 5 Abs. 2 lit a EuInsVO nennt beispielhaft Pfandrechte oder Hypotheken[49], hierzu zählen aber folgerichtig auch Formen des Sicherungseigentums oder der deutschen Grundschuld. Art. 5 Abs. 2 lit b EuInsVO zählt zu den geschützten dinglichen Rechten das ausschließliche Recht des Gläubigers oder des Dritten, eine Forderung des Insolvenzschuldners gegen einen Drittschuldner einzuziehen, insbes. wenn diese Einziehungsbefugnis auf einem Pfandrecht an der Forderung oder auf der Grundlage einer Sicherungszession beruht. Auch das Recht, die Herausgabe des Gegenstandes von jedermann zu verlangen, der diesen gegen den Willen des Berechtigten besitzt oder benutzt, wird nach Art. 5 Abs. 2 lit c EuInsVO unter die nach Abs. 2 EuInsVO geschützten dinglichen Rechte gefasst. Schließlich nennt Art. 5 Abs. 2 lit d EuInsVO das Recht zur Ziehung der Früchte eines Gegenstandes als weitere Form des geschützten dinglichen Rechts. Art. 5 Abs. 1 EuInsVO sieht – mit Blick auf die Vereinigten Königreiche, aber auch auf die im Recht den EU-Mitgliedsstaat Ungarn vorgesehene *floating charge* – vor, dass dinglich wirkende Sicherheitenrechte neben Rechten an bestimmten Gegenständen auch an einer Mehrheit von nicht bestimmten Gegenständen oder Vermögensmehrheiten bestehen[50]. 14

---

46 *Virgos/Schmit* in: Stoll, Vorschläge und Gutachten, 1997, Nr. 106; *Taupitz*, ZZP Bd 111, 335; *Huber*, ZZP Bd 114, 159.
47 *Virgos/Schmit* in: Stoll, Vorschläge und Gutachten, 1997, Nr. 103; *Liersch*, Sicherungsrechte im internationalen Insolvenzrecht, 2001, S. 48.
48 *Huber*, ZZP Bd 114, 155.
49 Vgl. die Übersicht bei *Städtler*, Grundpfandrecht in der Insolvenz, 1998, passim.
50 *Huber*, ZZP Bd 114, 155.

15 Art. 5 Abs. 3 EuInsVO erstreckt die Regelung des Abs. 1 der Vorschrift auch auf solche Rechte, die in ein öffentliches Register eingetragen sind und gegen diejenigen Personen wirken, die im Begriff sind, ein dingliches Recht iSv Art. 5 Abs. 1 EuInsVO zu erlangen. Gemeint sind damit Rechtspositionen wie zB jene die der Auflassungsvormerkung im deutschen Recht entsprechen[51].

16 Die Regelung des Art. 5 EuInsVO wird durch Art. 11 EuInsVO ergänzt. Danach beurteilen sich die Folgen der Eröffnung des Insolvenzverfahrens auf Rechte des Insolvenzschuldners an einem unbeweglichen Gegenstand, einem Schiff oder einem Luftfahrzeug, die nach dem Recht des Mitgliedstaates der Eintragung in ein öffentliches Register unterliegen, dem Recht, unter dessen Aufsicht das Register geführt wird. Regelmäßig ist dies das Recht des Belegenheitsstaates[52]. Daher ist es folgerichtig, dass für die Wirkung des Insolvenzverfahrens auf Verträge, die zum Erwerb oder der Nutzung eines unbeweglichen Gegenstandes berechtigen, ausschließlich das Recht des Mitgliedstaates maßgeblich ist, in dessen Territorium dieser Gegenstand gelegen ist (Art. 8 EuInsVO).

II. Eigentumsvorbehalt[53]

1. Insolvenzverfahren über das Vermögen des Käufers

17 Eine wichtige *Abweichung* von der Geltung des Rechtes des Eröffnungsstaates macht Art. 7 EuInsVO im Hinblick auf die Regelung des Eigentumsvorbehaltes[54]. Soweit ein Eigentumsvorbehalt nach der *lex rei sitae* zulässig ist, fallen Verlängerungs- und Erweiterungsformen des Eigentumsvorbehaltes unter Art. 5 Abs. 1 Art. 7 EuInsVO. Art. 7 EuInsVO betrifft allein den *einfachen Eigentumsvorbehalt*[55]. Art. 7 Abs. 1 EuInsVO bestimmt, dass die Eröffnung eines (Haupt-)Insolvenzverfahrens gegen den Käufer einer Sache die Rechte des Verkäufers aus seinem Eigentumsvorbehalt unberührt lässt, wenn sich diese Sache zum Zeitpunkt der Eröffnung dieses Verfahrens im Gebiet eines anderen Mitgliedstaates als dem der Verfahrenseröffnung befindet[56]. Voraussetzung dafür ist, dass die *lex rei sitae* den Eigentumsvorbehalt anerkennt[57]. Es

---

51 *Leible/Staudinger*, KTS 2000, 552; *Taupitz*, ZZP Bd 111, 342; *Gottwald*, Grenzüberschreitende Insolvenzen, 1. Aufl 1997, S. 3.

52 *Virgos/Schmit* in: Stoll, Vorschläge und Gutachten, 1997, Nr. 130; *Huber*, ZZP Bd 114, 164.

53 *Flessner* in: *Stoll*, Vorschläge und Gutachten, 1997, S. 223; *Huber*, ZZP Bd 114, 159; *Potthast*, Probleme eines Europäischen Konkursübereinkommens, 1995, S. 154 ff.; *Summ*, Anerkennung ausländischer Konkurse in der Bundesrepublik Deutschland, 1992, S. 61 f.; *Herchen*, Das Übereinkommen über Insolvenzverfahren, 2000, S. 120 f.; *Duursma-Kepplinger/Kepplinger*, wbl 2002, 59 ff.

54 *Herchen*, Das Übereinkommen über Insolvenzverfahren, 2000, S. 120 f.; *Potthast*, Probleme eines Europäischen Konkursübereinkommens, 1995, S. 154 ff.; *Liersch*, Sicherungsrechte im internationalen Insolvenzrecht, 2001, S. 49.

55 *Leible/Staudinger*, KTS 2000, 535.

56 *Leible/Staudinger*, KTS 2000, 535; *Potthast*, Probleme eines Europäischen Konkursübereinkommens, 1995, S. 159 f.

57 *Taupitz*, ZZP Bd 111, 342; *Potthast*, Probleme eines Europäischen Konkursübereinkommens, 1995, S. 159.

kommt im Zusammenhang mit der Regelung des Art. 7 Abs. 1 EuInsVO allein auf die *Belegenheit des Eigentumsvorbehaltsgutes an,* nicht aber auf den Sitz des Eigentumsvorbehaltsverkäufers. Liefert also der deutsche Eigentumsvorbehaltsverkäufer an einen deutschen Eigentumsvorbehaltskäufer die Kaufsache an dessen Niederlassung in Belgien, so greifen die allgemeinen Regelungen der §§ 455, 346ff. BGB für den Fall ein, dass der Käufer mit seinen Kaufpreiszahlungen in Verzug gerät und ein Insolvenzverfahren über sein Vermögen eröffnet wird. MaW hätte der Insolvenzverwalter unabhängig davon, ob nach dem Recht des Staates der Niederlassung der Eigentumsvorbehalt anerkannt wird, der dinglich Berechtigte zur Aus- oder Absonderung berechtigt oder eine Verwertungsbefugnis des Insolvenzverwalters vorgesehen ist, jedenfalls die im deutschen Recht verankerte Befugnis zur Abgabe der Erklärung, ob er die Erfüllung des Kaufvertrages wählen oder unter Herausgabe des Eigentumsvorbehaltsgutes den anderen Teil auf einen Schadenersatzanspruch verweisen will. Diese Erklärung hat er unverzüglich auszuüben, mit der Folge, dass für den Fall des Unterbleibens einer Erklärung der andere Teil die Herausgabe der Sache verlangen und den Schadenersatzanspruch zur Tabelle anmelden kann. Der Insolvenzverwalter kann mit seiner Erklärung mithin nicht bis zum Gerichtstermin zuwarten, wenn er sich nicht gegebenenfalls besonderen Schadenersatzansprüchen aus dem Eigentümer-Besitzerverhältnis (§ 989 BGB) aussetzen will. Stellt man sich freilich auf den Standpunkt, die in Art. 7 Abs. 1 EuInsVO erwähnten „Rechte des Verkäufers“ seien im deutschen Recht sowohl durch die §§ 455, 346ff. BGB als auch durch die Regelung der §§ 107 Abs. 2 iVm § 112 InsO normiert, so könnte der Verkäufer bis zum Gerichtstermin keine Herausgabe verlangen, weil nach deutschem Recht der Eigentumsvorbehalt des Verkäufers in dem über das Vermögen des Käufers eröffneten Insolvenzverfahrens den Verkäufer der Sache erst bei einem Verschweigen des Insolvenzverwalters oder bei Ablehnung der Erfüllung des Kaufvertrages nach Abschluss des Berichtstermins (§ 156 InsO) dazu berechtigt, die Herausgabe zu verlangen. Letztere Lösung scheint vorzugswürdig zu sein, denn es erscheint nicht plausibel, weshalb dem Eigentumsvorbehaltsverkäufer allein dadurch mehr Rechte gegen den Insolvenzverwalter in dem über das Vermögen des Verkäufers eröffneten Insolvenzverfahren zustehen sollen, als ihm nach allgemeinen Regelungen zustehen, wenn der Schuldner vorkonkurslich die Eigentumsvorbehaltssache in seine in einem anderen EU-Mitgliedstaat gelegene Niederlassung verbracht hat. Sofern nämlich eine Rechtsordnung, wie bspw. die deutsche, den Eigentumsvorbehalt zunächst als Erscheinung des Schuldrechts (Vertragsrechts) behandelt, bleibt es, sofern die Parteien des Kaufvertrages ihren Besitz im Eröffnungsstaat haben, bei dem dort geltenden Recht, unabhängig von der *lex rei sitae.* Wenn demgegenüber *Taupitz*[58] meint, die „Unberührbarkeit des Eigentumsvorbehaltes“ stehe und falle mit der Frage, ob die *lex rei sitae* ein solches Recht überhaupt anerkenne, ist dies nur unter der Voraussetzung zutreffend, dass in Art. 4 Abs. 1 EuInsVO der Zahlungsverzugsrichtlinie[59] die Pflicht verankert ist, den einfachen Eigentumsvor-

---

58 *Taupitz*, ZZP Bd 111, 342.

59 Richtlinie 2000/35/EG des Europäischen Parlaments und des Rates v. 29. 6. 2000 zur Bekämpfung von Zahlungsverzug im Geschäftsverkehr, ABl. EG 2000 Nr. L 200, 35.

behalt anzuerkennen[60]. Das deutsche Recht weist insofern aber keinen Anpassungsbedarf auf. Auch insofern ergibt sich aus anderen EU-Sekundärrechten kein Bedarf dafür, die *lex rei sitae* im Fall der Verbringung des Eigentumsvorbehaltsgutes bei einem Kaufvertrag von Parteien mit Sitz im Eröffnungsstaat anzuordnen.

18 Art. 7 Abs. 1 EuInsVO ordnet daher ausschließlich an, dass sich die Rechte des Verkäufers aus seinem Eigentumsvorbehalt nach Maßgabe der allgemein international-privatrechtlichen Regelungen bestimmen, wenn sich die Sache in einem anderen Mitgliedstaat als dem Eröffnungsstaat bei Eröffnung des Insolvenzverfahrens über das Vermögen des Eigentumsvorbehaltskäufers befindet[61]. Das Beispiel der beiden Parteien des Eigentumsvorbehaltskaufvertrages lässt sich demzufolge auf jede andere Lage von Parteien des Kaufvertrages übertragen, wenn diese ihren Sitz nur in einem EU-Mitgliedstaat haben. Umgekehrt wird in der Literatur zutreffend darauf hingewiesen, dass die Situsdoktrin die Besicherung des Anschaffungskredits wesentlich erschwert[62]. Wie schon *v. Wilmowsky* hervorhebt[63], macht die Situsregel die Bestellung von Sicherungsrechten an der Kaufsache im internationalen Warenverkehr zu einem „rechtlichen Glücksspiel“.

2. Insolvenz über das Vermögen des Verkäufers

19 Art. 7 Abs. 2 EuInsVO trägt gewissermaßen als Gegenstück zum Schutz des Eigentumsvorbehaltes den rechtlichen Interessen des Käufers am Eigentumserwerb Rechnung[64]. Die Regelung bestimmt, dass die Eröffnung eines Insolvenzverfahrens über das Vermögen des Eigentumsvorbehaltsverkäufers weder die Auflösung oder Beendigung des Kaufvertrages rechtfertigt[65] noch den Eigentumserwerb durch den Käufer hindert, wenn die Lieferung vor Eröffnung des Insolvenzverfahrens erfolgt war und wenn sich die Kaufsache zum Zeitpunkt der Verfahrensöffnung im Gebiet eines anderen Mitgliedstaates als dem der Verfahrenseröffnung befindet[66]. Das ist aus insolvenzrechtlicher Sicht überzeugend, denn es liegt kein beiderseits nicht erfüllter gegenseitiger Vertrag vor, dessen situsdogmatisch verknüpfte Haupt- und Gegenleistungspflichten durch die Eröffnung des Insolvenzverfahrens über das Vermögen einer Partei mit der Folge suspendiert werden, dass an die Stelle der Er-

---

60 *Leible/Staudinger*, KTS 2000, 553 m.w.N.

61 *Huber*, ZZP Bd 114, 159f.

62 *V. Wilmowsky*, Europäisches Kreditsicherheitenrecht, 1996, S. 97.

63 *V. Wilmowsky*, Europäisches Kreditsicherheitenrecht, 1996, S. 98.

64 *Huber*, ZZP Bd 114, 160. Die Vorschrift orientiert sich an der Regelung des deutschen Insolvenzrechts in § 107 Abs. 1 InsO, vgl *Gottwald*, Grenzüberschreitende Insolvenzen, 1. Aufl 1997, S. 35; *Liersch*, Sicherungsrechte im internationalen Insolvenzrecht, 2001, S. 49f.

65 *Potthast*, Probleme eines Europäischen Konkursübereinkommens, 1995, S. 161f. Ein Rücktritt des Masseverwalters nach § 21 öKO ist in diesem Fall nicht möglich. Der Vorbehaltseigentümer hat die ihm aus dem Kaufvertrag obliegende Leistung so lange nicht vollständig erbracht, als der Übernehmer nicht Eigentümer geworden ist (*Duursma-Kepplinger/Duursma*, wbl 2002, 59; *Mohr*, Konkurs-, Ausgleichs- und AnfechtungsO, 9. Aufl 2000, E 11 zu § 21 öKO).

66 *Leible/Staudinger*, KTS 2000, 553; *Potthast*, Probleme eines Europäischen Konkursübereinkommens, 1995, S. 161ff.

füllungspflichten ein Gestaltungsrecht des Insolvenzverwalters bzw Schadensansprüche des anderen Teiles treten würden. Wie ein unter Art. 7 Abs. 2 EuInsVO fallender Kaufvertrag der Eröffnung des Insolvenzverfahrens über das Vermögen des Vorbehaltsverkäufers abgewickelt wird, richtet sich nach allgemeinen vertragsrechtlichen Vorschriften. Für deren Bestimmung sind wiederum die allgemeinen Regelungen des IPR heranzuziehen. Dem Vorbehaltsverkäufer bleibt es als benommen, durch die Erbringungen der seinerseits ihm obliegenden Leistungen die Voraussetzungen für einen Erwerb des Eigentums an der Kaufsache herbeizuführen.

3. Grenzen der Abs. 1 und 2 des Art. 7 EuInsVO

Wird durch die Einräumung eines Eigentumsvorbehaltes eine Gläubigerbe- 20
nachteiligung (vgl Art. 4 Abs. 2 lit m EuInsVO) verwirklicht, kommt Art. 7 Abs. 3 EuInsVO zum Zuge[67]. Danach steht die Einräumung eines Eigentumsvorbehaltes unter dem Vorbehalt der Nichtigkeit, Anfechtbarkeit oder relativen Unwirksamkeit[68].

III. Verträge über unbewegliche Gegenstände[69]

Die EuInsVO folgt dem Verhältnismäßigkeitsgrundsatz auch bei der Bestimmung 21
der Auswirkung der Eröffnung des Insolvenzverfahrens auf Verträge, soweit sie sich auf den Erwerb oder die Nutzung unbeweglicher Gegenstände beziehen. Insoweit normiert Art. 8 EuInsVO eine Ausnahme von dem Grundsatz des Art. 4 Abs. 1, Abs. 2 lit e EuInsVO und ordnet die Geltung der lex rei sitae für Verträge über unbewegliche Sachen iwS an. Die folgenden Verträge sind unter Art. 8 EuInsVO zu fassen: Die Wirksamkeit aller obligatorischen und – soweit eine Rechtsordnung diese Unterscheidung trifft – aller dinglicher Verträge über Immobilien wird durch das Recht des Staates des Belegenheitsortes bestimmt. Ist ein Vertrag über den Erwerb einer Immobilie zum Zeitpunkt der Eröffnung des Insolvenzverfahrens über das Vermögen einer der Parteien des Vertrages noch nicht oder nicht vollständig erfüllt, so richten sich die Wirkungen der Eröffnung des Insolvenzverfahrens nicht nach dem lex fori concursus, sondern ebenfalls nach dem lex rei sitae, also den insolvenzrechtlichen Regelungen des Staates in dem die unbewegliche Sache belegen ist. Nach Art. 8 EuInsVO kommt weiterhin das materielle bürgerliche Recht des Belegenheitsstaates auf Miet- und Pachtverträge ebenso zur Anwendung wie auf die durch das Insolvenzverfahren bewirkte Abwicklung dieser Verträge die Regelung des materiellen Insolvenzrechtes des Belegenheitsstaates zur Anwendung gelangen. Es ist plausibel, denn Art. 18 Abs. 3 Satz 1 EuInsVO bestimmt, dass der Verwalter des

---

67 *Liersch*, Sicherungsrechte im internationalen Insolvenzrecht, 2001, S. 50.

68 *Huber*, ZZP Bd 114, 160.

69 *Flessner* in: Stoll, Vorschläge und Gutachten, 1997, S. 224; *Huber*, ZZP Bd 114, 163; zu Mietverträgen vgl *Potthast*, Probleme eines Europäischen Konkursübereinkommens, 1995, S. 136 f.; *Schack*, IZVR, 4. Aufl. 2006, Rn 1093–1099.

Hauptinsolvenzverfahrens bei der Ausübung seiner Befugnisse das Recht des Mitgliedstaates in dessen Gebiet er handelt, zu beachten hat. Das Hauptinsolvenzverfahren verleiht dem Verwalter daher im Belegenheitsstaat auch dann keine über dessen materielles Recht und Insolvenzrecht hinausgehende Befugnisse, auch wenn das Recht des Eröffnungsstaates diese vorsieht. Ist der Schuldner als Vermieter (Verpächter) oder Mieter (Pächter) Miet- oder Pachtverhältnisse eingegangen, dann stellt sich im Fall der Eröffnung des Insolvenzverfahrens über das Vermögen immer die Frage, ob der Verwalter im Fall der Mieterstellung des Schuldners das Nutzungspotential der Sache für die Masse weiter verwerten darf oder – wenn der Schuldner Vermieter ist – ob der Verwalter dazu in der Lage ist, die Immobilie frei von Rechten anderer aus dem Miet- oder Pachtvertrag zu verwerten. In jedem Fall ist der Verwalter an das *Recht des Belegenheitsstaates* gebunden. Dies gilt auch für Immobilienleasingverträge[70].

IV. Aufrechnung[71]

1. Garantiefunktion des Art. 6 Abs. 1 EuInsVO[72]

22 Wie dingliche Rechte ihren Inhabern ein Vorrecht (Absonderungsrecht) auf Befriedigung auf den bei der Verwertung des Gegenstandes erzielten Erlös verschaffen[73], so stellt sich auch die Aufrechnung dar, die als eine *abgesonderte Befriedigung aus einer eigenen Forderung* verstanden wird[74]. Dies gilt für das deutsche Recht (§§ 387ff. BGB und §§ 94ff. InsO), das österreichische (§§ 19 und 20 KO) oder das italienische (art 56p 1, 2c f *compensazione in sede di fallimento).* Demgegenüber wird die Aufrechnung zB im französischen Recht allein als Zahlungsmodalität begriffen[75].

23 Art. 6 Abs. 1 EuInsVO betrifft nur das Recht der Aufrechnung mit gegenseitigen Forderungen[76]. *Konzernverrechnungsklauseln* unterfallen daher der *lex fori concursus.* Art. 6 Abs. 1 EuInsVO bestimmt, dass die Eröffnung des Insolvenzverfahrens über das Vermögen des Schuldners die Befugnis eines Gläubigers mit seiner Forderung gegen eine Forderung des Schuldners aufzurechnen, nicht berührt[77]. Voraussetzung dafür ist, dass die Aufrechnung nach dem für die Forderung des insolventen

70 *Virgos/Schmit* in: Stoll, Vorschläge und Gutachten, 1997, Nr. 119; *Huber*, ZZP Bd 114, 163.
71 *Potthast*, Probleme eines Europäischen Konkursübereinkommens, 1995, S. 162ff.; *Flessner* in: Stoll, Vorschläge und Gutachten, 1997, S. 223; *Bloching*, Pluralität und Partikularinsolvenz, 2000, S. 208f.; *Summ*, Anerkennung ausländischer Konkurse in der Bundesrepublik Deutschland, 1992, S. 67ff.; *Herchen*, Das Übereinkommen über Insolvenzverfahren, 2000, S. 121f.
72 So ausdrücklich Satz 2 Grund Nr. 26; vgl. *Schack*, IZVR, 4. Aufl. 2006, Rn 1099.
73 *Göpfert*, Anfechtbare Aufrechnungslagen im deutsch-amerikanischen Insolvenzrechtsverkehr, 1996, S. 34; *Taupitz*, ZZP Bd 111, 343; *Herchen*, Das Übereinkommen über Insolvenzverfahren, 2000, S. 133ff.
74 *Taupitz*, ZZP Bd 111, 346; *Huber*, ZZP Bd 114, 164.
75 *Potthast*, Probleme eines Europäischen Konkursübereinkommens, 1995, S. 163 m.w.N.
76 *Virgos/Schmit* in: Stoll, Vorschläge und Gutachten, 1997, Nr. 110.
77 *Leible/Staudinger*, KTS 2000, 554; *Trunk*, Internationales Insolvenzrecht, 1998, S. 180f.

Schuldners maßgeblichen Recht zulässig ist[78]. Welches Recht auf die Forderung des Schuldners Anwendung findet, richtet sich nicht nach der *lex concursus* sondern ist nach allgemeinen IPR-rechtlichen Kollisionsregeln festzustellen[79]; regelmäßig wird dies die *lex fori*[80] sein. Zutreffend wird unter Verweis auf Art. 4 Abs. 2 lit d EuInsVO darauf hingewiesen[81], dass Art. 6 Abs. 1 EuInsVO eine einheitliche Kollisionsregelung schafft[82]. Art. 6 Abs. 1 EuInsVO findet keine Anwendung, wenn Drittstaatenrecht eingreift[83].

2. Immanente Grenzen des Art. 6 Abs. 1 EuInsVO[84]

Art. 6 Abs. 1 EuInsVO bedarf einer einschränkenden Auslegung. Denn es liegt auf 24
der Hand, dass der Erhalt der Aufrechnungsbefugnis des Gläubigers des über das Vermögen des Schuldners eröffneten Insolvenzplans allein vorkonkurslich erworbene Forderungen betreffen kann[85]. Art. 6 Abs. 1 kann demgegenüber nicht zur Anwendung gelangen, wenn die Forderung der Masse, gegen die der Gläubiger mit seiner Konkursforderung aufrechnen will, aus einem Geschäft des Gläubigers mit dem Insolvenzverwalter („der Masse" – etwa aus dem Erwerb von Massegegenständen) herrührt[86]. In diesem Fall würde nämlich durch ein zwischen Insolvenzverwalter und Gläubiger geschlossenes Geschäft dem Gläubiger dadurch, dass an ihn ein Massegegenstand veräußert wird, ein *Absonderungsrecht an der eigenen Forderung* geschaffen, da der Masse gegen die Hingabe eines ihr zugeordneten Gegenstandes kein Gegenwert zufließen würde. Gleiches gilt, wenn der Gläubiger die von ihm zur Aufrechnung gestellte Forderung von einem anderen Konkursgläubiger erworben hätte. Denn der Erwerb von einem anderen Konkursgläubiger kann nicht dazu führen, dass diese Konkursforderung nunmehr mit einem Absonderungsrecht ausgestaltet wird, obwohl dies vorkonkurslich bzw bei Eröffnung des Insolvenzverfahrens über das Vermögen des Schuldners noch nicht der Fall war.

Art. 6 Abs. 1 EuInsVO kann auch nicht für solche Fälle gelten, in denen dem Gläubi- 25
ger eine Forderung zusteht, die er nach Eröffnung des Verfahrens gegen das vom Konkursbeschlag noch nicht erfasste Vermögen des Schuldners geltend machen kann. Insofern sind die Haftungsmassen, gegen die sich die Forderung des Gläubi-

---

78 *Leible/Staudinger*, KTS 2000, 554; *Huber*, ZZP 114, 161.
79 BGH v. 11. 7. 1985 – IX ZR 178/84 – BGHZ 95, 256, 273.
80 BGH v. 20. 12. 1972 – VIII ZR 186/70 – BGHZ 60, 85, 87.
81 *Gottwald*, Grenzüberschreitende Insolvenzen, 1. Aufl 1997, S. 36; *Taupitz*, ZZP 111, 343/344; *Balz*, ZIP 1996, 948, 950; *Leible/Staudinger*, KTS 2000, 555.
82 Hierfür spricht noch deutlicher Satz 1 Grund Nr. 26. Zum EuInsÜ dagegen *Herchen*, Das Übereinkommen über Insolvenzverfahren, 2000, S. 134 ff. im Anschluss an *v. Wilmowsky*, KTS 1998, 343, 357 ff.
83 *Balz*, ZIP 1996, 950; *Taupitz*, ZZP 111, 343.
84 *Virgos/Schmit* in: Stoll, Vorschläge und Gutachten, 1997, Nr. 110; *Taupitz*, ZZP 111, 343; *Huber*, ZZP 114, 161.
85 *Herchen*, Das Übereinkommen über Insolvenzverfahren, 2000, S. 135 f.; *v. Wilmowky*, KTS 1998, 360 f.
86 *Leible/Staudinger*, KTS 2000, 556.

gers richtet, sowie die Haftungsmasse, deren zugehörige Gegenforderung durch die Aufrechnung getilgt werden soll, unterschiedlich. Unabhängig davon, ob ein jeweiliges materielles Zivilrecht, das kollisionsrechtlich zur Anwendung gelangen würde, außerhalb eines Insolvenzverfahrens die Aufrechenbarkeit einer solchen Forderung zulassen würde, würde dies evident der Gleichbehandlung der Gläubiger im Insolvenzverfahren widerstreiten. Diese Gläubigergleichbehandlung ist aber überhaupt der Sinn, der das von Art. 1 Abs. 1 EuInsVO beschriebene Gesamtverfahren von einem anderen Gerichtsverfahren zur Rechtsdurchsetzung von Gläubigern unterscheidet. Die Motive des Verordnungsgesetzgebers sind in dieser Frage freilich alles andere als klar. Dort heißt es nämlich, dass durch die Zulassung der Aufrechnung auf Grund des für die Forderung des insolventen Schuldners maßgeblichen Rechts die Aufrechnung „eine Art“ Garantiefunktion erhalte, weil diejenigen Rechtsvorschriften zur Anwendung gelangten, auf die sich der betreffende Gläubiger zum Zeitpunkt der Entstehung verlassen könne[87]. Liegt dieser Zeitpunkt nach Eröffnung des Insolvenzverfahrens, so kann eine derartige Garantiewirkung aber nicht angenommen werden, da der Gläubiger der zu einem späteren Zeitpunkt eine Konkursforderung von einem anderen Gläubiger erwirbt oder Geschäfte mit dem Insolvenzverwalter tätigt, aus denen die Gegenforderung, die er zu tilgen versucht, hervorgeht, dabei die Konkurswirkungen kennen musste. Von einer Garantiewirkung des Rechtes der Aufrechnung kann daher in diesen Fällen keine Rede sein.

26 Nichts anderes ist von dem dritten genannten Fall zu sagen, da der Gläubiger hier überhaupt nicht davon ausgehen kann, dass sein Absonderungsrecht bezüglich einer Forderung besteht, die nicht in einem Gegenseitigkeitsverhältnis steht, da es sich um verschiedene Haftungsmassen handelt. Der europäische Verordnungsgesetzgeber hat diese Problemstellung gesehen.

3. Anfechtungsrechtliche Schranken der Aufrechnung[88]

27 Art. 6 Abs. 2 EuInsVO schränkt Art. 6 Abs. 1 EuInsVO dadurch ein, dass die Anwendbarkeit derjenigen insolvenzrechtlichen Regelungen des Eröffnungsstaates, die gem Art. 4 Abs. 2 lit m EuInsVO die Nichtigkeit, Anfechtbarkeit oder relative Unwirksamkeit von Rechtsgeschäften als Folge der Eröffnung des Hauptinsolvenzverfahrens anordnen, durch die Regelung des Art. 6 Abs. 1 EuInsVO nicht eingeschränkt werden. Erwirbt der Gläubiger daher die zur Aufrechnung bestellte Forderung in einer anfechtbaren Art und Weise, so schließt dies gegebenenfalls nach dem Insolvenzrecht des Eröffnungsstaates die Aufrechnungsbefugnis in einer zulässigen und nicht gegen Art. 6 Abs. 1 EuInsVO verstoßenden Art und Weise aus. Art. 6 Abs. 2 EuInsVO zeigt aber, dass es insofern bei der Begrenzung der Befugnis zur Aufrechnung im eröffneten Insolvenzverfahren um die Gewährleistung einer Gläubigergleichbehandlung durch das Insolvenzverfahren geht. Die hier ver-

---

87 Grund Nr. 26.

88 *Göpfert*, Anfechtbare Aufrechnungslagen im deutsch-amerikanischen Insolvenzrechtsverkehr, 1996, S. 51 ff.

tretene einschränkende Auflösung des Art. 6 Abs. 1 EuInsVO muss sich allerdings dem Einwand aussetzen, dass sich die durch Art. 6 Abs. 2 EuInsVO gewährleistete Gläubigergleichbehandlung gegebenenfalls auf diesen konkreten Fall beschränken könne. Denn der Verordnungsgesetzgeber hat so den Zahlungssystemen und Finanzmärkten, wie sie von Sondervorschriften der Richtlinie 98/26 EG normiert werden, die hierüber Sondervorschriften enthalten, ein besonderes Schutzbedürfnis zuerkannt. Die zit. Richtlinie soll mit ihren Sondervorschriften gegenüber den allgemeinen Regelungen der EuInsVO Vorrang genießen. Die Aufrechnungsbefugnis in der Insolvenz des Schuldners wird durch die Richtlinie 98/26/EG des Europäischen Parlaments und des Rates vom 19. 5. 1998 über die Wirksamkeit von *Abrechnungen in Zahlungs- sowie Wertpapierliefer- und -abrechnungssystemen* erweitert[89]. Art. 3 Abs. 1 dieser Richtlinie ordnet an, dass auch im Fall der Eröffnung eines Insolvenzverfahrens über das Vermögen eines Dritten Zahlungs- bzw Überweisungsaufträge und Aufrechnungen *(netting)* rechtlich verbindlich bleiben, sofern die Zahlungs- bzw Überweisungsaufträge vor dem Zeitpunkt der Verfahrenseröffnung in das „System" eingebracht worden sind oder, bei Einbringung nach Verfahrenseröffnung, die Verrechnungsstelle, die zentrale Vertragspartei oder die *Clearing*stelle nachweist, keine Kenntnis von der Verfahrenseröffnung gehabt zu haben. Als *Zeitpunkt der Verfahrenseröffnung* gilt gem Art. 6 Abs. 1 der Richtlinie der Zeitpunkt, zu dem die Entscheidung des zuständigen Gerichts ergangen ist. Es kommt also nicht auf Zustellung oder Veröffentlichung des Eröffnungsbeschlusses an, sondern auf seine Unterfertigung. *System* iSd Richtlinie ist nach deren Art. 2 lit a eine förmliche Vereinbarung, die ohne Mitwirkung einer etwaigen Verrechnungsstelle, zentralen Vertragspartei oder *Clearing*stelle oder eines etwaigen direkten Teilnehmers zwischen mindestens drei Teilnehmern getroffen wurde und gemeinsame Regeln und vereinheitlichte Vorgaben für die Ausführung von Zahlungs- bzw Überweisungsaufträgen zwischen den Teilnehmern vorsieht. *Zentrale Vertragspartei* ist nach Art. 2 lit b der Richtlinie eine Stelle, die in einem System zwischen Instituten eingeschaltet ist und in Bezug auf Zahlungs- und Überweisungsaufträge dieser Institute als deren ausschließliche Vertragspartei fungiert. *Verrechnungsstelle* ist nach Art. 2 lit d der Richtlinie eine Stelle, die Instituten und/oder einer zentralen Vertragspartei, die Teilnehmer von Systemen sind, Konten über die Zahlungs- bzw Überweisungsaufträge innerhalb eines Systems abgewickelt werden. zur Verfügung stellt und diesen ggf Kredit zum Zweck des Zahlungsausgleichs einräumt. *Clearingsstelle* ist nach Art. 2 lit e der Richtlinie eine Organisation, die für die Berechnung der Nettopositionen der Institute, einer etwaigen zentralen Vertragspartei und/oder einer etwaigen Verrechnungsstelle zuständig ist. Art. 7 der Richtlinie bestimmt dementsprechend, dass die Eröffnung eines Insolvenzverfahrens *keine rückwirkenden Eingriffe* in die Rechtsstellung der Teilnehmer am Verrechnungssystem zeitigt. Gem Art. 8 ist das Insolvenzrecht des Landes anwendbar, nach dessen Recht sich das für das System maßgebende Recht bestimmt.

---

89 Siehe bspw. § 15 Abs. 1 öFinalitätsG.

4. Zahlungssysteme und Finanzmärkte[90]

28 Für die in Zahlungssystemen und Finanzmärkten anzutreffenden *Glattstellungsverträgen* und *Nettingvereinbarungen* sowie über die Veräußerung von Wertpapieren und zur Absicherung dieser Transaktionen gestellten Sicherheiten trifft die zit. Richtlinie Regelungen, mit denen verhindert werden soll, dass im Fall der Insolvenz eines Geschäftspartners die Zahlungs- oder Aufrechnungssysteme oder die auf den geregelten Finanzmärkten der Mitgliedstaaten vorgesehenen Mechanismen zur Zahlung und Abwicklung von Transaktionen geändert werden können. Dies hat zur Folge, dass Art. 9 Abs. 1 EuInsVO anordnet, dass für die Wirkung des Insolvenzverfahrens die Rechte und Pflichten der Mitglieder eines Zahlungs- oder Abwicklungssystems oder eines Finanzmarktes ausschließlich das Recht des Mitgliedstaates maßgebend ist, das für das betreffende System und den betreffenden Markt gilt. Allerdings besagt Art. 9 Abs. 1 EuInsVO damit nur, dass eine Zivilrechtsordnung in ihren Regelungen über die Aufrechnung bzw die Befugnis des Gläubigers zur Aufrechnung in der Insolvenz des Schuldners dieses Recht nicht auf bestimmte Fälle unter Ausschluss rechtsgeschäftlich vereinbarter Aufrechnungslagen beschränken darf, wie sie die geschilderten Zahlungssysteme oder Finanzmärkte kennzeichnen. Demgegenüber sieht Art. 9 Abs. 2 EuInsVO nämlich vor, dass auch insofern grundsätzlich die Aufrechnung mit Forderungen in dem über das Schuldnervermögen eröffneten Insolvenzverfahren zulässig sein muss, wie diese in Zahlungssystemen und Finanzmärkten in den dort geregelten Transaktionen erworben werden, dieser Rechtserwerb insolvenzrechtlich gleichwohl dort auf eine Grenze stößt, wie er nach den gem Art. 4 Abs. 2 lit m EuInsVO anwendbaren Regelungen über das Insolvenzanfechtungsrecht unwirksam sein oder vom Insolvenzverwalter in Frage gestellt werden kann.

V. Rechtsverhältnisse der Arbeitnehmer[91]

1. Arbeitnehmer als Insolvenzgläubiger

29 Die Stellung der Arbeitnehmer eines Insolvenzschuldners als Gläubiger im Insolvenzverfahren folgt nach Art. 3 Abs. 1 iVm Art. 4 Abs. 2 lit e EuInsVO der *lex concursus*. Daraus folgt, dass nach den hier entwickelten allgemeinen Grundsätzen die Fragen zu lösen sind, wie die Arbeitnehmer als Gläubiger ihre Forderungen anzumelden haben, ob und in welchem Umfang sie mit ihren Forderungen Vorrechte genießen und welchen Rang dieses Vorrecht erhalten kann[92]. Dies alles gilt maW auch für diejenigen Arbeitnehmer eines Schuldners, die in einer *Niederlassung in einem anderen Mitgliedstaat* als dem Eröffnungsstaat beschäftigt sind. Das ist folge-

90 *Flessner* in: Stoll, Vorschläge und Gutachten, 1997, S. 224; *Taupitz*, ZZP 111, 345; *Gottwald*, Grenzüberschreitende Insolvenzen, 1. Aufl 1997, S. 37.

91 *Flessner* in: Stoll, Vorschläge und Gutachten, 1997, S. 225; *Taupitz*, ZZP 111, 344; *Potthast*, Probleme eines Europäischen Konkursübereinkommens, 1995, S. 183 ff.

92 Satz 2 Grund Nr. 28; *Trunk*, Internationales Insolvenzrecht, 1998, S. 177.

richtig, denn die insolvenzrechtliche Stellung, die dem Arbeitnehmer im über das Vermögen des Arbeitgebers eröffneten Insolvenzverfahren zusteht, richtet sich nach den anwendbaren insolvenzrechtlichen Regelungen, die dem Recht des das Hauptinsolvenzverfahren eröffneten Mitgliedstaates folgen.

2. Recht des Arbeitsverhältnisses

Das Recht des Eröffnungsstaates bleibt maW unberücksichtigt[93]. Daher kann zB der ausländische Verwalter des Hauptinsolvenzverfahrens ein in deutschen Inland bestehendes Dienstverhältnis nach den §§ 108ff. InsO kündigen, auch wenn das Recht des Eröffnungsstaates ein *entsprechendes Kündigungsrecht nicht vorsieht*[94]. Dies kann im Einzelfall zu einer Schlechterstellung des Vertragspartners des insolventen Schuldners führen; allerdings erhält der andere Teil das, was ihm auch außerhalb des Konkurses zustünde. Etwas anderes muss indessen für die arbeitsvertraglichen und sozialrechtlichen Bindungen gelten, die zwischen dem Arbeitgeber und dem Arbeitnehmer bestehen[95]. So liegt es auf der Hand, dass es keine Folge der Universalität des Konkursbeschlages sein kann, dass auf ein Arbeitsverhältnis auf Grund der Eröffnung des Hauptinsolvenzverfahrens über den Arbeitgeber im eröffnenden Staat im anderen Mitgliedstaat anstelle der dort geltenden arbeitsrechtlichen Regelungen nunmehr die Regelungen des Eröffnungsstaates zur Anwendung kommen, auch wenn für diesen Fall das Insolvenzrecht des Eröffnungsstaates Überformungen des allgemeinen Arbeitsvertragsrecht vorsieht, wie es zB in Deutschland aber auch in Österreich der Fall ist. 30

Die Arbeitsvertragsverhältnisse und deren rechtliche Ausformung durch das Recht des jeweiligen Mitgliedstaates dienen nach den Vorstellungen des Verordnungsgebers[96] dem Schutz der Arbeitnehmer. Insbesondere die Regelungen der Wirkungen des Insolvenzverfahrens auf die Fortsetzung oder die Beendigung von Arbeitsverhältnissen sowie auf die Rechte und Pflichten aller in einem solchen Arbeitsverhältnis beteiligten Parteien wird daher nach der EuInsVO nach Maßgabe der allgemeinen Kollisionsnormen für den Vertrag beurteilt. Daher bestimmt Art. 10 EuInsVO, dass für die *Wirkungen* des Insolvenzverfahrens auf das Arbeitsvertragsverhältnis ausschließlich das *Recht des Mitgliedstaates* gilt, das auf den Arbeitsvertrag anzuwenden ist. 31

3. Territorialer Bezug bei der Abwicklung der Arbeitsverhältnisse

Problematisch sind die arbeitsrechtlichen Kollisionsregeln der EuInsVO dann, wenn nicht eindeutig feststellbar ist, in welchem Territorium Arbeitsverhältnisse 32

---

93 *Virgos/Schmit* in: Stoll, Vorschläge und Gutachten, 1997, Nr. 127; *Schack*, IZVR, 4. Aufl. 2006, Rn 1092.
94 Krit. dagegen *Jahr* in: Stoll, Vorschläge und Gutachten, 1997, S. 171, 172.
95 *Leible/Staudinger*, KTS 2000, 558.
96 Vgl. *Virgos/Schmit* in: Stoll, Vorschläge und Gutachten, 1997, Nr. 125, 2. Abs.

zum Einen eingegangen und zum Anderen abgewickelt und durchgeführt werden. So hat sich dem BAG[97] die Frage gestellt, welches Recht auf Personal eines Luftfahrtunternehmens anzuwenden ist, dass auf besonderen Linien eingesetzt wird. Bei dem vom BAG zu entscheidenden Fall ging es um die Piloten der bei der PANAM im Berlinverkehr eingesetzten amerikanischen Staatsbürger, die nach der deutschen Wiedervereinigung im Rahmen der Übertragung des innerdeutschen Flugverkehrs weiterhin tätig geworden sind. Nach Art. 3 Abs. 2 Nr. 1 EGBGB nF hat das BAG in diesem Fall entschieden, dass auf die Arbeitsverträge, die mit diesem Flugpersonal geschlossen worden waren, ohne Rechtwahl nach der Regelankündigung der zit. Vorschrift das Recht des Staates anzuwenden sei, von dessen Ort aus regelmäßig Flugstrecken innerhalb dieses Staates getätigt werden.

33 Das BAG[98] hat im Prozess einer Klägerin französischer Nationalität, die für eine deutsche Gemeinschuldnerin als Außendienstmitarbeiterin ausschließlich in Frankreich tätig war, entschieden, dass das Konkursvorrecht nach § 71 Abs. 1 Nr. 1 ZPO nach deutschem Recht zu bestimmen sei.

34 Soweit durch *Insolvenzsicherungsregeln* eines Mitgliedstaates ein Ausfall von Lohn- und Gehaltsforderungen von Arbeitnehmern als Gläubiger im Insolvenzverfahren über das Vermögen des Arbeitgebers abgedeckt werden, greift ausschließlich das Recht des Vertragsstaates ein, das die betreffenden Lohngarantieregeln vorsieht[99].

VI. Immaterialgüterrecht[100]

35 Art. 12 EuInsVO ordnet an, dass ein Gemeinschaftspatent, eine Gemeinschaftsmarke oder jedes andere durch Gemeinschaftsvorschriften begründete ähnliche Immaterialgüterrecht nur in ein Verfahren nach Art. 3 Abs. 1 EuInsVO miteinbezogen werden kann. Unter dieser Einbeziehung ist zu verstehen, dass nur in Hauptinsolvenzverfahren im Eröffnungsstaat in dem der Insolvenzschuldner den Mittelpunkt seiner wirtschaftlichen Interessen hat, die für den Insolvenzschuldner begründeten Immaterialgüterrechte der Insolvenzmasse unterworfen werden. Art. 12 EuInsVO erweitert damit Art. 4 Abs. 2 EuInsVO.

---

97 BAG v. 29. 10. 1992 – 2AZR367/92 – DB 1993, 637.
98 BAG v. 24. 3. 1992 – 9 AZR 76/91 – ZIP 1992, 1158.
99 *Virgos/Schmit* in: Stoll, Vorschläge und Gutachten, 1997, Nr. 128, 2. Abs.
100 *Flessner* in: Stoll, Vorschläge und Gutachten, 1997, S. 226; *Bloching*, Pluralität und Partikularinsolvenz, 2000, S. 204.

§ 12 Deutsches autonomes internationales Insolvenzrecht

I. Allgemeine Regelungen

Das deutsche autonome internationale Insolvenzrecht gilt im Verhältnis zu all denjenigen Staaten, wegen derer die Regelungen der EuInsVO nicht greifen[1]. Da im *Verhältnis zu Drittstaaten* der Grundsatz wechselseitigen Vertrauens[2] nicht in dem Umfang wie zwischen Mitgliedsstaaten der EU greift, sind die Regelungen der §§ 335ff. InsO zwar an der EuInsVO orientiert, übernehmen sie aber nicht bruchlos. 1

Ob die Verfahrenseröffnung *universelle Beschlagswirkungen* zeitigt, richtet sich gem § 335 InsO nach dem Eröffnungsstaat[3]. Im Übrigen sind Immobiliarrechtsstatut, Arbeitsrechts-, Aufrechnungs- und Anfechtungsstatut in den §§ 336 bis 339 InsO entsprechend den Regelungen der EuInsVO an Belegenheit orientiert[4]. 2

Gläubiger können gem § 341 InsO ihre Forderungen sowohl in Haupt- als auch in Sekundärinsolvenzverfahren anmelden[5]; § 342 InsO sieht entsprechend Art. 20, 39 EuInsVO Doppelanmeldungen unter Statuierung von Herausgabepflichten und einem Anrechnungsmodus vor[6]. 3

II. Anerkennung ausländischer Insolvenzverfahren

Im Inland werden Insolvenzverfahren anerkannt, die in Drittstaaten eröffnet worden sind, wenn die Gerichte des Staats der Verfahrenseröffnung nach deutschem Recht zuständig sind (§ 343 Abs. 1 Nr. 1 InsO[7] und soweit nicht die Anerkennung zu einem Ergebnis führt, das mit wesentlichen Grundsätzen des deutschen Rechts offensichtlich unvereinbar ist, insbesondere soweit sie mit den Grundrechten unvereinbar sind (§ 343 Abs. 1 Nr. 2 InsO)[8]. 4

---

1 *Liersch,* NZI 2003, 302, 303ff.; *Stephan* in: Heidelberger Kommentar-InsO, 4. Aufl 2006, vor §§ 335 InsO Rn 19.

2 *Smid,* Deutsches und Europäisches Internationales Insolvenzrecht, 1. Aufl 2004, Vorb §§ 335ff. InsO Rn 5.

3 *Liersch,* NZI 2003, 302, 304.

4 *Stephan* in: Heidelberger Kommentar-InsO, 4. Aufl 2006, § 336 InsO Rn 1; *Liersch,* NZI 2003, 302, 304.

5 *Stephan* in: Heidelberger Kommentar-InsO, 4. Aufl 2006, § 341 InsO Rn 3.

6 *Smid,* Deutsches und Europäisches internationales Insolvenzrecht, 1. Aufl 2004, § 342 InsO Rn 1; *Stephan* in: Heidelberger Kommentar-InsO, 4. Aufl 2006, § 342 InsO Rn 1.

7 *Liersch,* NZI 2003, 302, 306.

8 *Smid,* Deutsches und Europäisches internationales Insolvenzrecht, 1. Aufl 2004, § 343 InsO Rn 6ff.; *Stephan* in: Heidelberger Kommentar-InsO, 4. Aufl 2006, § 343 InsO Rn 11ff.

5 Die §§ 346 bis 353 InsO sehen für das im Inland anerkannte ausländische Insolvenzverfahren im Übrigen Regelungen vor, die denen von EuInsVO und Art. 102 EGInsO entsprechen[9].

III. Fallbeispiel

6 In einem von OLG Frankfurt/M. entschiedenen Fall[10] ging es um die Anerkennung der Eröffnung eines Konkurses in Dänemark. Auf grenzüberschreitende Insolvenzverfahren zwischen Dänemark und Deutschland findet § 353 Abs. 1 InsO Anwendung. Diese Vorschrift sieht ein vereinfachtes Verfahren der Vollstreckbarerklärung im Gegensatz zu Art. 25 EuInsVO und Art. 31 ff. EuGVÜ bzw. EuGVVO gem § 1 Abs. 1 Nr. 1 a, 11 ff. AVG nicht vor. Die Anerkennung von ausländischen Konkursedikten außerhalb des räumlichen Geltungsbereichs der EuInsVO erfolgt nach den §§ 722, 723 ZPO[11]. Der Beschluss des OLG Frankfurt zeigt, welche verfahrensrechtlichen Probleme das Zusammenspiel bzw. die Konkurrenz von europäischem und deutschem autonomen Insolvenzrecht bereiten und welche Probleme die fehlerhafte Anwendung der einschlägigen Vorschriften für die Betroffenen auslösen kann.

7 Das OLG Frankfurt/M. hatte über folgenden – hier vereinfacht – wiedergegebenen Sachverhalt zu entscheiden: Nach der Eröffnung des Konkurses über den Schuldner durch das hierfür zuständige dänische Gericht am 20. 10. 2004 beantragte der Antragsteller – wohl der dänische Konkursverwalter – am 8. 11. 2004 beim Amtsgericht diesen Eröffnungsbeschluss für vollstreckbar zu erklären. Er stützte sich dabei auf Art. 25 EuInsVO und Art. 31 ff. EuGVÜ. Auf entsprechenden Hinweis beantragte er die Verweisung an das Landgericht Frankfurt/M., vor dem der Antragsteller dann ergänzend beantragte, in dem Verfahren nach Art. 31 ff. EuGVÜ das dänische Konkursverfahren über das Vermögen des X für vollstreckbar zu erklären, um sowohl die Verhaftung des Schuldners und die Zwangsvollstreckung in dessen inländisches Vermögen zu ermöglichen. Das Landgericht ordnete sodann gem Art. 25 EuInsVO iVm § 353 Abs. 1 InsO und Art. 31 ff. EuGVÜ an, die entsprechenden Beschlüsse des dänischen Gerichts mit der Vollstreckungsklausel zu versehen. Das OLG Frankfurt hat diese Entscheidung zu Recht aufgehoben. Eine Vollstreckbarerklärung konnte nicht nach Art. 25. EuInsVO iVm Art. 31 EuGVÜ erfolgen. Im Verhältnis zu Dänemark ist die EuInsVO nicht anwendbar, da nach den Protokollen zum EG-Vertrag (Art. 2 Nr. 5) die nach Titel IV IGV vorgesehenen Maßnahmen, Vorschriften und internationalen Übereinkünfte für Dänemark nicht anwendbar sind und die Rechte Dänemarks nicht berühren.

8 Soweit daher die EuInsVO nicht zur Anwendung gelangt, kann eine insolvenzrechtliche Entscheidung eines ausländischen Gerichts nur dann im deutschen Inland für vollstreckbar erklärt werden, wenn ein deutsches Gericht ein entsprechendes Vollstreckungsurteil erlassen hat, § 353 Abs. 1 InsO. Dieses Urteil wird in einem Klageverfahren erlassen. Zuständig ist das Prozessgericht. Im vorliegenden Fall hatte der Antragsteller in den vorangegangenen Instanzen ausdrücklich das vereinfachte Vollstreckbarerklärungsverfahren nach dem AVAG beantragt und dies noch in der

---

9 *Liersch*, NZI 2003, 302, 307 f.

10 OLG Frankfurt/M v. 24. 1. 2005 – 20 W 527/04 – ZInsO 2005, 715.

11 Eingehend *Smid*, juris praxisreport insolvenzrecht Nr. 6 Ausgabe 16 v 24. 11. 2005.

Beschwerdeinstanz unter Hinweis auf Art. 31ff. EuGVÜ ausdrücklich klar gestellt. Jedenfalls vor dem OLG konnte das Verfahren nicht in ein Berufungs-Prozessverfahren umgedeutet werden. Denn andernfalls wäre dem betroffenen Schuldner eine Instanz genommen worden. Eine Verbindung von Anträgen nach vereinfachter Vollstreckbarerklärung und der Einleitung eines Prozessverfahrens nach den §§ 722, 723 ZPO, auf die § 353 InsO verwiesen wird, wäre nicht möglich gewesen, da es sich dabei um einen unzulässigen Eventualantrag gehandelt hätte. Der Schuldner hat daher eine obsiegende Entscheidung erstritten. Für die Berater eines ausländischen Insolvenz- bzw. Konkursverwalters machte die vorliegende Entscheidung deutlich, dass sie sich über die Reichweite der Anerkennung bzw. die Voraussetzung der Durchsetzung von ausländischen Eröffnungsdekreten im Inland klar werden müssen, um zu vermeiden, dass wie im vorliegenden Fall, die ausländischen Beschlagswirkungen nicht durchgesetzt werden können.

§ 13 Deutsches insolvenzgerichtliches Verfahren nach der EGInsO

I. Zuständigkeitsfragen

1. Regelungsgehalt des § 1 Abs. 1 Art. 102 EGInsO

§ 1 Abs. 1 Art. 102 EGInsO trifft eine vom Art. 3 InsO abweichende Bestimmung der örtlichen Zuständigkeit für Hauptinsolvenzverfahren; § 1 Abs. 2 Art. 102 EGInsO trifft eine entsprechende Regelung für Sekundärinsolvenzverfahren. § 1 Abs. 3 Art. 102 EGInsO betrifft die Mitwirkung deutscher Insolvenzgerichte an Maßnahmen ausländischer Verwalter bei der Bekanntmachung des Verfahrens oder der Inbesitznahme der Masse i. w. S[1]. Das Insolvenzverfahren soll regelmäßig in dem Mitgliedstaat eröffnet und durchgeführt werden, in dem aller Voraussicht nach sich der überwiegende Teil der Masse und der Großteil der Gläubiger befinden werden. Nach Art. 3 Abs. 1 EuInsVO ist deshalb das Hauptinsolvenzverfahren in dem Mitgliedstaat zu eröffnen, in dem der Schuldner den Mittelpunkt seiner hauptsächlichen Interessen hat. Dies ist der Ort, an dem der Schuldner üblicherweise – und für Dritte erkennbar – der Verwaltung seiner Interessen nachgeht. Mit dieser Regelung der EuInsVO wird jedoch nur die Internationale Zuständigkeit festgelegt, während sich die innerstaatliche Zuständigkeit nach dem Recht des betreffenden Mitgliedstaats bestimmt. Für die örtliche Zuständigkeit stellt § 3 Abs. 1 Satz 2 InsO auf den „Mittelpunkt einer selbständigen wirtschaftlichen Tätigkeit des Schuldners“ ab. Da somit die zentralen Anknüpfungskriterien der EuInsVO und der InsO von einander abweichen, ist nicht auszuschließen, dass in besonders gelagerten Einzelfällen nach der EuInsVO die internationale Zuständigkeit Deutschland zukommt, ohne dass die örtliche Zuständigkeit hinreichend bestimmt wäre. In diesen Fällen bestimmt § 1 Abs. 1 Art. 102 EGInsO die örtliche Zuständigkeit nach dem Kriterium des Art. 3 Abs. 1 EuInsVO[2]. 1

2. Abweichung vom deutschen nationalen Insolvenzrecht

Art. 3 Abs. 1 EuInsVO weicht in erheblichem Maße von § 3 InsO ab[3]. Art. 3 Abs. 1 2
EuInsVO bestimmt, dass für die Eröffnung des Insolvenzverfahrens die Gerichte

1 *Smid*, Deutsches und Europäisches Internationales Insolvenzrecht, 1. Aufl 2002, Art. 102 EGInsO § 1 Rn 1.
2 *Smid*, Deutsches und Europäisches Internationales Insolvenzrecht, 1. Aufl 2002, Art. 102 EGInsO § 1 Rn 2.
3 *Smid*, Deutsches und Europäisches Internationales Insolvenzrecht, 1. Aufl 2002, Art. 102 EGInsO § 1 Rn 3.

des Mitgliedstaates zuständig sind, in dem der Schuldner den Mittelpunkt seiner *hauptsächlichen Interessen* hat[4]. Der Begriff des „Interesses“ eröffnet den Vorschriften der Art. 3 Abs. 1 EuInsVO ebenso wie dem § 1 Art. 102 EGInsO einen weiteren Anwendungsbereich. Umfasst werden handelsrechtlich relevante, gewerbliche und andere beruflich-wirtschaftliche Aktivitäten[5]. Gemeint sind daher die wirtschaftlichen Interessen[6]. Die Literatur[7] zur EuInsVO geht freilich ausdrücklich davon aus, dass sich aus Art. 3 Abs. 1 EuInsVO keine europäische Zuständigkeit für die Abwicklung von Konzerninsolvenzen herleite, was schon deshalb überzeugend erscheint, weil der Verordnungsgeber sich im Rahmen des europäischen Verhältnismäßigkeitsprinzips[8] einer Einwirkung auf nationale Insolvenzrechte weithin enthalten wollte und enthalten hat. **Etwas anderes** ergibt sich freilich aus der Art der Anwendungsregeln der EuInsVO, die in Deutschland vorgesehen sind[9]. Den bei der Anwendung des Art. 3 Abs. 1 EuInsVO bei Geltung des § 3 InsO auftretenden *Konflikt* entscheidet die Vorschrift dadurch, dass die Tatbestandsmerkmale des europäischen Gerichtsstands maßgeblich sind. § 3 Abs. 1 InsO wird somit verdrängt; § 1 Abs. 1 Art. 102 EGInsO, und nicht § 3 Abs. 1 InsO, ist daher das für die Bestimmung der örtlichen Zuständigkeit nach Art. 4 Abs. 1 EuInsVO maßgebliche nationale Insolvenzrecht. Mit § 1 Abs. 1 Art. 102 EGInsO, Art. 3 Abs. 1 EuInsVO kommt die in der Literatur[10] geforderte Konzentration der Eröffnung von Insolvenzverfahren über das Vermögen konzernmäßig verbundener Unternehmen an einem Gerichtsstand (vor einem Insolvenzgericht) in Betracht, wenn es sich um Unternehmen handelt, die grenzüberschreitend Vermögen im EU-Ausland haben – sofern nicht eine Exemtion nach Art. 1 Abs. 2 EuInsVO greift. Haben daher konzernmäßig verbundene, der Leitung der Konzernmutter unterstellte abhängige Tochterunternehmen zwar ihren satzungsmäßigen Sitz in anderen EU-Mitgliedsstaaten, begründet die Ausübung der Leitungsmacht für die Tochterunternehmen den internationalen und örtlichen Gerichtsstand am Sitz der Konzernmutter[11].

3. Partikularinsolvenzverfahren

3 Neben einem Hauptinsolvenzverfahren mit universaler Wirkung kennt die Verordnung auch Partikularverfahren, deren Wirkung auf das Gebiet eines Mitgliedsstaats beschränkt ist und die nur das dort belegene Vermögen des Schuldners erfassen. Die inländische Niederlassung, die nach Art. 3 Abs. 2 EuInsVO im Rahmen der

---

4 *Lüke*, ZZP Bd 111, 288; *Leible/Staudinger*, KTS 2000, 543.

5 *Fritz/Bähr*, DZWIR 2001, 224.

6 *Leipold* in: Stoll, Vorschläge und Gutachten, 1997, S. 190; *Huber*, ZZP Bd 114, 140.

7 *Smid*, Europäisches Internationales Insolvenzrecht, 1. Aufl 2002, Rn 5.35 ff.; *Duursma-Kepplinger* in: Duursma-Kepplinger/Duursma/Chalupsky, Europäische Insolvenzverordnung, 1. Aufl 2002, Art. 1 Rn 48 ff.

8 *Balz*, ZIP 1996, 946.

9 So nun auch unter Berufung auf diese Darstellung *Smid*, Internationales Insolvenzrecht (Ergänzungsband zu InsO. Kommentar, 3. Aufl 2003) Art. 102 EGInsO § 12 Rn 3.

10 Vgl insbesondere *Ehricke*, Das abhängige Konzernunternehmen in der Insolvenz, 1998, S. 477 ff.

11 Eingehend hierzu *Wehdeking*, DZWIR 2003, 133 ff.

internationalen Zuständigkeit zuständigkeitsbegründend wirkt, ist auch für die Bestimmung der örtlichen Zuständigkeit in diesen Verfahren maßgebend. Verfügt der Schuldner etwa im Inland über Grundstücke, die nicht am Ort der Niederlassung belegen sind, so kann an diesen Belegenheitsorten kein inländisches Partikularverfahren eröffnet werden. Betreibt der ausländische Schuldner im Inland mehrere Niederlassungen, so bestimmt sich nach § 3 Abs. 2 InsO die Zuständigkeit danach, bei welchem Insolvenzgericht zuerst die Eröffnung des Verfahrens beantragt worden ist[12].

Selbst wenn im Inland nach der Verordnung (EG) Nr. 1346/2000 kein Verfahren eröffnet werden kann, dürften gleichwohl oftmals Mitwirkungshandlungen inländischer Insolvenzgerichte erforderlich sein. Dies gilt etwa für die öffentliche Bekanntmachung nach Art. 21 EuInsVO iVm § 5 oder die Eintragung in öffentliche Register nach Art. 22 EuInsVO iVm § 6. Für diese Handlungen ist jedes Insolvenzgericht zuständig, in dessen Bezirk Vermögen des Schuldners belegen ist. Um die Bildung von Fachkompetenz an einzelnen Gerichten zu fördern, sieht Abs. 3 Satz 2 eine Konzentrationsermächtigung für die Länder vor[13]. 4

II. Anforderungen an die Ausgestaltung des Eröffnungsbeschlusses

1. Darlegungspflicht gem § 2 Art. 102 EGInsO

§ 2 Art. 102 EGInsO bestimmt, dass, soweit anzunehmen ist, dass sich Vermögen des Schuldners in einem anderen Mitgliedstaat der Europäischen Union befindet, im Eröffnungsbeschluss die tatsächlichen Feststellungen und rechtlichen Erwägungen kurz dargestellt werden sollen, aus denen sich eine Zuständigkeit nach Art. 3 EuInsVO für die deutschen Gerichte ergibt. Entgegen ihrem Wortlaut handelt es sich bei der Vorschrift des § 2 Art. 102 EGInsO nicht um eine Sollvorschrift, denn sie normiert verbindliche Anforderungen an Eröffnungsbeschlüsse[14]. Die Vorschrift erweitert die Regelungen der §§ 27 ff. InsO zum Inhalt des Eröffnungsbeschlusses. Sie ordnet an, dass das deutsche Insolvenzgericht im Eröffnungsbeschluss seine Erwägungen zur internationalen Zuständigkeit als Begründung seiner Entscheidung darzulegen hat. Da der Eröffnungsbeschluss anfechtbar ist (vgl § 34 iVm § 6 InsO) muss sich *jedenfalls* aus der *Insolvenzakte* ergeben, dass das Insolvenzgericht sachliche Erwägungen angestellt hat, die es zum Erlass des Eröffnungsbeschlusses bewogen haben. Darauf darf sich das Insolvenzgericht bei grenzüberschreitenden Fällen indes nicht beschränken, sofern auch nur voraussichtlich ein Auslandsbezug des Verfahrens besteht. § 2 5

12 *Smid*, Deutsches und Europäisches Internationales Insolvenzrecht, 1. Aufl 2002, Art. 102 EGInsO § 1 Rn 4.
13 *Smid*, Deutsches und Europäisches Internationales Insolvenzrecht, 1. Aufl 2002, Art. 102 EGInsO § 1 Rn 5.
14 *Smid*, Deutsches und Europäisches Internationales Insolvenzrecht, 1. Aufl 2002, Art. 102 EGInsO § 2 Rn 2.

Art. 102 EGInsO modifiziert daher § 27 InsO[15]. Allerdings ist – schon aus haftungsrechtlicher Sicht – darauf aufmerksam zu machen, dass der bloße Aktenvermerk dann nicht genügt, wenn andernfalls eine Prüfung der Ordnungsgemäßheit der Eröffnung eines Hauptinsolvenzverfahrens durch das deutsche Insolvenzgericht im europäischen Ausland nicht erfolgen kann – da die Akten dort nur unter erheblichen Mühen beigezogen werden könnten, wenn z.B. die Prüfung der Bestellung des Hauptinsolvenzverwalters nach Art. 18 EuInsVO erfolgt. Daher ist auf folgendes hinzuweisen[16]:

2. Auswirkungen auf die Pflicht zur Begründung von Eröffnungsbeschlüssen

6 Auf die insolvenzgerichtlichen Beschlüsse kommt nach § 4 Art. 102 EGInsO die Vorschrift des § 329 ZPO zur Anwendung[17]. Hier genügt es, auf einige Rahmenbedingungen hinzuweisen, die sich aus § 329 ZPO ergeben: Danach müssen Beschlüsse, soweit sie der Anfechtung mit Rechtsmitteln unterworfen sind, mit einer *Begründung* versehen werden[18]. Das BVerfG[19] folgert aus der verfassungsrechtlichen Gewähr rechtlichen Gehörs (Art. 103 Abs. 1 GG), dass die der Rechtsverfolgung dienenden Tatsachenbehauptungen des Betroffenen in den Entscheidungsgründen zum Ausdruck gelangen. Formelhafte Wendungen, in denen allein die Usancen des Gerichts zum Ausdruck kommen, während die Umstände des Falles außer Betracht bleiben, genügen der Begründungspflicht nicht. Die Begründung eines anfechtbaren Beschlusses wird in dem Ausnahmefall für verzichtbar erachtet, wenn die Gründe der Entscheidung unmittelbar aus dem Gesetz folgen[20].

7 Anderen Insolvenzrechten von Mitgliedsstaaten der EU – namentlich in Österreich – ist die Begründung der gerichtlichen Entscheidungen, mit denen Insolvenzverfahren eröffnet oder Rechtsakten die Wirkung von Verfahrenseröffnungen beigelegt werden, ohne weiteres geläufig. Blickt man in die Kommentare zu § 27 InsO[21] wird deutlich, dass dies im deutschen Recht wenigstens als ungewöhnlich angesehen wird. Dass der Eröffnungsbeschluss mit einer Begründung zu versehen ist, stellt sich dem deutschen Insolvenzrecht daher nicht als fremd dar. In § 2 Art. 102

---

15 *Smid*, Deutsches und Europäisches Internationales Insolvenzrecht, 1. Aufl 2002, Art. 102 EGInsO § 2 Rn 1.

16 Vgl zum Folgenden *Smid/Wehdeking* in: Rechberger-FS, 2005.

17 Vgl allein BGH v 23. 10. 1997 – IX ZR 249/96 – NJW 1998, 610; *Kirchhof* in: Heidelberger Kommentar-InsO, 4. Aufl 2006, § 4 Rn 14.

18 BGH v 13. 10. 1982 – IVb ZB 154/82 – NJW 1983, 123; *Roth* in: Stein/Jonas, 21. Aufl 1998, § 329 Rn 7; *Musielak* in: MünchKomm-ZPO, 2. Aufl 2000, § 329 Rn 4; *Vollkommer* in: Zöller, 25. Aufl 2005, § 329 Rn 24.

19 BVerfG v 1. 2. 1978 – 1 BvR 426/77 – BVerfGE 47, 182, 189; BVerfG v 15. 4. 1980 – 1 BvR 1365/78 – BVerfGE 54, 43, 46; BVerfG v 21. 10. 1981 – 1 BR 1024/79 – BVerfGE 58, 353, 357.

20 BayObLG v 9. 5. 1990 – AR 1 Z 45/90 – NJW-RR 1991, 187, 188; OLG Frankfurt/M. v 27. 9. 1984 – 7 W 414/84 – Rpfleger 1984, 477; KG v 10. 5. 1975 – 1 W 575/74 – NJW 1975, 2010.

21 *Uhlenbruck*, InsO, 12. Aufl 2003, § 27 Rn 5 ff. ; *Kirchhof* in: Heidelberger Kommentar-InsO, 4. Aufl 2006, § 27 Rn 13 ff.

EGInsO sieht das deutsche Insolvenzrecht zwingend vor, dass das Insolvenzgericht angeben *und* begründen muss, ob das Verfahren gem Art. 3 EuInsVO als Haupt- oder als Partikularinsolvenzverfahren[22] eröffnet wird[23].

8 Das europäische internationale Insolvenzrecht zeitigt so Reflexwirkungen auf das deutsche innerstattliche Insolvenzrecht, die unmittelbar auf die Praxis ausstrahlen:

9 So schreibt *Uhlenbruck*[24], es habe sich „eingebürgert", im Eröffnungsbeschluss als dessen fakultativen Inhalt den *Eröffnungsgrund* (§§ 16ff. InsO) anzugeben. Die bisherigen Überlegungen haben aber gezeigt, dass dieser *Gebrauch* eine gesetzliche Grundlage hat – die nicht aus dem Text der InsO, wohl aber allgemeinem Verfahrensrecht folgt. Dass der weitreichendste zivilrechtliche Eingriff in den grundrechtlich geschützten Status der Person neben der Anordnung der Betreuung der Angabe des von Gesetzes wegen geforderten Grundes zwingend bedarf, sollte im Lichte rechtsstaatlicher Mindestanforderungen[25] frei von Zweifeln sein[26]. Aus dem vorangegangenen folgt im Übrigen zwanglos, dass auch die Entscheidung nach § 27 Abs. 1 InsO der Begründung bedarf. Allein der Umstand, dass die Entscheidung über die Auswahl der Person des Insolvenzverwalters bis zum Berichtstermin im pflichtgemäßen Ermessen des Insolvenzrichters liegt, bedeutet nicht, dass diese Entscheidung nicht der Begründung bedarf. Im Gegenteil. Unabhängig davon, ob man mit einer Mindermeinung[27] von einem Rechtsanspruch des einzelnen Prätendenten auf Bestellung im Einzelfall ausgeht oder dies mit der zutreffenden hL[28] ablehnt, ergibt sich die Begründungspflicht der Auswahlentscheidung aus dem allgemeinen verfassungsrechtlichen Willkürverbot (Art. 3 Abs. 1 GG[29].

III. Auswirkungen der wirksamen Eröffnung eines ausländischen Hauptinsolvenzverfahrens auf ein in Deutschland eröffnetes Insolvenzverfahren

1. Wirkungen auf Eröffnungsanträge

10 § 3 Abs. 1 Satz 1 Art. 102 EGInsO bestimmt, dass, wenn das Gericht eines anderen Mitgliedstaats der Europäischen Union ein Hauptinsolvenzverfahren eröffnet hat,

22 *Uhlenbruck*, InsO, 12. Aufl 2003, § 27 Rn 5; *Smid*, Deutsches und Europäisches Internationales Insolvenzrecht, 1. Aufl 2004, Art. 3 Rn 7ff., 21ff.

23 *Smid*, Deutsches und Europäisches Internationales Insolvenzrecht, 1. Aufl 2004, Art. 102 EGInsO § 2 Rn 2.

24 *Uhlenbruck*, InsO, 12. Aufl 2003, § 27 Rn 14.

25 Vgl hierzu *Ganter* in: MünchKomm-InsO, 1. Aufl 2001, § 5 Rn 73ff.

26 Es kann hier nicht näher erörtert werden, ob es ausreichend ist, wenn das Insolvenzgericht formelhaft Zahlungsunfähigkeit und Überschuldung als Eröffnungsgrund angibt. Im Lichte der bundesverfassungsgerichtlichen Judikatur (BVerfG oben Fn 19) bestehen daran ernste Zweifel.

27 *Kleine-Cosack*, RWS Forum 18 Insolvenzrecht, 2000, S. 1ff.

28 *Graeber* in: MünchKomm-InsO, 1. Aufl 2001, § 56 Rn 133; *Schick*, NJW 1991, 1328, 1331; *Robrecht*, KTS 1998, 63, 66.

29 Vgl allein *Starck* in: v Mangold/Klein/Starck, Grundgesetz, 4. Aufl 1999, Art. 3 Rn 10, 258ff.

ein bei einem inländischen Insolvenzgericht gestellter Antrag auf Eröffnung eines solchen Verfahrens über das zur Insolvenzmasse gehörende Vermögen unzulässig ist, solange dieses Insolvenzverfahren anhängig ist. § 3 Abs. 1 Satz 1 Art. 102 EGInsO modifiziert die *§ 14 InsO* und *§ 26 InsO*[30]. Für Deutschland wird mit Abs. 1 Satz 1, dessen Regelungsgehalt an Art. 3 DöKV angelehnt ist, der Grundsatz des gemeinschaftlichen Vertrauens präzisiert und daraus die Prüfungsvoraussetzungen der vom Insolvenzgericht zu fällenden Entscheidung auf die Universalität von Eröffnungsbeschlüssen der Gerichte anderer EU-Mitgliedstaaten hin gefasst. Die deutschen Gerichte haben den Eröffnungsbeschluss des Gerichts eines anderen Mitgliedstaats zu beachten, ohne diesen selbst einer Überprüfung unterziehen zu dürfen. Das deutsche Insolvenzgericht hat nach Abs. 1 Satz 1 allein zu prüfen, ob ein Gericht eines anderen EU-Mitgliedsstaates ein Insolvenzverfahren iSv Art. 1 Abs. 1 EuInsVO zeitlich früher als Hauptverfahren gem Art. 3 Abs. 1 EuInsVO eröffnet hat. In diesem Fall greift jedenfalls dessen europäische internationale ipso iure-Anerkennung gem Art. 16 EuInsVO. Diese schließt die Eröffnung eines Hauptinsolvenzverfahrens im deutschen Inland aus. Satz 1 ordnet daher ausdrücklich an, dass der gleichwohl gestellte Eröffnungsantrag *unzulässig* ist.

2. Obligatorische Verfahrenseinstellung

11 § 3 Abs. 1 Satz 1 Art. 102 EGInsO ordnet an, dass ein entgegen Satz 1 der Vorschrift eröffnetes Verfahren nicht fortsetzt werden darf. Würde – etwa in Unkenntnis der ausländischen Verfahrenseröffnung – dennoch im Inland ein Insolvenzverfahren über das schuldnerische Vermögen eröffnet, so ist dieses nach § 4 Art. 102 EGInsO einzustellen. Ausschlaggebend ist, ob dieses Verfahren Gegenstände der Insolvenzmasse erfasst[31]. Maßgebend hierfür sind nicht die §§ 35, 36 InsO, sondern gem *Art. 4 Abs. 2 lit b EuInsVO* die jeweiligen Regelungen des Konkursstatus des Hauptinsolvenzverfahrens. Nach dem Wortlaut der Vorschrift erstreckt sich Abs. 1 Hs 2 aber seinem Wortlaut nach auch auf *Partikularinsolvenzverfahren*. Damit geht die Vorschrift über Art. 3 Abs. 4, Art. 36 EuInsVO hinaus. Das ist indes nicht immer sinnvoll. Entschließt sich nämlich später der Verwalter des Hauptinsolvenzverfahrens oder ein inländischer Gläubiger, nach Art. 29 EuInsVO die Durchführung eines Sekundärinsolvenzverfahrens zu beantragen, wäre zunächst das Partikularinsolvenzverfahren unter Abrechnung der Kosten (§ 54 InsO iVm § 200 InsO) einzustellen (§ 4 Abs. 1 Art. 102 EGInsO). Zwar spricht § 4 Abs. 1 Art. 102 EGInsO, der auf die hier erläuterte Vorschrift des § 3 Art. 102 EGInsO verweist, nicht nur von der Einstellung eines Hauptinsolvenzverfahrens. Aber nur wegen Hauptinsolvenzverfahren tritt die Problematik der Priorität zeitlich früher eröffneter Verfah-

---

30 *Smid*, Deutsches und Europäisches Internationales Insolvenzrecht, 1. Aufl 2004, Art. 102 EGInsO § 3 Rn 2.

31 *Smid*, Deutsches und Europäisches Internationales Insolvenzrecht, 1. Aufl 2004, Art. 102 EGInsO § 3 Rn 3.

ren auf. Daher empfiehlt es sich, § 3 Abs. 1 Satz 2 Art. 102 EGInsO einschränkend auszulegen[32].

Die Verfahrenseinstellung in Deutschland hebt wegen der europäisch-universellen Wirkung der Eröffnung des Hauptinsolvenzverfahrens im anderen Mitgliedsstaat der EU die Beschlagswirkungen über das Schuldnervermögen nicht auf: Durch § 4 Abs. 3 Satz 4 Art. 102 EGInsO wird klargestellt, dass der Schuldner durch die Einstellung des inländischen Verfahrens nicht die Verfügungsbefugnis über sein in Deutschland belegenes Vermögen zurück erhält[33]. Der Insolvenzverwalter des einzustellenden Inlandsverfahrens hat demgemäß auch nicht dem Schuldner oder dessen Gläubigern Gegenstände des Inlandsvermögens auszuhändigen, sondern diese im Interesse des ausländischen Hauptinsolvenzverfahrens zu sichern. 12

3. Verfahren

Darf das Insolvenzgericht ein bereits eröffnetes Insolvenzverfahren nach § 3 Abs. 1 Art. 102 EGInsO nicht fortsetzen, hat es von Amts wegen das Verfahren zugunsten der Gerichte des anderen Mitgliedstaats der Europäischen Union einzustellen. § 4 Abs. 1 Art. 102 EGInsO regelt das Verfahren, das bei der Einstellung einzuhalten ist[34]. Nach Satz 2 der Vorschrift „soll“ das Insolvenzgericht vor der Einstellung den Insolvenzverwalter, den Gläubigerausschuss, wenn ein solcher bestellt ist, und den Schuldner hören[35]. 13

§ 4 Abs. 3 Art. 102 EGInsO konkretisiert die Kooperation des deutschen Insolvenzgericht mit dem nach Art. 3 Abs. 1 EuInsVO zuständigen Gericht des anderen Mitgliedsstaates. Mit Aufhebung des inländischen Insolvenzverfahrens unterfällt das im Inland belegene schuldnerische Vermögen dem Beschlag des ausländischen Hauptinsolvenzverfahrens. § 4 Abs. 3 Satz 2 Art. 102 EGInsO bestimmt, dass das deutsche Insolvenzgericht bei seiner Unterrichtung des Gerichts des anderen Mitgliedsstaates die Person – und aufgrund des Zwecks der Vorschrift folgerichtig auch – die Anschrift des Insolvenzverwalters des einzustellenden Insolvenzverfahrens zu benennen hat[36]. Durch § 4 Abs. 3 Satz 1 Art. 102 EGInsO wird sichergestellt, dass der Insolvenzverwalter des Hauptinsolvenzverfahrens möglichst schnell alle Maßnahmen ergreifen kann, um das inländische Vermögen des Schuldners zu sichern[37]. Dies 14

---

32 *Smid*, Deutsches und Europäisches Internationales Insolvenzrecht, 1. Aufl 2004, Art. 102 EGInsO § 3 Rn 3 a. E.
33 *Smid*, Deutsches und Europäisches Internationales Insolvenzrecht, 1. Aufl 2004, Art. 102 EGInsO § 4 Rn 6.
34 *Smid*, Deutsches und Europäisches Internationales Insolvenzrecht, 1. Aufl 2004, Art. 102 EGInsO § 4 Rn 1
35 *Smid*, Deutsches und Europäisches Internationales Insolvenzrecht, 1. Aufl 2004, Art. 102 EGInsO § 4 Rn 2.
36 *Smid*, Deutsches und Europäisches Internationales Insolvenzrecht, 1. Aufl 2004, Art. 102 EGInsO § 4 Rn 5.
37 *Smid*, Deutsches und Europäisches Internationales Insolvenzrecht, 1. Aufl 2004, Art. 102 EGInsO § 4 Rn 4.

gilt etwa für die öffentliche Bekanntmachung nach Art.21 EuInsVO oder die Eintragung in öffentliche Register nach Art. 22 EuInsVO. § 4 Abs. 3 Satz 3 Art. 102 EGInsO ordnet an, dass dem nach Art. 3 Abs. 1 EuInsVO international zuständigen Gericht vom deutschen Insolvenzgericht eine Ausfertigung des Einstellungsbeschlusses zu übersenden ist[38].

15 Der ausländische Verwalter hat sich an das nach § 1 Art. 102 EGInsO zuständige Insolvenzgericht zu wenden und bei ihm die Veröffentlichung zu beantragen. Dieses Verfahren wird auch für das autonome Internationale Insolvenzrecht gewählt (vgl § 345 InsO). Da bei diesem Gericht sich im Laufe der Zeit ein hinreichender Sachverstand über grenzüberschreitende Insolvenzverfahren bildet, ist dieses nach Vorstellung des Gesetzgebers „bestens geeignet", die Voraussetzungen der Veröffentlichungen im Inland zu überprüfen. Um dem Gericht seine Arbeit zu erleichtern, sieht § 5 Abs. 1 Satz 2 Art. 102 EGInsO entsprechend Art. 19 Unterabs 2 EuInsVO vor, dass eine Übersetzung verlangt werden kann, die in Anlehnung an Artikel 55 Abs. 2 EuGVVO von einer befugten Person zu beglaubigen ist. Durch die Verweisung in § 5 Abs. 1 Satz 2 Art. 102 EGInsO auf § 9 Abs. 1 und 2 InsO wird sichergestellt, dass das ausländische Verfahren wie ein inländisches veröffentlicht wird[39]. Wird der Antrag an ein unzuständiges Gericht gerichtet, so leitet dieses nach § 6 Abs. 2 Art. 102 EGInsO den Antrag unverzüglich an das zuständige Gericht weiter und unterrichtet hierüber den Antragsteller[40]. Nach Art. 21 Abs. 2 Satz 1 EuInsVO kann jeder Mitgliedsstaat, in dem der Schuldner eine Niederlassung besitzt, eine obligatorische Bekanntmachung vorsehen. Mit § 5 Abs. 2 Art. 102 EGInsO wird von dieser Befugnis Gebrauch gemacht. Das Gericht oder der Verwalter des ausländischen Hauptinsolvenzverfahrens wird somit, je nach der innerstaatlichen Zuständigkeitsverteilung, durch Art. 21 Abs. 2 Satz 2 EuInsVO verpflichtet, das Insolvenzgericht über die Eröffnung des ausländischen Hauptinsolvenzverfahrens zu unterrichten. Im Interesse des Wirtschaftsverkehrs ist es geboten, nicht nur die Eröffnung des Verfahrens, sondern auch dessen Beendigung öffentlich bekannt zu machen[41].

4. Rechtsmittel

a) *Rechtsmittel des ausländischen Verwalters*

16 Gegen die Eröffnung des inländischen Verfahrens ist auch der Verwalter des ausländischen Hauptinsolvenzverfahrens beschwerdebefugt, § 3 Abs. 1 Satz 3 Art. 102

38 *Smid*, Deutsches und Europäisches Internationales Insolvenzrecht, 1. Aufl 2004, Art. 102 EGInsO § 4 Rn 7.
39 *Smid*, Deutsches und Europäisches Internationales Insolvenzrecht, 1. Aufl 2004, Art. 102 EGInsO § 5 Rn 3.
40 *Smid*, Deutsches und Europäisches Internationales Insolvenzrecht, 1. Aufl 2004, Art. 102 EGInsO § 5 Rn 4, § 6 Rn 4.
41 *Smid*, Deutsches und Europäisches Internationales Insolvenzrecht, 1. Aufl 2004, Art. 102 EGInsO § 5 Rn 5.

EGInsO. Die Vorschrift regelt die Statthaftigkeit der sofortigen Beschwerde des ausländischen Verwalters gem § 6 Abs. 1 InsO; die sofortige Beschwerde ist immer auch zulässig, wenn die Voraussetzungen des § 3 Abs. 1 Satz 3 Art. 102 EGInsO vorliegen. Der ausländische Verwalter ist dann formell beschwert; § 3 Abs. 1 Satz 3 Art. 102 EGInsO tritt selbständig neben § 34 InsO.

Wegen der Bedeutung, die die öffentliche Bekanntmachung oder die Eintragung 17
in einem öffentlichen Buch oder Register für das Verfahren, insbesondere für die Sicherung der Insolvenzmasse, haben kann, wird dem Antragsteller gem § 7 Art. 102 EGInsO gegen die Ablehnung der öffentlichen Bekanntmachung oder des Ersuchens um Eintragung durch das Insolvenzgericht die sofortige Beschwerde eröffnet. Handelt es sich etwa um die Eintragung der Verfahrenseröffnung im Grundbuch, so finden auf die Entscheidung des Grundbuchamts hinsichtlich des Ersuchens des Insolvenzgerichts zusätzlich die im Grundbuchverfahren geltenden Beschwerdevorschriften (§§ 71 ff. GBO) Anwendung[42].

b) *Rechtsmittel von Insolvenzgläubigern gegen die Verfahrenseinstellung*

Wird das Insolvenzverfahren eingestellt, so ist nach § 4 Abs. 1 Satz 3 Art. 102 18
EGInsO jeder Insolvenzgläubiger beschwerdebefugt[43].

IV. Negativkompetenzkonflikte

Hat das Gericht eines Mitgliedstaats der Europäischen Union die Eröffnung des 19
Insolvenzverfahrens abgelehnt, weil nach Art. 3 Abs. 1 EuInsVO die deutschen Gerichte zuständig seien, so darf nach § 3 Abs. 2 Art. 102 EGInsO ein deutsches Insolvenzgericht die Eröffnung des Insolvenzverfahrens nicht ablehnen, weil die Gerichte des anderen Mitgliedstaats zuständig seien. § 3 Abs. 2 Art. 102 EGInsO hilft damit, einen *negativen Kompetenzkonflikt* zu vermeiden. Das deutsche Gericht darf seine internationale Zuständigkeit zur *Eröffnung eines Hauptinsolvenzverfahrens* nicht deshalb verneinen, weil es das Gericht eines anderen Mitgliedsstaates, das seine internationale Zuständigkeit in dieser Sache verneint hat, gleichwohl für international zuständig hält[44].

V. Auswirkungen auf Insolvenzplanverfahren

Sieht ein Insolvenzplan eine Stundung, einen Erlass oder sonstige Einschränkungen 20
der Rechte der Gläubiger vor, so darf er nach Artikel 9 EuInsVO vom Insolvenzge-

42 *Smid*, Deutsches und Europäisches Internationales Insolvenzrecht, 1. Aufl 2004, Art. 102 EGInsO § 7 Rn 2.
43 *Smid*, Deutsches und Europäisches Internationales Insolvenzrecht, 1. Aufl 2004, Art. 102 EGInsO § 4 Rn 2.
44 *Smid*, Deutsches und Europäisches Internationales Insolvenzrecht, 1. Aufl 2004, Art. 102 EGInsO § 3 Rn 4.

richt nur bestätigt werden, wenn alle betroffenen Gläubiger dem Plan zugestimmt haben.

21 Nach Artikel 32 Abs. 3 EuInsVO ist der ausländische Verwalter berechtigt, an einem inländischen Verfahren „wie ein Gläubiger" teilzunehmen, wobei die Einzelheiten durch das nationale Recht geregelt werden[45]. Ergänzend schreibt Art. 31 Abs. 3 EuInsVO vor, der Verwalter eines Sekundärinsolvenzverfahrens habe dem Hauptverwalter Gelegenheit zu geben, Vorschläge für die Verwertung oder sonstige Verwendung der Masse zu unterbreiten. Die Vorschrift verschärft die Anforderungen an die Voraussetzungen für die Bestätigung eines Insolvenzplans[46].

22 Wird in einem deutschen Sekundärinsolvenzverfahren ein Insolvenzplan beschlossen, so sollen nach Art. 34 Abs. 2 EuInsVO die in dem Plan vorgesehenen Einschränkungen der Rechte der Insolvenzgläubiger nur dann Auswirkungen auf das nicht vom Sekundärinsolvenzverfahren betroffene Vermögen haben, wenn alle betroffenen Gläubiger der Maßnahme zustimmen. Ist diese Voraussetzung nicht erfüllt, so entfaltet die Maßnahme hinsichtlich des in einem anderen Mitgliedstaat belegenen Vermögens selbst gegenüber den Gläubigern keine Wirkung, die ihre Zustimmung erklärt haben. Andererseits bedeutet dies aber auch, dass die Zustimmung einzelner Gläubiger zu einem im Sekundärinsolvenzverfahren vorgeschlagenen Insolvenzplan ersetzt werden kann, sofern nur das vom Partikularverfahren erfasste Vermögen betroffen ist. Wenigstens die Gläubiger, die einem solchen Insolvenzplan nicht zugestimmt haben, könnten sich dann gleichwohl an dem Hauptinsolvenzverfahren beteiligen und dort ihre Forderungen anmelden. Ein solches Verständnis würde im deutschen Recht aber zu einer Reihe von Schwierigkeiten aufgrund von Wertungswidersprüchen führen. Nach § 254 Abs. 1 InsO entfaltet der Plan mit der formellen Rechtskraft seiner Bestätigung eine rechtsgestaltende Wirkung gegenüber allen Beteiligten. Sieht der Plan bspw. vor, dass Ansprüche teilweise erlassen werden, so steht den betroffenen Gläubigern allenfalls noch eine Naturalobligation (vgl § 254 Abs. 3 InsO) zu, die sie nicht im Hauptinsolvenzverfahren gelten machen können. Um die hieraus erwachsenden Schwierigkeiten zu vermeiden, soll Art. 34 Abs. 2 EuInsVO bei seiner Anwendung im deutschen Recht im Sinne von § 355 Abs. 2 InsO umgesetzt und eine Bestätigung des Plans nur zugelassen werden, wenn alle betroffenen Gläubiger zugestimmt haben. Obwohl Art. 34 Abs. 2 EuInsVO lediglich den bereits bestätigten Plan anspricht und keine Bestätigungsvoraussetzung aufstellt, hat sich der Gesetzentwurf für diese Lösung entschieden, um die EuInsVO möglichst widerspruchsfrei in das deutsche Recht einzupassen, ohne jedoch gegen den Geist der Verordnung zu verstoßen[47].

---

45 *Virgos/Schmit* in: Stoll, Vorschläge und Gutachten, 1997, Nr. 240.

46 *Smid*, Deutsches und Europäisches Internationales Insolvenzrecht, 1. Aufl 2004, Art. 102 EGInsO § 9 Rn 1.

47 *Smid*, Deutsches und Europäisches Internationales Insolvenzrecht, 1. Aufl 2004, Art. 102 EGInsO § 9 Rn 2.

VI. Beweiserhebung über ausländisches Recht

Das internationale Insolvenzrecht bereitet den deutschen Insolvenzgerichten erhebliche Schwierigkeiten, wie der oben (§ 5 Rn 48ff.) zitierte vom Amtsgericht/Insolvenzgericht Hamburg entschiedene Fall deutlich macht. Ist dem deutschen Insolvenzgericht das ausländische Recht nicht positiv bekannt, muss das Gericht *Beweis erheben*[48]. Dies geschieht durch Einholung eines Sachverständigengutachtens. 23

48 Vgl allein *Rosenberg/Schwab/Gottwald*, Zivilprozessrecht, 16. Aufl 2004, § 110 Rn 14.

Stichwortregister

www.ingramcontent.com/pod-product-compliance
Lightning Source LLC
LaVergne TN
LVHW042241300926
849161LV00003B/425